Para Lita, minha mulher, um amor de muitas vidas.
Nesta, já está ao meu lado há mais de meio século.
Em todas as demais vidas, que venhamos a
merecer,com certeza voltaremos a nos encontrar.
É só uma questão de tempo.

Coordenadora editorial: Tânia Lins
Coordenador de comunicação: Marcio Lipari
Capa e projeto gráfico: Jaqueline Kir
Diagramação: Rafael Rojas
Preparação: Janaina Calaça
Revisão: Equipe Vida & Consciência

1ª edição — 1ª impressão
5.000 exemplares — novembro 2016
Tiragem total: 5.000 exemplares

CIP-Brasil — Catalogação na Publicação
(Sindicato Nacional dos Editores de Livros, RJ)

S496n

Serra, Floriano
Ninguém tira o que é seu / Floriano Serra. 1. ed. reimpr. — São Paulo: Vida & Consciência, 2016.
356 p. ; 23 cm.

ISBN 978-85-7722-511-8

1. Romance brasileiro. I. Título.

16-36240 CDD: 869.3
CDU: 821.134.3(81)-3

Este livro adota as regras do novo acordo ortográfico (2009).

Vida & Consciência Editora e Distribuidora Ltda.
Rua Agostinho Gomes, 2.312 — São Paulo — SP — Brasil
CEP 04206-001
editora@vidaeconsciencia.com.br
www.vidaeconsciencia.com.br

Ninguém tira o que é seu

FLORIANO SERRA

Quando duas pessoas se apaixonam aqui na Terra, não se trata de um encontro, mas de um inevitável reencontro, cosmicamente programado.

Apresentação

Em todos os meus romances anteriores, o amor é um tema recorrente, embora não como figura principal, mas como suporte necessário e importante ao enredo.

Neste livro, ao contrário, o amor é dono da trama do começo ao fim. Tudo gira em torno dele. Um amor imenso, intenso, transcendente, como vocês poderão ver.

Depois de lançados os livros anteriores, eu sentia que agora precisava escrever de forma mais absoluta sobre o amor. E já não era sem tempo. O amor move o mundo, e não seria exagero dizer que ele move até mesmo o universo, embora de maneiras e formas diferentes.

Há quem acredite que as grandes histórias de amor começam muito além da nossa era, em outra dimensão. E que por isso mesmo, quando duas pessoas se apaixonam aqui na Terra, não se trata de um encontro, mas de um inevitável reencontro, cosmicamente programado. E obviamente há aqueles que não acreditam nisso — o que não faz nenhuma diferença quando os reencontros acontecem.

De qualquer forma, considero irrelevante questionar essas coisas, porque o encontro de amor entre duas pessoas não obedece a um processo racional — a esse tipo de união podemos chamar de parceria ou sociedade.

O amor tem a ver com cumplicidade, afinidade, sonho, poesia, atração, enlevo, fantasia — o que não exclui a presença de parceria e sociedade, tampouco de racionalidade, quando adequados e necessários.

A história deste romance vai colocar à prova a capacidade do leitor de abstrair-se do convencional e até dos preconceitos, se os tiver. Sabemos que, em muitas sociedades, orientação sexual, idade, raça, cultura e posição social costumam ser vistos e tidos como barreiras ao amor e, por causa delas, intrigas e resistências são criadas de forma a dificultar e até impedir reencontros que deveriam acontecer para completar planos e projetos, que, para quem crê, estão acima da nossa capacidade de interferir. E o que deveria ser festa para os amantes pode transformar-se em tristeza, conflitos, solidão e amargura.

Há pessoas que, por várias razões, passam a vida fugindo do amor absoluto. De forma inconsciente, fazem constantes escolhas inadequadas de parceiros e é assim que justificam essa fuga. Essas pessoas não sabem que, ao agirem dessa maneira, estão contrariando a ordem natural da dinâmica humana para o relacionamento.

Talvez, em alguns casos, este romance ajude a amolecer alguns corações endurecidos pela indiferença, pela descrença e pelo preconceito. Ficarei muito feliz se, por causa deste livro, alguns reencontros se tornem possíveis ou aconteçam.

Pode ser que isso seja excessiva pretensão e pieguice minhas, mas penso sinceramente que, se para ajudar a disseminar o amor entre as pessoas, eu precise ser chamado de pretencioso e piegas, não ficarei nem um pouco incomodado. Se em algum lugar, a qualquer momento, acontecer um reencontro de alguma forma motivado por este romance, estarei ganhando pontos preciosos no Livro Dourado do Guardião dos Amantes.

Afinal, Ele é quem sabe das coisas.

Com carinho,
Floriano Serra

Prólogo

Setembro de 2004.

Já era tarde, quando a pequena Camila deitou-se e esperou que Clotilde, sua mãe de criação, viesse cobri-la, como fazia todas as noites quando ia dormir.

Às vezes, após cobri-la, Clô — como era carinhosamente chamada pela menina — permanecia sentada na cama ao seu lado e contava-lhe uma bonita história. Algo bem suave, com personagens mágicos e encantados, como reis, princesas, duendes e fadas, bem ao gosto de uma menina de apenas oito anos. Depois, dava-lhe um beijo na testa e ia para seu quarto ao lado.

Nessa noite, vendo que Camila já estava com os olhinhos fechados, Clotilde pensou que ela pegara no sono. Para sua surpresa, quando fez um gesto de que iria levantar-se, a menina virou o rosto para ela, abriu os olhos e lhe fez uma pergunta inesperada:

— Clô, será que sonharei com ele de novo?

Clotilde entendera bem a pergunta, mas queria se certificar:

— O que você me perguntou, Camila?

— Será que sonharei com aquele homem outra vez?

A senhora não gostava daquele assunto, por isso tratou de desviar a conversa:

— Sossegue, minha filha, você vai ter belos sonhos. Tenho certeza disso.

Como toda criança, Camila era insistente:

— Mas... e se ele aparecer de novo no sonho?

Clotilde aproximou seu rosto ao da menina:

— Me diga uma coisa... ele é mau?

— Não, não é. Ele me parece muito bonzinho. Eu gosto dele.

— Então, se ele não é mau e você gosta dele, não há motivos para se preocupar se ele vai aparecer ou não.

Na verdade, a pequena Camila não se sentia incomodada com a presença daquele homem em seus sonhos quase todas as noites. Ele realmente não lhe fazia mal algum; era até simpático e muito divertido. Mas incomodava-a não entender a razão de ele aparecer, sobretudo com tanta frequência.

Nos sonhos, ele geralmente aparecia para chamá-la para passear. Num desses passeios, os dois ficaram andando pelo bairro onde moravam. A menina ficara deslumbrada com tantos carros, prédios altos, lojas e com o mundo de pessoas que passava de um lado para o outro. Só não gostou do barulho da rua, do vozerio e das buzinas dos carros. Depois, eles dirigiram-se a um restaurante para almoçar. Isso se repetia com frequência.

Eram sempre servidos por um simpático homem gordo, quase careca, com um grande bigode grisalho e que falava com um sotaque diferente das demais pessoas. Ele brincava muito com ela e sempre lhe dava um doce ou um pirulito no final da refeição.

Em vários sonhos, o homem simpático a levava à praia, imagem que ela só conhecia nos filmes e em fotos de revistas. Durante boa parte do sonho, passeavam de mãos dadas pela areia molhada, sentindo as ondas mornas e suas espumas nos pés.

Camila gostava muito quando, depois dos passeios, os dois voltavam para o apartamento onde moravam, num prédio muito alto e muito bonito, com grandes portões de ferro na entrada.

Ela adorava ficar passeando pelos aposentos do apartamento, indo de um quarto a outro, andando pelas salas ou sentando-se nas largas e confortáveis poltronas. Gostava particularmente de uma sala, onde havia um enorme piano e um delicado violino, que era guardado dentro de um estojo. Pacientemente, o homem deixava que ela dedilhasse as teclas do piano ou manejasse o arco do violino. O mais incrível era que ela, no sonho, sabia tocar perfeitamente, enquanto ele a admirava, embevecido e sorridente.

Outras vezes, era ele quem tocava piano e ela ficava fazendo graça no meio da sala, imitando uma bailarina, dançando ao ritmo da música. Por sua expressão, ele parecia achar aquilo muito engraçado, e ela ficava feliz em vê-lo sorrindo.

Quando se cansava, Camila sentava-se na poltrona e era sua vez de ficar olhando para ele enquanto tocava. Era um sujeito alto, magro, de vastos cabelos negros, de gestos lentos, de fala macia, com um permanente sorriso nos lábios.

Eles voltaram a passear muitas outras vezes em muitos outros sonhos, visitando lugares diversos e sempre se divertindo. Geralmente, cada sonho mostrava uma situação diferente da vivenciada no sonho anterior.

Eles conversavam com muita frequência. Se ela não tivesse apenas oito anos, acharia no mínimo curioso que, com tão pouca idade, conseguisse dialogar com aquele homem de forma tão fluente. Mas, enfim, como dizia Clotilde, eram apenas sonhos e neles tudo se torna possível.

Depois que Clotilde saiu do quarto, Camila se ajeitou melhor nas cobertas para aguardar o sono chegar. E com ele, seu desconhecido e simpático amigo adulto.

Uma noite, já deitada, Camila novamente questionou Clotilde sobre aqueles sonhos e principalmente sobre a constante presença do mesmo homem. Queria saber quem ele era. Se era seu pai, seu avô ou seu irmão — apesar de, mesmo criança, considerá-lo com muita idade para ser seu irmão.

Na primeira vez em que ouvira essas perguntas da garota, Clotilde apenas dera de ombros e dissera um “sei lá, menina”, que soou um pouco indiferente. Camila ficou olhando-a, esperando uma explicação que não veio. Conformada, virou-se e tratou de dormir.

Na segunda vez, Clotilde mostrou-se realmente incomodada:

— Menina, eu não faço a menor ideia de quem é esse sujeito, nem onde ficam aqueles lugares. E nem me interessa saber. Acho que você também não deveria se importar com isso. São apenas sonhos, e todo mundo sonha. Por que você não haveria de sonhar também?

Foi então que Camila percebeu que sua mãe de criação não gostava daquele assunto. Mas ela era apenas uma criança e logo se esqueceu disso. No entanto, não tardou muito e, quando novamente se preparava para dormir, voltou a perguntar.

Dessa vez, a resposta de Clotilde foi mais ríspida:

— Criatura de Deus, lá vem você de novo com essa história! Já não lhe disse para esquecer isso?

— Mas eu não consigo esquecer, Clô! Ele aparece quase todas as noites, e eu não sei por que nem quem ele é. Eu quero saber.

Clotilde, que já se levantara para sair em direção ao seu quarto, voltou a sentar-se na beira da cama de Camila, aproximou bem seu rosto do dela e falou-lhe com voz grave, de uma forma que a menina não estava habituada a ouvir:

— Garota, deixe eu lhe dizer uma coisa muito séria: afaste-se desses sonhos, procure evitá-los. Não são bons. Isso não é coisa daqui, está me entendendo?

Camila franziu a testa lisa:

— Como assim não é coisa daqui? Não estou entendendo.

— Você é muito criança e, mesmo que quisesse, não entenderia se eu lhe explicasse — e levantou-se outra vez para sair, mas a menina segurou-a por um braço:

— Me explique, Clô. Por favor, eu vou entender.

A mãe de criação retirou delicadamente a mãozinha de Camila do seu braço e resmungou:

— Vai entender coisa nenhuma, menina! Isso é coisa de gente grande. Ouça apenas o que estou lhe dizendo: procure acabar com esses sonhos.

— Mas eu gosto deles, Clô! Eu sempre me divirto com eles.

— Acredite em mim, garota, eu sei do que estou falando: eles não lhe fazem bem. Portanto, pare com eles.

— E como eu consigo fazer isso, Clô?

— Ora, faça um esforço. Pense em outras coisas antes de dormir. Por exemplo: pense nas histórias que lhe conto. Ou então invente suas próprias histórias em pensamento. Eu sei que você consegue, porque é uma menina inteligente e com muita imaginação.

— Você garante que assim os sonhos param?

— Bem, não sei. Não posso garantir que eles vão parar. Mas não custa nada tentar.

— Está bem, Clô, eu vou tentar. Mas não fique brava comigo, se eu não conseguir.

Clotilde comoveu-se com esse pedido de sua menininha. Ela voltou a aproximar-se da cama, inclinou-se e deu-lhe outro beijo na testa:

— Eu não fico brava com você, Camila. Eu sei que não é culpa sua. Mas eu me preocupo com você, porque só quero o seu bem. Esses sonhos podem atrapalhá-la mais adiante.

— Mas eles não me fazem mal, Clô — e fez uma pergunta inesperada, que pegou Clotilde de surpresa. — Por que você não gosta do homem dos meus sonhos? Ele é tão bonzinho...

Clotilde se esforçou para não deixar que Camila percebesse seu embaraço:

— Eu não gosto nem deixo de gostar. Como posso gostar ou não de alguém que nem conheço, que nem sei quem é?

Clotilde só não se surpreendeu com a pergunta seguinte, porque sabia o quanto sua menina era inteligente:

— Mas, então, Clô... se você nem sabe quem ele é, por que acha que ele pode me fazer mal?

Clotilde percebeu que o diálogo estava fugindo do seu controle:

— Chega, minha filha. Essa conversa já está indo longe demais, e você já passou da hora de dormir. Boa noite.

A garota respondeu meio contrariada pela falta de resposta:

— Boa noite, Clô.

Clotilde já ia saindo, quando decidiu voltar da porta:

— Quero combinar uma coisa com você: não vamos mais falar sobre esses sonhos nem sobre esse homem. Combinado?

A vozinha da garota não estava muito convincente:

— Está bem, Clô, se você prefere assim...

— Eu prefiro assim. Mais tarde, você me agradecerá. E agora trate de dormir.

Clotilde ajeitou carinhosamente as cobertas sobre a menina, deu-lhe outro beijo na testa e saiu devagarinho. Felizmente, não percebera que Camila estava de dedinhos cruzados.

Naquela noite, Camila não dormiu logo. Tentou pensar em algumas histórias que Clotilde lhe contara em outros dias, mas sabia que de nada adiantaria fazer isso. Logo o sono viria e, com ele, os sonhos e o homem do apartamento. Aquele homem que tocava piano. E certamente, antes ou depois do "recital", iriam fazer longos e divertidos passeios.

Depois que saiu do quarto de Camila, Clotilde sentou-se na sala para refletir um pouco sobre aquelas conversas. Ela sabia a razão dos sonhos. E justamente por causa deles, pedia a Deus todos os dias que cuidasse da felicidade de Camila. Ela não tinha certeza de para onde aqueles sonhos levariam sua menina. Sabia — ou pelo menos imaginava — a causa deles, mas não tinha ideia de suas consequências futuras. Mais uma vez, lamentou que seu finado marido não estivesse mais ali, para dividir com ele sua preocupação. Ficara viúva muito cedo e tivera que aprender a tocar sozinha sua vida.

Como sempre fazia antes de adormecer, Clotilde pôs-se a rezar, pedindo a proteção de São Camilo para sua garotinha.

O maior susto que Clotilde levara por causa desses sonhos foi na madrugada em que Camila acordou gritando e chorando. Assustada, ela pulou da cama e saiu em disparada em direção ao quarto da menina. Encontrou-a sentada na cama, chorando e esfregando os olhos com as mãozinhas. Clotilde sentou-se ao lado de Camila e abraçou-a carinhosamente:

— O que foi, minha filha? Teve um sonho ruim, um pesadelo?

Clotilde estremeceu quando ouviu a resposta:

— Clô, eu quero ir para casa!

Antes de responder, a velha senhora tratou de recuperar-se do susto provocado pelo inusitado pedido:

— Que bobagem é essa, minha filha? Do que você está falando? Você está na sua casa.

— Não, Clô, minha casa é outra. Ela é maior e bem alta. Eu quero ir para lá! O homem está me esperando.

O coração de Clotilde estava acelerado e parecia que ia sair pela boca:

— Não existe outra casa, minha filha, e não há nenhum homem a esperando. Foi um sonho ruim que você teve — e abraçou-a mais forte. — Mas já passou, se acalme.

— Mas eu quero ir para a outra casa, Clô.

— Camila, eu já lhe disse que não existe outra casa. Você mora aqui comigo há muito tempo, lembra?

Camila não parava de chorar e de pedir:

— Eu preciso ir, Clô. O homem está me esperando.

— Não tem ninguém a esperando, minha filha. Você nem sabe quem é esse homem, nem como ele se chama.

Com a voz entrecortada pelos soluços, a menina respondeu:

— Eu sei como ele se chama, Clô. Agora eu sei. Ele me disse.

Clotilde ficou assustada de verdade:

— Você sabe o nome dele?

Camila levantou os olhos cheios de lágrimas e respondeu com uma vozinha frágil, mas perfeitamente compreensível:

— Ele se chama...

Depois daquele acontecimento — que aliás se repetira em várias outras madrugadas —, Clotilde nunca mais esqueceu o nome daquele homem, pronunciado pela menina entre soluços e lágrimas.

Capítulo 1

Verão de 2014.

Camila estava conformada. Quando Clotilde a convidou para acompanhá-la num "passeio", ela só aceitou por amor à sua mãe de criação. Já sabia do que se tratava e não se sentira nem um pouco seduzida pelo convite.

Para uma garota de dezoito anos, não era nada estimulante sair do bairro da Lapa, na zona oeste da cidade de São Paulo, e ir de ônibus até o outro lado da metrópole, no bairro de Vila Mariana, na zona sul. Principalmente sob o intenso calor que fazia e dentro de um ônibus superlotado.

Para complicar a situação, grande parte do percurso fora feito de pé. Só depois de muito tempo, um jovem fez a cortesia de ceder o assento para Clotilde em respeito à sua idade, já que ela era quase uma sexagenária. Ela agradeceu, mas em pensamento dizia para si mesma: "Os tempos mudaram. Só agora alguém se lembrou de manifestar algum respeito pelos idosos. A educação das pessoas já não é a mesma".

Aquele "passeio" não era para diversão. Clotilde sofria de hipertensão crônica e a cada três meses precisava comparecer a um posto médico da prefeitura, para retirar gratuitamente seus medicamentos e as doses suficientes para o próximo trimestre.

Na semana anterior, ela fora informada pelos atendentes do posto perto de sua residência que, no momento, não dispunham do medicamento prescrito e que por isso ela teria de retirá-lo numa outra unidade de saúde. Após alguns contatos telefônicos feitos por eles, Clotilde foi informada que, como o medicamento estava em falta no mercado, ela só o encontraria no posto da Vila Mariana — ou seja, do outro lado do mundo. Seria uma viagem e tanto, mas ela não teria outra opção se queria obter o remédio sem pagar.

Gentilmente, os atendentes anotaram o endereço em um pedaço de papel e explicaram-lhe o percurso. Clotilde ainda tentou contra-argumentar, pedindo um posto mais próximo da sua região, mas lhe foi assegurado que, naquele momento, ela só encontraria o remédio no posto indicado. Era uma situação absurda, mas não havia o que fazer. Achava inadmissível que as autoridades permitissem que um medicamento tão importante para a saúde dos hipertensos chegasse a faltar nos postos.

Para Camila, a jornada só não estava sendo uma total chatice, porque tudo era novidade para ela, já que pouquíssimas vezes ela saía de sua região. O colégio onde estudava pela manhã e a biblioteca pública onde trabalhava como estagiária à tarde ficavam nas proximidades de sua residência. Camila tampouco possuía amigos mais chegados com quem pudesse passear pela cidade e por isso não havia razões para se afastar de lá.

Como nenhuma das duas mulheres conhecia a região, quando elas saltaram do ônibus tiveram dificuldade para localizar o tal posto de saúde, mesmo com as orientações fornecidas pelos atendentes da Lapa. Elas, então, pediram informações aos transeuntes e chegaram finalmente ao local.

Depois de enfrentar uma enorme fila de pessoas que também estavam em busca de remédios, Clotilde recebeu o medicamento, não sem antes ter de lidar com uma série de burocracias, que incluía a apresentação de documento de identidade, receita e relatório médico. Quando saíram de lá, já estavam cansadas pelas caminhadas e filas e retornaram ao ponto do ônibus para voltarem para casa.

Já dentro do ônibus, Camila e Clotilde respiraram um tanto aliviadas, mas ansiosas para chegarem em casa. Estavam exaustas, por isso agradeceram aos céus por terem conseguido assentos disponíveis. Além do cansaço, estavam com fome, pois já passara muito da hora em que habitualmente almoçavam. Poderiam ter feito uma refeição rápida por ali, mas preferiram economizar, pois havia comida pronta em casa.

Clotilde tinha consciência de que era preciso economizar, sobretudo porque agora Camila já era mulher feita e, como todas as jovens de sua idade, tinha gastos nem sempre pequenos. Não era uma jovem vaidosa, mas havia um mínimo a adquirir em termos de roupas e produtos de beleza.

A renda de Clotilde provinha da pequena pensão que o marido lhe deixara, da magra aposentadoria de professora e do aluguel da casinha onde morava antes de se mudar para a casa de Elisa, a finada mãe biológica de Camila, a pedido dela própria. A soma de todas essas pequenas rendas em nada lhes dava conforto, até porque boa parte dela ia para um plano de saúde particular que Clotilde fizera, pensando em sua saúde e também na da jovem sob sua responsabilidade. Por um questão de princípios, preferia não fazer uso da modesta remuneração que Camila recebia do seu estágio na Biblioteca Pública. Era um dinheiro que ela ganhava com o próprio esforço e por isso merecia desfrutar dele integralmente e da maneira que desejasse. Era o que Clotilde pensava.

Esses assuntos passavam pela mente de Clotilde e a ajudavam a passar o tempo. O trânsito continuava intenso, fazendo o percurso se tornar mais demorado.

Por sua vez, Camila, para afastar o tédio e ter algo com que se distrair, pedira à Clotilde para sentar-se à janela e assim poder admirar as lojas, algumas bastante luxuosas, o intenso movimento de pessoas, carros e motos, os edifícios imponentes, as casas e os sobrados residenciais de alto padrão. Era uma região bem diferente daquela onde morava, pelo menos até onde a conhecia.

Observar aquelas novidades, de alguma forma, tornava a "viagem" menos cansativa e enfadonha, pois dessa maneira não sentia o tempo passar. Com o olhar irrequieto, Camila observava cada detalhe das ruas e avenidas.

De repente, ela o viu e seu coração deu um pulo. Ela não podia acreditar naquilo que estava vendo lá fora, através da janela do ônibus, que agora estava parado devido à intensidade do trânsito.

Foi assim, sem dar o menor aviso, que aconteceu o fato que mudaria toda a sua vida dali adiante.

Diante dos seus olhos arregalados, a poucos metros de si, estava o homem que aparecera tantas vezes em seus sonhos de criança. No mesmo instante, do fundo de sua memória, vieram-lhe as imagens diárias daquelas madrugadas.

Camila lembrava muito bem que, naquela época, assustada e confusa, comentara várias vezes sobre os sonhos com Clotilde. Nessas ocasiões, a mãe de criação a censurava, dizendo-lhe que tudo aquilo era apenas excesso de imaginação. Que eram apenas sonhos e que não devia dar-lhes nenhuma importância. Os sonhos, no entanto, se repetiam e assim estiveram presentes em sua vida durante grande parte de sua infância.

Aqueles sonhos só sumiram depois que Camila atingiu a adolescência. A partir daí, a jovem passou a ter sonhos "normais", comuns e inexpressivos, geralmente relacionados ao seu dia a dia em casa, na escola ou no trabalho. No entanto, agora, ela reconhecera com absoluta nitidez o homem que aparecia em seus sonhos caminhando calmamente pela calçada.

Mesmo que sua infância já tivesse ficado para trás havia muito tempo, Camila tinha certeza de que era o mesmo homem: claro, alto, magro, bonito, só que agora com as marcas da passagem dos anos: algumas rugas, têmporas cobertas por cabelos grisalhos, o que lhe dava um ar de atraente distinção. Obviamente, ele estava mais velho do que sua memória registrara, mas Camila não tinha a menor dúvida de que era ele mesmo. Afinal, ele lhe aparecera em tantas noites, durante tanto tempo, que não havia como esquecer suas feições.

Camila teve ainda mais certeza de que se tratava do mesmo homem, quando o viu entrar no edifício onde, em seus sonhos, ele morava — e onde ela também havia morado. Como isso era possível?

A jovem ficou tão agitada com a descoberta que rapidamente se levantou do banco e forçou as pernas de Clotilde para sair:

— Clô, preciso descer do ônibus, antes que ele volte a se movimentar

A velha senhora teve uma reação de perplexidade:

— O que foi, minha filha? Que agitação é essa? O que você tem? Está sentindo alguma coisa?

Camila estava de pé, com as faces avermelhadas, eufórica como Clotilde nunca a vira antes:

— Clô, preciso saltar agora! Neste momento! Não se preocupe, depois eu lhe explicarei tudo. Deixe-me passar, por favor.

Clotilde não entendia a afobação súbita da jovem:

— Mas pra quê, minha filha? Nosso ponto ainda está muito longe.

— Clô, por favor! Eu preciso saltar agora!

— Por que isso, menina? O que aconteceu?

Camila estava nervosa, pois sabia que não havia tempo a perder:

— Clô, eu vi o homem que aparecia em meus sonhos lá fora. Vi tudo, o edifício, a rua, o restaurante. É ele, Clô! E o lugar é aqui! Tenho certeza disso!

— Mas, minha filha, você ainda guarda essas lembranças? Pensei que você tivesse esquecido tudo. Já faz tanto tempo! Você era criança e agora volta com essa mesma história!

— Eu tinha mesmo esquecido, Clô... Mas agora que o vi e sei que ele existe, todas as lembranças voltaram. Eu preciso falar com aquele homem de qualquer jeito.

— Mas pra quê, minha filha?

— Clô, por favor, preciso saber por que eu sonhava com ele, com essa rua, esse edifício, essas coisas todas. Eu tenho que saber o significado disso.

Dessa vez, Clotilde respondeu com voz autoritária:

— Camila, sossegue, fique quieta! Você não vai a lugar nenhum!

— Mas, Clô...

— Você está louca, menina? Vai abordar um homem que não conhece e dizer que sonhava com ele? O que ele irá pensar de você? E depois, estamos num bairro que nem conhecemos direito.

— Clô, compreendo o que você está dizendo, mas você não está entendendo. Isso é muito importante para mim.

Clotilde já estava se aborrecendo com a insistência de Camila, por isso falou-lhe com alguma rispidez, embora mantendo o tom de voz numa discreta altura para não chamar a atenção dos demais passageiros:

— Eu estou entendendo muito bem, mocinha. Trate de se aquietar e se sentar direitinho, pois as pessoas já estão nos olhando. Que papelão! Viemos aqui para outra coisa e não para bater papo com ninguém. Além disso, o trânsito já está se movimentando, e o ônibus já vai sair. Se aquiete.

Camila percebeu que não tinha saída, pois Clotilde estava irredutível. Amuada, calou-se, sentou-se e permaneceu contrariada, mas não entregou os pontos. Pela janela, olhou bem aquelas ruas e esforçou-se para memorizar o nome delas, bem como o de lojas e outros pontos de referência que lhe permitissem voltar ali outra hora sozinha. Ela era jovem, sim, mas não tinha nada de boba. Precisava desvendar aquele mistério que por tantos anos perturbou sua infância e início de sua adolescência.

Naquela noite, Camila demorou para ir para a cama. Esperou Clotilde adormecer e discretamente ficou pesquisando na internet como localizar aquela rua, tomando por referência o posto de saúde aonde foram, os nomes de algumas lojas e de avenidas próximas que conseguira memorizar.

Na sexta-feira, alegando mal-estar, Camila pediu licença para faltar uma tarde no estágio. Após as aulas da manhã, iria colocar seu plano em prática, sem que Clotilde soubesse. Não gostava de mentir nem de esconder fatos de sua vida para aquela mulher que considerava sua verdadeira mãe. Por isso, conforme os resultados que obtivesse, depois lhe contaria — ou não — o que descobrira, mesmo arriscando-se a levar uma memorável bronca.

Pela internet, obtivera as coordenadas suficientes para chegar aonde queria. E assim, naquele início de tarde, não teve dificuldades para chegar ao bairro da Vila Mariana. Como já tinha estado lá com Clotilde, com pouco tempo de busca logo reconheceu o local onde vira o homem e o edifício que apareciam em seus sonhos. Com o coração aos pulos, viu e reconheceu também o restaurante que ele frequentava.

Camila sabia que precisava ser discreta para não levantar suspeitas ou causar má impressão — afinal, muito provavelmente, ele não a reconheceria, pois nada garantia que aquele homem também sonhasse com ela.

Ela ficou encostada à parede de uma loja, do outro lado da rua, bem em frente à entrada do restaurante. Segurando os livros da escola contra o peito, esperou pacientemente, mesmo lutando contra a ansiedade que a dominava. Camila tinha certeza de que poucas pessoas no mundo entenderiam sua angústia. Não conhecera seus pais e fora criada por Clotilde, com muita dedicação e carinho. Mas havia um vazio em sua vida quanto à sua origem, e isso a incomodava.

Quando os sonhos começaram, Camila chegou a pensar que aquele homem poderia ser seu pai. Pelo menos, ele a tratava com muito carinho e sempre a levava para passear. Também a incomodava o fato de estar sempre numa outra casa, que ficava num alto edifício, numa rua diferente daquela onde morava.

Isso durou muitos anos, e, com o passar do tempo e com a pressão de Clotilde para que esquecesse aquelas "bobagens", o assunto foi ficando no esquecimento.

Mas aí vieram o passeio na Vila Mariana e a descoberta de que aquele personagem e aqueles lugares existiam de fato. Fora um impacto e com ele acendeu-se a perspectiva de Camila obter mais informações sobre suas origens. Por isso, mesmo contrariando Clotilde, ela estava disposta a correr atrás daquela possibilidade.

Por isso, Camila esperava resignadamente sob aquele sol inclemente. Sabia que, mais cedo ou mais tarde, o homem apareceria para almoçar, salvo se houvesse algum contratempo.

O coração da jovem deu um pulo: ela estava certa. Não demorou muito, Camila viu quando o homem apareceu, sempre caminhando devagar. Ela apurou a visão: era ele mesmo, não havia a menor dúvida. Seu semblante suave, sereno, um ensaio de sorriso nos lábios — era ele! Deus, como isso era possível? Quem era aquela pessoa e o que significava para ela?

O homem entrou no restaurante, e Camila deduziu que, como ele iria almoçar, certamente demoraria a reaparecer. Ela, no entanto, estava decidida a esperá-lo até que saísse.

Foi uma longa e angustiante espera debaixo do sol escaldante, mas Camila confiava que valeria a pena. Como sua pele era muito clara, certamente iria ficar com as faces rosadas e depois teria que explicar isso para Clotilde.

Depois de algum tempo, o homem reapareceu. Parou à porta do restaurante, saiu para a calçada, olhou em volta e então a viu. Os dois ficaram alguns segundos se olhando, sem se mexer. Os olhos dela brilhavam, mas os dele mostravam-se apenas observadores.

A ideia inicial de Camila era aproximar-se e puxar uma conversa qualquer, até chegar ao ponto que a interessava. Mas, ali, diante dele, separada apenas pela larga avenida, não teve coragem de fazê-lo. Foi uma intensa luta interna, mas o temor venceu, e Camila ficou olhando-o, simplesmente parada.

Depois daqueles segundos de troca silenciosa de olhares, o homem esboçou um leve sorriso, muito mais de cortesia pela troca de olhares do que por outra razão qualquer. Aquele sorriso, no entanto, foi o suficiente para que o coração de Camila batesse mais forte.

Ela já vira aquele sorriso nos sonhos muitas vezes. Era o mesmo sorriso gentil. O homem estava uns dez anos mais velho — um pouco mais, um pouco menos —, mas ainda assim era ele. Camila nunca tivera tanta certeza de algo em sua vida.

No entanto, mesmo sabendo que nada faria, Camila continuava inquieta. Naquele momento, não tinha coragem suficiente para buscar as respostas de que precisava: Quem era aquela criatura? Por que apareceu tantas vezes em seus sonhos infantis e juvenis? Por que ela achava que já tinha morado ali no bairro com ele? Enfim, o que significava tudo isso? O que havia na sua história de vida que ela desconhecia? Eram questões angustiantes com as quais ela se confrontava. Sabia que agora só teria paz depois que obtivesse explicações convincentes.

Confusa e frustrada consigo mesma, Camila viu-o afastar-se e com ele a oportunidade que tinha de esclarecer suas dúvidas. Precisava fazer alguma coisa, o mínimo que fosse. Reunindo coragem, a jovem foi acompanhando-o de longe, sempre do outro lado da rua, mantendo uma discreta distância, para não chamar sua atenção.

O homem atravessou mais uma larga avenida, andou mais duas quadras e parou diante de um imponente edifício. O coração de Camila voltou a disparar: era aquele edifício, onde ela tinha certeza de ter morado! Se o homem entrasse nele, não haveria mais dúvida de que aqueles eram fragmentos do seu passado.

E foi o que aconteceu: o homem tocou o interfone, e o grosso e alto portão de ferro foi aberto. Em seguida, ele entrou no edifício, cumprimentando o porteiro que estava dentro da guarita.

Camila sentiu algo forte e estranho dentro de si. Sabia que estava muito perto de obter algumas respostas importantes para sua vida, para sua identidade, para sua harmonia emocional.

Mesmo depois que ele entrou no edifício e desapareceu de suas vistas, atravessando um bem cuidado jardim, Camila ainda ficou um bom tempo ali, parada, admirando o prédio. Era ele mesmo: reconhecia os portões — embora certamente tivessem sido pintados várias vezes —, os jardins lá dentro e as árvores em torno.

Depois, muito pensativa, mas com o coração ainda aos pulos, Camila caminhou até o ponto do ônibus. Estava preparada para iniciar outra longa viagem, mas o importante era que estava muito satisfeita com o que vira. Agora, precisava pensar nos passos seguintes e também no que diria a Clotilde, para justificar sua demora em chegar em casa.

Já havia tomado uma decisão: na próxima vez que voltasse ali e visse o homem, iria falar com ele, custasse o que custasse. Não fazia o menor sentido enfrentar uma viagem tão longa, sem ao menos tentar obter resultados concretos. E aquela era uma oportunidade única: nunca pensara que o sujeito existia. Mas ele existia, e ela estivera a poucos metros dele. Apenas faltara coragem a Camila para abordá-lo, pois ela não tinha certeza se seria bem recebida ou mal interpretada. De qualquer modo, na próxima vez, correria o risco. Isso não iria se repetir, prometeu a si mesma.

Camila também decidira que, por ora, nada diria a Clotilde. Ela poderia ficar muito aborrecida ou chateada, se tomasse conhecimento dessa pequena "aventura" da jovem — e Camila não desejava provocar nenhum desses sentimento em sua mãe de criação. Pelo menos por enquanto, o silêncio seria seu único cúmplice.

Capítulo 2

— Posso retirar os pratos?

Jonas não reconheceu a voz daquele garçom, mas respondeu-lhe com sua habitual gentileza, mesmo sem olhar para ele:

— Sim, por favor.

— O senhor aceita um cafezinho?

Desta vez, Jonas olhou para o solícito garçom com genuína curiosidade. Certamente, aquele jovem devia ser um recém-contratado — por isso não reconhecera sua voz —, senão saberia com quem estava falando, o que tornaria aquela pergunta desnecessária.

Desde que ficara viúvo havia vinte anos, Jonas almoçava quase diariamente naquele restaurante. Fora uma solução para não precisar de empregada doméstica, pois queria e amava privacidade. Quase nunca jantava; satisfazia-se com um lanche que ele mesmo preparava, acompanhado por frutas. Às vezes, ia até o restaurante tomar o "chá das cinco", como dizia para si mesmo, ou pedia uma sopa. Duas vezes por semana, uma antiga faxineira realizava a limpeza geral do apartamento, e, uma vez por semana também, um empregado da lavanderia buscava suas roupas para lavar e passar. Dessa maneira, garantia sua tranquilidade e privacidade.

Naquele restaurante, após a sobremesa, Jonas tomava seu tradicional cafezinho. Depois de tanto tempo como cliente, todos que trabalhavam ali já o conheciam — ou, conforme ele acabara de constatar, nem todos. Por isso, ele fez questão de responder com simpatia:

— Sim, meu jovem, por favor.

Muitos aspectos contribuíam para Jonas ter um especial apreço por aquela casa. O primeiro era a permanente alegria e gentileza do seu proprietário, o gordo Giovanni. Desnecessário dizer que outro aspecto era a qualidade das refeições e o atendimento dos empregados. Jonas, inclusive, admirava o tempo de permanência deles na casa. Dificilmente, algum deles saía de lá e, quando isso acontecia, era por iniciativa própria, em busca de melhores oportunidades. O que devia significar que seu amigo Giovanni certamente era um bom gestor de pessoas.

Olhando em volta, percebeu que os clientes também eram praticamente os mesmos de sempre. Como a casa se situava num ponto comercialmente estratégico do bairro, atraía para si grande parte dos funcionários dos escritórios, bancos e empresas que orbitavam nas redondezas. Como consequência, Giovanni conseguira ganhar uma considerável clientela cativa, o que lhe assegurava um alto nível de frequência e, por conseguinte, ótimos resultados financeiros.

Aquele restaurante era uma casa bem tradicional, que não havia se rendido aos modernismos da maioria dos estabelecimentos comerciais. Sua decoração era conservadora, discreta, mas, apesar de modesta, mostrava muito bom gosto e classe, lembrando, sem exageros, o clima das décadas anteriores. Esse ambiente agradava sobremaneira aos clientes das gerações passadas, como era o caso de Jonas, com seus assumidos sessenta anos de idade.

Quando o garçom retornou com o café, tinha uma expressão desconcertada no rosto e agora se mostrava mais formal:

— Senhor Jonas, queira me desculpar. Eu estou começando aqui hoje. Os colegas me treinaram bem, mas se esqueceram de me avisar que o senhor é um cliente antigo da casa e que eu já deveria saber dos seus hábitos. O do cafezinho, por exemplo.

Jonas sorriu, condescendente:

— Mas o que é isso, meu jovem?! Não precisa se desculpar de nada. Você foi muito eficiente. Como você se chama?

— Josué.

— Caro Josué, não se preocupe com esses detalhes de cafezinho. Na minha idade, a gente não dá mais importância a essas firulas. Quando somos jovens, como você, gostamos de ser reconhecidos nos restaurantes, bares, nas casas noturnas, não é verdade? Isso nos faz sentir muito importantes, mas serve principalmente para impressionar as garotas. Confesso-lhe que há muito já passei dessa fase. Portanto, fique tranquilo. Está tudo bem. — e completou sorrindo: — O importante é que meu cafezinho está aqui.

— Agradeço sua compreensão, seu Jonas, mas prometo que, nas próximas vezes, não vou me esquecer do seu cafezinho.

— Já disse para não esquentar a cabeça com isso, rapaz. Até porque, se você se esquecer de alguma coisa, eu apenas lhe lembrarei e pedirei. Simples assim.

O rapaz agradeceu e se afastou, e Jonas recostou-se para saborear melhor seu café. Como costumava almoçar mais tarde que os demais clientes, não havia pressa em desocupar a mesa. Até porque ela já era quase sua cativa, e ninguém se atrevia a ocupá-la no horário em que ele estava lá — exceto um ou outro cliente desavisado que visitava o restaurante pela primeira vez. Nessas raríssimas ocasiões, Jonas não perdia a calma: dava um tempo passeando pelo quarteirão, até que o "intruso" se fosse. Pressa era tudo o que ele não tinha a essa altura da vida.

Jonas tirou o lenço do bolso de trás da calça e passou-o pelo rosto para secar o suor. Olhando para o teto, fez uma reclamação muda para o ventilador, que não estava dando conta do recado. Havia um aparelho de ar-condicionado apenas no salão da frente, logo na entrada, mas ele preferia sentar no fundo, para ter maior tranquilidade.

Aquele calorão não era para menos. Naquela sexta-feira, a temperatura estava mais alta que nos dias anteriores. A média vinha se mantendo em um patamar que há muito tempo São Paulo não via: chegava quase diariamente à marca dos 35 graus e, em alguns dias, atingia até mesmo 37.

Mais acostumado ao frio, o paulistano sofria horrores com esse calor exagerado. E a cidade também: devido ao uso maior de aparelhos de ar-condicionado e do aumento da quantidade de banhos por dia, o consumo de energia elétrica crescia e o gasto de água atingia níveis nunca antes vistos, comprometendo seriamente o volume das represas que abasteciam a cidade. Aparentemente, não vinham sendo atendidos os apelos das autoridades para que a população consumisse menos água e energia elétrica.

O trânsito, que normalmente já era caótico, estava simplesmente infernal. Os motoristas facilmente se irritavam, se impacientavam e não raro se multiplicavam as batidas e as discussões — algumas acabando em agressões e até em tragédias.

À noite, enquanto assistia aos noticiários da TV e tomava conhecimento de todos aqueles transtornos, Jonas, em seu apartamento, lamentava o sofrimento das pessoas atingidas, mas sentia-se aliviado por já estar aposentado e não precisar mais ir à cidade com frequência. Quando o fazia, ia de táxi, porque assim ganhava tempo e evitava maiores aborrecimentos. Na verdade, era mais por comodidade que já havia alguns anos que não mais dirigia. Pelo menos uma vez por semana, pagava a um dos empregados do condomínio para tirar a poeira do seu carro, que repousava tranquilo na garagem do prédio.

Além do mais, para aumentar sua comodidade e alimentar sua indisposição para dirigir, havia um ponto de táxi bem em frente ao edifício onde morava. Um dos motoristas, Josias, era, inclusive, seu amigo particular. Solteirão convicto já passado dos cinquenta anos, ele estava sempre disponível para atendê-lo, porque repassava para os colegas do ponto os compromissos que porventura aparecessem, de modo a sempre poder atender o “doutor Jonas”.

Sorvendo o café bem devagar e lembrando-se do diálogo que tivera há pouco com o novo garçom, Jonas percebeu que havia muito tempo que não citava sua idade para ninguém. Sessenta anos!

Ele não tinha nenhum constrangimento em revelar sua idade. O problema era que, ao fazê-lo, lembrava-se de Cecília, sua falecida mulher, e isso, sempre que acontecia, o fazia sofrer muito, porque reavivava lembranças de uma linda, intensa e real história de amor, que ele vivera com ela. Apesar do tempo decorrido, ele nunca se recuperara dessa perda.

Desde a morte de Cecília, que ocorrera havia vinte anos, qualquer referência que fizesse à idade levava-o a lembrar-se dela, o primeiro, único e grande amor de sua vida.

Talvez isso ocorresse porque eles costumavam brincar e dizer que viveriam juntos para sempre e que o tempo nunca os afastaria. No ímpeto e na inconsciência da paixão, davam “garantias” mútuas de que iriam envelhecer juntos até a eternidade.

Mas não foi isso o que aconteceu. Eles não tiveram todo esse tempo. Cecília se fora precocemente. Tinha apenas trinta e oito anos de idade, quando uma inesperada e fulminante pneumonia a pegara desprevenida. Dos anos que viveu, Cecília passou metade ao lado de Jonas.

A súbita morte de sua esposa foi um duro golpe para Jonas e para os pais dela, dois sexagenários que foram destroçados pela perda da única e querida filha.

Jonas também se sentiu destruído. Com Cecília se foi também metade de sua própria vida. Desde então, ele perdera a alegria de viver e a motivação para fazer qualquer atividade que o lembrasse dela — como tocar piano, por exemplo.

Nem todo mundo entendia esse recolhimento voluntário, sobretudo partindo de um artista que iluminara muitos palcos com seu reconhecido e aplaudido talento de pianista. Com o passar dos anos, muitas pessoas, principalmente seus filhos, o censuravam por ele se isolar tanto e por não ter buscado uma nova companheira — afinal, Jonas tinha apenas quarenta anos quando enviuvara. Desde então, para ele a ideia de unir-se a outra mulher era algo impensável. Considerava impossível encontrar outro amor igual àquele.

Jonas vivera com Cecília uma linda história de amor como só se via nos romances e filmes melosamente românticos, piegas e açucarados. Mas foi dessa maneira, exageradamente amorosos, que eles foram felizes por tanto tempo.

Os amigos diziam que eles pareciam eternos namorados, tal era o permanente clima de carinho e romance entre eles. E apesar de muitos dizerem que tanto arrebatamento logo se transformaria em rotina e monotonia, a impressão que o casal passava era de que esse amor, essa paixão, só aumentava com o desenrolar dos anos.

Ah, que saudade da doce, bela e alegre Cecília, sua inseparável companheira, parceira, amiga e amante durante vinte anos maravilhosos.

Cecília e Jonas conheceram-se por obra do destino em 1974, quando ainda eram bem jovens — ele, com vinte, ela com dezoito anos. Foi uma atração imediata e avassaladora. Tanto que, mesmo antes de concluírem a formação em música — ela estudava violino e ele piano —, decidiram se casar. Afinal, desde que se conheceram, nenhum dos dois conseguia imaginar a vida sem a presença permanente do outro.

Depois de casados, passaram a viver de música, realizando apresentações públicas e dando aulas para crianças e adolescentes. Com a graduação, aumentou o número de alunos e convites para apresentações, aumentando consideravelmente a renda de ambos.

Jonas era órfão de pai e mãe, pessoas humildes que não lhe deixaram herança. Ele conseguiu pagar seus estudos com o modesto salário do seu emprego na época e com a ajuda de uma tia.

A família de Cecília, ao contrário, era abastada: os pais eram fazendeiros e comerciantes em Presidente Prudente. Como presente de casamento para a filha — e, por extensão, para o casal —, doaram-lhes três imóveis em São Paulo — um dos quais, o melhor e mais amplo, era onde Jonas morava desde que se casara com Cecília. Os aluguéis dos outros dois apartamentos, mais algumas aplicações financeiras, garantiam ao casal uma renda mensal, que era somada ao que recebiam de seu trabalho.

Com o passar do tempo, Jonas e Cecília compraram uma casa de praia em Peruíbe, com os recursos obtidos nas inúmeras apresentações por todo o Brasil.

Depois de algum anos de casados, o casal começou a pensar em ter filhos. Jefferson nasceu em 1988, e Cíntia, dois anos depois — estavam hoje, portanto, com vinte e seis e vinte e quatro anos, respectivamente. Desde cedo, as crianças revelaram-se saudáveis, ativas e inteligentes.

A morte de Cecília pegou a todos eles de surpresa. Jonas viu-se desarvorado, sem a mulher de sua vida e tendo duas crianças pequenas para criar e educar. Pela primeira vez na vida, sentiu-se só, perdido, sem a presença daquela que fora a responsável pelos melhores momentos de sua existência.

Foi muito difícil para Jonas superar a solidão e o quase desespero. Um período triste, marcado por uma profunda angústia. Ele beirou à depressão, da qual nunca se refizera por completo.

Nos primeiros meses, para sobreviver emocionalmente, apegou-se aos filhos, focando sua energia na educação deles. Judith, a mãe de Cecília, fez-lhe companhia durante quase dois meses, e isso lhe foi de grande ajuda.

No entanto, apesar dos seus esforços, Jonas logo percebeu que não estava fazendo um bom trabalho nem como pai nem como educador, papéis para os quais não tinha energia. Quando sentiu que estava à beira de um colapso nervoso, conversou longamente com os pais de Cecília, que concordaram em levar os netos para Presidente Prudente e terminar de educá-los.

Quando as crianças viajaram com os avós, Jonas voltou a sentir a velha e incômoda presença da solidão. Agora, além da falta da mulher, sentia também uma enorme saudade dos filhos.

Com muito esforço e com o passar do tempo, adaptou-se, dentro do possível, à nova situação, auxiliado por algumas condições favoráveis. O prédio de apartamentos onde morava ficava num excelente bairro, a Vila Mariana, e, para sua comodidade, era muito perto de restaurantes, supermercados, farmácias, hospitais, pontos de táxi, bancos e até de um grande *shopping center*.

Uma decisão que Jonas tomara logo de início foi abandonar o piano. Não tinha mais nenhuma motivação para tocar. Cecília fora sua inspiração, mas ela não mais estava ali.

Nos primeiros anos da mudança de seus filhos para a casa dos avós, Jonas ia visitá-los quase todos os fins de semana, mas, com o passar do tempo, começou a considerar esses deslocamentos muito desgastantes. Talvez porque representavam uma quebra em sua rotina e isso, diante de sua fragilidade emocional, se constituía em um considerável desconforto. Os intervalos entre uma visita e outra passaram a ser cada vez maiores.

Nas férias escolares, os filhos passavam a temporada com o pai. Nessas ocasiões, Jonas desdobrava-se em passeios e brincadeiras com eles. Sentia-se um pouco culpado por tê-los feito morar com os avós com tão pouca idade. Ele, inclusive, não tinha certeza se eles haviam entendido bem os motivos da decisão, ainda que houvesse explicado tudo direitinho a eles. Tinha receio de que seus filhos desenvolvessem alguma forma de ressentimento no futuro, mas sabia que não tivera outra alternativa.

De qualquer forma, essa rotina de idas e vindas a Presidente Prudente funcionou até quando os filhos se tornaram adolescentes, quando, então, outros interesses e outras motivações passaram a ocupar o foco da atenção dos dois jovens. Da parte dos filhos, curtir as férias com o velho pai já não era tão divertido quanto as desfrutar com a turma da cidade, fossem namorados, amigos do colégio ou da vizinhança.

O tempo passou e o futuro mostrou que, pelo menos do ponto de vista educacional e profissional, a decisão de entregar aos avós maternos a educação dos netos fora acertada. Depois de adulto, Jefferson tornara-se um brilhante engenheiro agrônomo, casara-se com uma colega de classe e fora morar em Manaus. Cíntia, que permanecia solteira, transformara-se numa sensível e competente psicóloga e mudara-se para Florianópolis, onde, segundo garantia, o mercado de trabalho lhe seria mais favorável. Ambos se diziam muito felizes com suas escolhas. Nunca mais voltaram a morar com o pai, mas pareciam não guardar ressentimentos por terem sido criados longe dele.

Apesar dessa distância, Jefferson e Cíntia sempre mostraram muito amor e carinho pelo pai. Tanto que, antes de partirem para suas novas cidades, insistiram muito com ele para que acompanhasse um dos dois. Jonas, no entanto, preferiu ficar sozinho em São Paulo, pois já tinha suas raízes na cidade e na casa onde vivera ao lado de sua amada durante tantos anos.

Se de um lado Jonas estava satisfeito com o rumo que seus filhos deram às suas vidas, por outro lado tinha uma permanente inquietação quanto à relação dos dois irmãos. Por algum motivo que ele desconhecia, Cíntia e Jefferson, desde a adolescência, desenvolveram uma visível incompatibilidade, quase inimizade, entre eles. Ainda jovens, os dois discutiam muito e não demonstravam atitudes amistosas e fraternais entre si.

Quando a avó dos dois irmãos comentou isso com Jonas, ele inicialmente não deu grande importância ao que a mulher lhe falara, achando que era uma situação relativamente comum entre irmãos na adolescência, ainda mais por serem de sexo opostos. E também porque Jonas acreditava na época que os filhos eram muito diferentes um do outro quanto à personalidade: Jefferson era mais introspectivo e um pouco arrogante, até egocêntrico; e Cíntia, se não provocada, era paciente, calma e bem mais sensível que o irmão.

Foi nesse contexto que Jonas tocou sua vida de "solteiro" solitário. Na maior parte do tempo, permanecia em casa lendo. A leitura passou a ser seu grande vício depois que ele deixara de tocar piano. Piano que, junto com o violino que pertencera a Cecília, estava mudo havia muito tempo. Pelas lembranças que o instrumento traria, tocá-lo seria tão doloroso quanto se autoflagelar.

Jonas também gostava de assistir a filmes antigos. Muitos desses filmes, inclusive, ele havia assistido no passado ao lado de Cecília.

De vez em quando, geralmente à noite, preocupados com o fato de o pai morar só e longe, Jefferson e Cíntia lhe telefonavam para saber de sua saúde. Na maioria das vezes, usavam um *tablet* para comunicarem-se e, dessa forma, além de se falarem, podiam se ver.

Cíntia falava com calma e carinho com o pai. Queria saber como Jonas passara o dia, como estava se sentindo, o que tinha assistido, o que estava fazendo, coisas assim. Diferente da irmã, Jefferson era mais sério, mais objetivo e econômico nas palavras e nas demonstrações de afeto. Em poucos minutos, tomava pé da situação e se despedia. Jonas não se preocupava com isso, pois sabia que cada um tinha seu estilo, seu jeito de ser e de demonstrar carinho por ele.

O que Jonas não confessava aos filhos era que ultimamente vinha se sentindo muito cansado, mas atribuía isso ao enorme calor que fazia. Não gostava de consultar médicos e não se lembrava da última vez que fizera um *check-up*. Baseava-se em seus próprios instintos e na intuição, e eles lhe "diziam" que sua saúde estava muito boa e que ele estava apenas sofrendo as naturais limitações que surgem com o avançar da idade.

— Pensando na vida, meu amigo?

De tão absorvido que estava, Jonas se assustou com a chegada de Giovanni, o proprietário do restaurante. Nessa "viagem", esquecera-se do tempo.

— Me sinto flagrado, amigo! Mas agora que fui descoberto, preciso tomar uma decisão. Das duas, uma: ou continuo aqui pensando na vida, ou vou para casa tirar uma soneca.

— Pois então fique aqui. Assim nos dará o prazer de sua companhia por mais tempo.

Jonas gostava do gordo Giovanni. Estava sempre agitado, indo de mesa em mesa, assegurando-se de que os clientes estavam sendo bem servidos, e sem nunca perder o bom humor. Imigrante italiano, chegara a São Paulo ainda adolescente e trabalhara em feiras e mercados até ter sua própria mercearia, que, ao longo dos anos, evoluiu para uma lanchonete e finalmente para aquele restaurante.

Em alguns dias, nos fins de tarde, Jonas ia conversar com Giovanni, pretextando saborear um chá da tarde, e assim ficava sabendo dessas histórias.

— Mas que calor é este, seu Jonas? Nunca vi igual. E sem nenhum vento pra refrescar a gente!

— Nem fale, Giovanni. Se eu pudesse, estaria agora na minha casa de praia, em Peruíbe. Lá, pelo menos a brisa do mar suaviza o calor.

— Ué, e por que o senhor não vai, homem de Deus?

— Ah, pergunte isso para meus filhos. Eles me passariam um pito. Aos sessenta anos, eles devem me achar um ancião decrépito, que só pode viajar se for acompanhado por um séquito.

O italiano apressou-se em ser conciliador:

— É que eles amam o senhor, seu Jonas. Eles se preocupam com sua saúde.

— Minha saúde vai muito bem, e eles sabem disso. O problema é que não conseguem se esquecer do AVC[1] que sofri há séculos. E, afinal de contas, Peruíbe é logo ali. Qual é o problema?

O italiano fez uma expressão de repreensão:

— Que "logo ali", seu Jonas! São mais de 140 quilômetros!

— E você acha isso longe? 140 quilômetros?

— Não é longe, mas para ir dirigindo na sua idade...

Desta vez quem fingiu uma repreensão foi Jonas:

— Na minha idade? Ah, agora você falou como meus filhos! Vou embora. Não gosto que me chamem de velho.

Giovanni ficou seriamente preocupado com sua falha. Juntou as mãos como se fosse implorar algo e pediu:

— Me perdoe, meu amigo, não quis dizer isso.

Jonas voltou-se para o italiano, sorrindo:

— Eu sei, Giovanni, estou brincando. Eu entendo bem a preocupação deles. Eles acham que meu coração pode voltar a me pregar uma peça a qualquer momento. Mas, convenhamos, eu bem que poderia estar agora de bermuda, numa cadeira de praia, com os pés descalços, sentindo as ondas molharem meus pés!

Ao falar isso, Jonas se lembrou imediatamente das vezes em que estivera na casa de praia com Cecília. Sempre que iam, permaneciam semanas na cidade e chegaram até a ficar um mês inteiro lá, pretextando férias.

---

1 - Acidente vascular cerebral.

Cecília adorava Peruíbe. Dizia que lá se sentia mais livre, mais próxima da natureza. Jonas atribuía isso ao efeito relaxante que a praia exerce sobre as pessoas. Durante algumas madrugadas, para inquietação do marido, Cecília sumia da cama, e Jonas, preocupado, ia encontrá-la vagando na praia, caminhando na areia molhada, tendo os pés banhados pelas ondas. Quando Jonas a repreendia, alegando ser perigoso para sua saúde, ela respondia sorrindo que era assim que buscava e encontrava inspiração para compor e tocar seu violino.

Com o tempo, Jonas se acostumara com esse estranho hábito de sua mulher, mas, por precaução, passou a acompanhá-la nesses passeios noturnos, embora lutando contra o sono.

Neste momento, Jonas sentiu uma saudade imensa invadi-lo, mas foi salvo pelo comentário de Giovanni:

— Ih, nem fale assim, seu Jonas! Senão eu fecho o restaurante e vou com o senhor para a praia.

— Quem nos dera poder fazer isso agora, amigo — levantou-se, deu-lhe um tapinha nos ombros e se despediu, melancólico. — Até amanhã, companheiro.

Giovanni acompanhou-o até a porta. Àquela hora, quase não havia mais clientes ali.

Saindo do ventilador e passando pelo ar-condicionado — que só havia no salão principal, logo na entrada do restaurante —, Jonas sentiu o bafo horrorosamente quente da temperatura do lado de fora. Parou um pouco em frente do restaurante para tomar um pouco de fôlego e se preparar para caminhar duas quadras até o edifício onde morava.

Jonas voltou a passar o lenço no rosto e, quando o tirou da frente dos olhos, viu Camila pela primeira vez.

Ela estava do outro lado da rua e olhava-o de forma um tanto tímida, mas com inegável interesse. Para certificar-se de que era mesmo para ele que a jovem olhava, Jonas voltou-se a fim de verificar se havia outra pessoa perto dele. No entanto, não havia ninguém além dele. Era ele mesmo o alvo da atenção da moça.

A jovem aparentava ter menos de vinte anos e suas roupas eram um tanto conservadoras para uma garota daquela idade. Tinha a pela muito clara, rosada talvez por efeito do calor e do sol, cabelos lisos castanho-claros, repuxados para trás e presos num longo rabo-de-cavalo. Ela trazia uma mochila nas costas e segurava vários livros e cadernos contra o peito. Mesmo àquela distância, Jonas pôde perceber que a moça tinha traços refinados e que era muito bonita.

Durante os poucos segundos em que ficaram se olhando, ela nada falou nem fez gesto algum. Apenas continuava olhando-o, mantendo agora um sorriso tímido nos lábios rosados.

Não era comum acontecer coisas assim na sua vida, mas Jonas achou o fato apenas curioso. Tinha certeza de que não a conhecia, e era de se esperar que não a conhecesse, pois seu pequeno círculo de amigos tinha bem mais idade que ela. Jonas tinha idade suficiente para ser seu avô. Portanto, na certa, ela deveria estar confundindo-o com outra pessoa.

Apenas por educação, Jonas devolveu-lhe um tímido sorriso e pôs-se a andar em direção ao edifício onde morava. Ainda bem que eram apenas dois quarteirões, pois, com aquele calorão, não seria tarefa fácil andar mais do que essa distância, sobretudo depois de um lauto almoço.

Jonas percorreu a primeira quadra com relativo esforço, ansioso para chegar em casa e relaxar com seu ar-condicionado. Depois de algum passos, já havia esquecido a moça, mas, ao olhar para os lados para atravessar uma avenida, surpreendeu-se ao perceber que ela estava do outro lado da rua, observando-o e aparentemente seguindo-o.

Ele tornou a ficar curioso: quem poderia ser aquela jovem? E por que o interesse nele? Era muito jovem para ser uma ex-aluna de suas antigas aulas de piano, pois havia muito tempo parara com essa atividade, e nunca lecionara para crianças, tarefa da qual se encarregava sua falecida esposa. Também não parecia em nada com uma garota de programa, dessas especializadas em atender homens maduros. Mas era indiscutível que ela olhava diretamente para ele.

Enquanto caminhava, uma possibilidade assustadora surgiu-lhe à mente: e se ela fosse uma assaltante à espera de uma oportunidade para aproximar-se e abordá-lo? Quem sabe teria cúmplices armados por perto, aguardando um sinal dela?

Intimamente, Jonas puniu-se por pensar isso, pois detestava julgar mal as pessoas. Era adepto do "todos são bons e confiáveis, até que provem o contrário". Em todo caso, decidiu ficar mais atento e procurou apressar o passo — o que, sob aquele calor, não era assim tão fácil.

Ao chegar ao edifício onde morava, hesitou antes de tocar o interfone. Se o fizesse, estaria indicando à desconhecida seu endereço e, dependendo de que ela fosse, isso não seria prudente.

Deus do céu, que paranoia! Como pudera deixar-se fisgar assim pela descrença nas pessoas, pelo negativismo? Era apenas uma garota, uma inocente estudante. Nada havia a temer. E depois, de que adiantava para ela saber seu endereço? Com a forte segurança do condomínio, ela jamais poderia entrar ali sem seu consentimento.

Jonas tocou o interfone, ouviu o estalido da fechadura do grosso portão de ferro e o rangido dele se abrindo.

Ele entrou e, antes de fechá-lo, olhou mais uma vez para a moça através das grades. Ela continuava do outro lado da rua, observando-o com o olhar brilhante.

Jonas pensou estar imaginando coisas quando achou que a expressão dela, nesse momento, transmitia satisfação. Bobagem. Provavelmente, ele estava sendo traído pela imaginação.

Ele atravessou o bem-cuidado jardim, chegou ao *hall* e subiu pelo elevador. Entrou no apartamento e foi com alívio que se jogou em sua poltrona preferida, disposta em um canto da sala de estar. Tirou os sapatos e as meias, permitindo, assim, que seus pés respirassem também. Abriu os botões da camisa e esticou o corpo. Ainda bem que, antes de sair para o almoço, deixara ligado o aparelho de ar-condicionado.

Ah, uma boa soneca lhe faria bem.

Capítulo 3

Jonas acordou com o som estridente da campainha tocando insistentemente. Ergueu a cabeça e notou pela janela que o sol se fora e com ele a tarde daquele dia.

Levou alguns segundos para situar-se e levantou-se com algum esforço e má vontade. Detestava ser acordado assim, no susto. Mesmo descalço, caminhou até a porta e olhou pelo olho mágico. Ficou surpreso: era Cíntia, sua filha, que morava em Florianópolis. Rapidamente, abriu-lhe a porta.

— Surpresa! — exclamou Cíntia, entrando e dando um carinhoso beijo na face do pai, acompanhado por um forte abraço. — Isso lá é hora de dormir, papai? Está ficando velho mesmo, hein? — brincou.

Jonas estava um tanto desconcertado com a inesperada visita da filha. Ele recuou para dar-lhe passagem:

— Mas que surpresa é essa, minha filha! Aconteceu alguma coisa?

Ela respondeu bem-humorada, jogando a mochila sobre o sofá:

— Aconteceu. Senti saudades do senhor, posso?

— Não só pode como deve. Mas sua vinda inesperada não deixa de ser uma surpresa. Muito agradável, aliás.

— Ah, ainda bem. Trate de se aprontar, porque daqui a pouco nós vamos jantar fora.

— Jantar fora? Estou mais surpreso ainda.

— Ué, não devia se surpreender com essas coisas. O senhor não tem empregada, e eu não quero ir para a cozinha depois de viajar algumas horas. Aliás, mesmo em casa não entro na cozinha nos fins de semana.

Na opinião de Jonas, a passagem do tempo tinha beneficiado sua filha: achava-a agora muito mais bonita do que quando era ela adolescente. Morena clara, de estatura mediana, um pouquinho além do peso, com os outrora longos cabelos negros agora cortados curtinhos.

— Tudo bem, filha, aceito seu convite. Apenas me deixe acabar de acordar. Vou tomar um banho e trocar de roupa.

A noite daquela sexta-feira fora ótima. A temperatura baixara, e agora um vento refrescante acariciava os corpos. Caminhando, Jonas segurava o braço da filha. Eles foram a um restaurante chinês e se fartaram com a culinária oriental. No início, falaram bastante sobre amenidades. Depois, Cíntia falou-lhe sobre seu trabalho como psicóloga, seus projetos profissionais de crescimento e suas amizades.

Jonas resolveu provocá-la:

— Ainda não arranjou nenhum namorado?

Mesmo sem jamais falar a respeito, Jonas não se conformava que sua filha, bonita e inteligente como era, não tivesse ainda conseguido encontrar um companheiro.

Ela fez uma expressão de descaso:

— Para quê? Para me controlar? É pra isso que a gente ama alguém?

— Ah, não fale assim do amor, minha filha. Eu e sua mãe... — Jonas interrompeu o que ia dizer. Cíntia percebeu, mas não quis insistir que ele continuasse. Sabia que aquele assunto entristecia o pai, e por isso tomou a palavra antes que ele continuasse:

— Estou brincando, pai. É que não apareceu ainda nenhum candidato, digamos, aceitável.

— Talvez você esteja precisando rever seus níveis de exigência, minha filha...

— Não acho. Pai, acredite que eles são até modestos. Não sou exigente. Basta aparecer um príncipe encantado bonito e rico.

— Ih, então essa história vai longe — e Jonas acompanhou o riso da filha.

Depois, satisfeitos, pai e filha voltaram para casa. A noite continuava fresca e agradável, e Jonas sentia-se muito bem caminhando pelas ruas quase desertas ao lado de Cíntia. Sentia saudades dela, bem como de Jefferson, e gostaria de tê-los por perto, mas entendia que já tinham idade suficiente para fazerem suas próprias escolhas — e tudo indicava que já haviam feito, indo morar longe do pai.

Já no apartamento, ainda conversaram mais um pouco e assistiram a alguns programas na TV. Mas foi um momento breve.

Cíntia deitou-se cedo, pois ainda não se refizera inteiramente do desgaste da viagem. Embora o percurso tivesse curta duração, ela enfrentara toda aquela burocracia do *check-in* e da retirada da bagagem e a quase sempre enorme fila do táxi. Tudo isso e a variação do clima causaram-lhe um certo estresse.

Precavido, Jonas mantinha um quarto para hóspedes sempre arrumado e foi lá que Cíntia se acomodou. Ele ficou na sala lendo mais um dos volumes de sua pequena biblioteca particular e, quando sentiu que o sono se aproximava, levantou-se, guardou o livro e, antes de entrar em seu aposento, parou diante da porta do quarto onde Cíntia dormia. Ele entreabriu um pouco a porta que estava apenas encostada e ficou contemplando amorosamente a filha adormecida. Nesse momento, teve consciência de como o tempo passara depressa. Ainda outro dia, não fazia muito tempo, ela era apenas uma garotinha sardenta de tranças agitadas.

Como no *replay* de um filme, passaram por sua memória as doces lembranças da infância de Cíntia e Jefferson, vigiados de perto pela mãe. Quase todo domingo de sol, iam os quatro para o Parque do Ibirapuera e só voltavam para casa no comecinho da noite. Jonas recordava-se claramente das duas crianças correndo alegres pela relva sob os olhares zelosos de Jonas e Cecília. Depois, sentavam-se sobre uma enorme toalha para um delicioso e divertido piquenique.

Jonas lembrava-se também das frequentes festinhas de aniversários — deles e dos amiguinhos —, os presentes de Natal, as formaturas dos primeiros anos... Era muita coisa para lembrar. Coisas boas e momentos felizes, mas que sempre plantavam no coração de Jonas uma semente de melancolia, de nostalgia.

Com muito cuidado, por fim, fechou a porta do quarto de hóspedes e foi se deitar.

Já na cama, sem nenhum sono, olhando o teto com as mãos entrelaçadas sob a cabeça, Jonas surpreendeu-se pensando na garota que o observava com insistência na rua e que o seguira até o edifício. A rigor, não era uma presença assustadora nem lhe transmitia algum tipo de ameaça. Ao contrário, era uma moça muito simpática e até atraente, mas não havia dúvidas de que aquela presença sem explicação causava-lhe estranheza e curiosidade. Quem seria e o que queria com ele aquela garota?

Jonas pensou em comentar o fato com Cíntia, mas logo desistiu. Seria mais um motivo de preocupação para ela, pois imaginaria mil e um perigos à vista. Na verdade, ele concluiu que nem valia a pena pensar sobre aquele assunto. Na certa, fora apenas uma casualidade, e provavelmente a moça não mais apareceria. Devia tê-lo confundido com alguém, seguiu-o para tirar a dúvida e, como não obteve certeza, não se atreveu a falar com ele e foi embora. Simples assim. Sim, na certa, não voltaria mais a vê-la.

Jonas adormeceu sem imaginar que estava enganado. A partir daquele fato aparentemente banal e protagonizado pela jovem desconhecida, sua vida passaria por bruscas e inesperadas transformações.

No dia seguinte, durante o almoço, Jonas percebeu que Cíntia queria falar-lhe algo e que sua visita não fora apenas motivada pela saudade, como alegara ao chegar na véspera. Ele desconfiou disso porque, na mesa do restaurante, ela estava muito impaciente, com o olhar intranquilo e gestos nervosos, o oposto da noite anterior, quando se mostrara carinhosa e bem-humorada, apesar do cansaço.

Por insistência de Jonas, foram ao restaurante do Giovanni, porque era próximo ao edifício onde morava e a comida era boa.

O simpático proprietário do restaurante festejou a presença de Cíntia, quem conhecia desde criança, antes mesmo de ela ir morar com os avós.

Cíntia brincou com Giovanni, com o dedo em riste:

— O senhor está cuidando bem do meu pai?

— Tão bem, senhorita, que todo dia ele vem almoçar aqui.

— E ele continua ranzinza, reclamando de tudo?

— Ranzinza? Seu pai? Mas nem de brincadeira! Seu Jonas é uma criatura adorável, a educação em pessoa. Quem me dera se todos os meus clientes fossem assim como ele.

Agora foi a vez do Jonas brincar:

— Não ligue para que o que ele está falando, minha filha. Ele diz isso para todos os clientes.

Giovanni fez uma cara de fingida indignação e protestou:

— Seu Jonas! O senhor sabe que isso não é verdade. Tenho uma grande admiração e um grande carinho pelo senhor, assim como tinha pela saudosa dona Cecília.

Como Cíntia sabia que aquele tema era desconfortável para o pai, ela tratou de interromper o italiano:

— Vamos ver se a qualidade da comida da casa continua a mesma de antes! O que o senhor nos sugere para hoje?

Jonas entendeu a intenção da filha com a interrupção e enviou-lhe um olhar de gratidão.

Depois que escolheram os pratos, e Giovanni se afastou, Jonas foi direto ao assunto:

— Pronto, minha filha, agora que estamos a sós, pode falar.

Cíntia fingiu surpresa:

— Ué, falar o quê?

Ele respondeu com paciência:

— Filha, você bem sabe que eu a conheço há muito tempo. Se você não tivesse ido morar longe, hoje eu conseguiria até ler seus pensamentos. Portanto, sei muito bem que você tem alguma coisa para me dizer e não adianta negar. Está grávida? É isso?

Cíntia reagiu chocada:

— Papai! O que é isso?! — depois continuou mais calma. — Já lhe disse que não tenho namorado!

— Ué, e hoje em dia uma moça precisa de namorado para conseguir ter um filho?

— Acontece que eu não sou dessa geração. Ainda sou das antigas, do jeito que o senhor, mamãe e meus avós me educaram. Uma careta.

Jonas sorriu e falou em tom conciliador:

— Estou brincando, filha. Mas não mude de assunto. O que quer falar comigo?

Não só para ganhar tempo, mas para evitar que a conversa fosse ouvida ou interrompida pelo garçom, Cíntia pediu:

— Vamos almoçar primeiro. Depois conversaremos com calma.

Almoçaram quase em silêncio, trocando apenas algumas palavras sobre amenidades. Aquela introdução já deixara antever alguma tempestade — e das boas.

Depois do tradicional cafezinho, Jonas, que com esforço segurara sua ansiedade, tomou a iniciativa de voltar ao assunto:

— Pronto, você já pode me dizer o que vinha guardando.

Sentindo-se flagrada, Cíntia estava visivelmente desconfortável para falar. Ela desdobrou e em seguida voltou a dobrar o guardanapo. Passou as palmas das mãos sobre a toalha vermelha e começou, falando bem devagar:

— Apesar das antigas rixas com meu irmão, Jefferson e eu temos conversando muito nas últimas semanas.

— Fico muito feliz ouvindo isso. A relação de vocês sempre me preocupou. Sempre quis vê-los unidos e amigos.

— Bem, ainda não chegamos a tanto, mas quem sabe um dia?

— Sobre o que vocês têm conversado?

Jonas percebeu a hesitação da filha, pois ela demorou a responder:

— Temos falado muito a seu respeito.

Ele ficou surpreso:

— A meu respeito? O que vocês estão tramando?

Cíntia falava com cautela:

— Papai, o senhor já está com sessenta anos.

— Todo mundo sabe disso, inclusive e principalmente eu.

— Desculpe, mas parece que justamente só o senhor não sabe disso.

— Como assim? O que você quer dizer com isso?

— O senhor bem sabe que não faz nenhum sentido morar sozinho, numa cidade grande e perigosa como São Paulo. Tanto eu como o Jefferson teríamos o maior prazer em tê-lo morando conosco.

Jonas não pôde evitar um leve sorriso irônico:

— Verdade? Pergunte à mulher do seu irmão se ela concorda com isso que você está dizendo.

— Ora, papai, e quem liga para o que a Fernanda pensa e diz? Ela é uma chata, e todo mundo sabe disso!

— Chata ou não, é a mulher do seu irmão.

— Tudo bem. E por que não morar comigo? Não tenho marido para implicar. Por que o senhor não vem morar comigo?

— Mas eu nem conheço Florianópolis direito!

— É uma ótima cidade. Estou me dando muito bem lá.

Jonas pegou na mão da filha sobre a mesa e falou em tom carinhoso:

— Filha, eu compreendo sua preocupação e a do Jefferson comigo, mas acredite: sinto muita saudade de vocês, mas eu me sinto bem morando sozinho. Não tenho problemas de saúde. Aquele AVC foi um acidente de percurso, pois eu ainda estava muito estressado pela morte de sua mãe. No entanto, o AVC não me deixou nenhuma sequela. Estou bem de saúde. Quanto a morar sozinho, gosto de ler, assistir a filmes e ficar em casa. E não me falta nada, filha. Existe toda uma infraestrutura de serviços aqui perto, o condomínio é muito bom, o bairro é seguro, não há problemas. E depois...

Jonas hesitou, mas Cíntia cobrou o resto da frase:

— Depois o quê, papai?

— Todo hóspede dá trabalho.

— Mas que trabalho, papai?

— Deixe eu terminar. Todo mundo tem suas manias, seus hábitos, suas rabugices, principalmente depois de certa idade. No começo, a convivência com você ou com o Jefferson seria muito agradável. Eu seria uma espécie de visita. Mas não se ofenda: com o passar do tempo, eu iria me tornar um estorvo. De visita eu passaria a hóspede, e aí as coisas mudariam. Vocês se sentiriam sem privacidade, cheios de obrigações para comigo. Seria uma responsabilidade a mais, e eu não quero ser esse peso para nenhum de vocês. Gostemos ou não, minha filha, é assim que as coisas funcionam.

— Isso não é justo: durante muito tempo, antes de irmos morar com nossos avós, o senhor carregou esse "peso" por muitos anos, criando a mim e ao meu irmão sozinho, com o maior esforço e dedicação.

— Fiz o que todo pai faria naquela situação. Você e o Jefferson também farão o mesmo pelos filhos, quando os tiverem e se for necessário. E além disso, o amor, o tempo e a dedicação que os pais dão aos filhos não devem se tornar uma moeda de troca. A gente não dá esse amor pensando em nada em troca.

— Eu sei, papai, mas volto a lhe dizer que não é justo não podermos cuidar do senhor agora.

— A melhor troca que os filhos dão é a que vocês já estão me dando: bom caráter, ética, honestidade, bom senso, carinho, tudo isso vocês têm. E eu sou feliz por isso.

— Mas o senhor não imagina como estamos preocupados sabendo que está aqui sozinho, com tanto calor e inundações, arrastões, assaltos, greves, manifestações...

— Mas, minha filha, essas coisas nós temos no Brasil todo, e eu não me exponho a essas coisas, não tenho mais disposição para dirigir ou ficar batendo pernas por aí. Como lhe disse, na maior parte do tempo eu fico em casa lendo ou assistindo a meus filmes.

Cíntia ficou olhando afetuosamente para o pai e depois para a rua, pela janela de vidro do restaurante. Depois, falou com alguma melancolia na voz:

— Pelo visto, não vou conseguir fazê-lo mudar de ideia.

— Filha, eu amo você e seu irmão. Gostaria muito de tê-los por perto aqui em São Paulo. Mas morar junto é um negócio complicado depois que os filhos crescem, principalmente quando se casam. Eu fico feliz sabendo que vocês pensam em mim e se preocupam comigo. Como já disse, a saudade é grande, por isso é uma festa quando falo com vocês e os vejo pelo *tablet.* Vamos continuar assim.

Ela não respondeu, mas estava evidente sua frustração. Jonas procurou consolá-la:

— Vamos combinar assim: se o calo me apertar, eu peço ajuda a vocês, tudo bem?

— Se o senhor garante que fará isso, então está bem.

— Que bom que chegamos a um acordo.

— Mas tem outra coisa que preciso lhe falar.

— Ah, então eu estava certo. Você não veio me visitar por saudade, mas sim para me trazer recados do seu irmão, é isso?

— Não é bem assim. Já disse que nos preocupamos com o senhor. Converso muito com Jefferson a seu respeito por telefone. Aliás, são os únicos momentos em que conseguimos nos entender. Como ele mora mais longe daqui do que eu, combinamos que eu seria a porta-voz. Apenas isso.

— Então devo entender que você está falando pelos dois.

— Isso mesmo.

— Está bem, só me resta ouvir.

Agora, mais do que antes, Cíntia estava cautelosa com o que iria falar ao pai, procurando escolher bem as palavras:

— Na certa, o senhor já ouviu falar sobre essas casas de repouso para pessoas de idade.

Jonas ficou subitamente vermelho e nervoso:

— Espere aí! Você não vai me falar o que estou pensando que vai.

— Papai, não seja turrão! O senhor não é velho, mas também não tem mais idade para morar sozinho. O senhor sabe que já teve depressão, um AVC, vários resfriados fortes...

— Ora, minha filha, essas coisas aconteceram há muito tempo! Nunca mais tive problemas de saúde. Na época do AVC, eu estava com a pressão um pouco descontrolada, mas depois tudo ficou bem. Meu coração está ótimo, já lhe disse.

— Mas esses problemas podem voltar, papai. Um infarto, quando acontece, não manda aviso. A verdade é que tudo isso requer cuidado e tratamento. Sei que há muito tempo o senhor não faz um *checkup*. E depois, morando sozinho num apartamento grande como o seu, mesmo tendo uma pessoa que de vez em quando vem fazer a faxina, o senhor sofre um certo desgaste para mantê-lo organizado e com tudo funcionando. E tem uma coisa que nos preocupa muito: se o senhor sentir algum mal-estar grave durante a noite, quem vai levá-lo ao pronto-socorro? Então, já que o senhor não quer ficar com nenhum dos seus filhos...

Jonas completou com um misto de ironia e amargura na voz:

— A solução é me jogar num asilo.

Cíntia mostrou indignação:

— Que é isso, papai? Quem foi que lhe falou em asilo?

Jonas agora estava realmente irritado:

— É a mesma coisa. Você pode chamar de "casa de repouso", centro de convivência, comunidade de idosos, clínica, ou do que quiser, mas na verdade esses lugares não passam de asilos de luxo para velhos.

— Meu Deus do céu! Eu até entenderia ouvir uma coisa dessas de uma pessoa ignorante, mas não do senhor, um músico famoso, um homem culto e inteligente. Essas casas de repouso não são asilos, são como hotéis especializados, com instalações confortáveis, muito espaço, alimentação adequada e de primeira, e assistência médica 24 horas por dia. Lá, o senhor teria divertimentos, passatempos e poderia fazer muitos e novos amigos. E eu e o Jefferson iríamos visitá-lo a qualquer hora, sempre que desejássemos.

Jonas desviou o olhar da filha e ficou em silêncio, contemplando a avenida que podia ser vista pelas vidraças das largas janelas. Por essa, ele não esperava, daí sua indignação.

Cíntia ficou com a impressão de tê-lo magoado e não queria que isso acontecesse. Apesar de ter passado com seu pai apenas um pedaço da infância, não tinha mágoa dele. Até quando moraram juntos, ele sempre fora muito amoroso, cuidadoso e dedicado. Mesmo depois que ela e o irmão foram para o interior, seu pai ia visitá-los sempre, quase toda semana.

Ela se lembrava perfeitamente da noite em que Jonas se sentou em sua cama, chamou Jefferson e, visivelmente constrangido, contou-lhes a decisão de levá-los para a casa de seus avós em Presidente Prudente, para que passassem a morar lá. Ele esforçou-se para explicar-lhes as razões, ou seja, as dificuldades para educá-los adequadamente.

Lembrando-se desse tempo, Cíntia sentiu um aperto no coração. Por isso, quebrou o silêncio com a voz carinhosa:

— Diga alguma coisa, papai. Não fique chateado conosco. Tudo o que nós queremos é evitar que o senhor fique sozinho naquele apartamento enorme.

Ele respondeu com uma voz rouca, ainda sem olhar para a filha:

— Eu nunca estou sozinho naquele apartamento. Ele está cheio de recordações. Enquanto tiver uma memória que me permita lembrar da sua mãe, nunca estarei só.

Cíntia pôs a mão sobre a do pai:

— Papai, eu sei que o senhor e mamãe viveram uma história de amor maravilhosa, mas ela morreu há vinte anos. Mamãe não pode mais lhe fazer companhia. A gente não pode viver só de lembranças.

Jonas voltou o olhar para Cíntia e, ao responder, fez algo que quase nunca fazia, exceto quando estava aborrecido: tratar a filha pelo nome:

— Cíntia, você não pode imaginar como é a vida de um amante sobrevivente. Quem viveu vinte anos ao lado de uma pessoa maravilhosa, nunca mais fica só — ele fez uma pausa e ficou com o olhar perdido na avenida. — Em algumas noites, acordo de repente no meio da madrugada com o som do violino dela. Ouço-a tocar para mim. Sou envolvido pelos acordes de "Pour Elise", "Czardas", "Sonho de Amor", exatamente como ela fazia para me distrair quando estava aqui.

Emocionada, Cíntia falou com calma, sempre escolhendo cuidadosamente as palavras para não magoar ainda mais seu pai:

— Mas, infelizmente, ela não está mais aqui, papai. É maravilhoso que sonhe com ela tocando para o senhor. Mas é apenas um sonho, papai. E eu estou falando de realidade, sua segurança, sua saúde e do seu bem-estar.

Jonas ficou novamente em silêncio, olhando para a toalha da mesa por algum tempo, apertando com os dedos alguns farelos de pão. Depois, falou com uma voz baixa, porém firme:

— Diga ao seu irmão que estou muito bem. Esta informação serve para você também. Não vou morar com nenhum de vocês nem vou me internar num... numa casa de repouso. E, por favor, nossa conversa sobre esse assunto acaba aqui. Vamos embora.

Cíntia percebeu que definitivamente magoara seu pai, mas não sabia o que fazer para consertar o estrago. De certo modo, ela previra esse desfecho, pois, baseada em conversas anteriores, já conhecia o pensamento do pai sobre o tema. Por isso mesmo, quando Jefferson lhe dera a missão de vir convencê-lo, ela relutara muito em aceitá-la. Mas o irmão argumentara que, devido à distância, não teria condições de se deslocar de Manaus até São Paulo, enquanto Florianópolis era quase uma ponte-aérea.

Jonas levantou-se e saiu na frente, sem esperá-la. Constrangida, Cíntia se levantou e o acompanhou em silêncio.

À distância, Giovanni percebeu que a conversa entre pai e filha não fora exatamente amistosa, mas preferiu não se aproximar. Acreditava que não era só em briga de marido e mulher que não se devia meter a colher. Além disso, pelo amor que os unia, tinha a certeza de que, no final, eles chegariam a um entendimento.

Jonas e Cíntia voltaram para o apartamento caminhando lado a lado, mas em silêncio. O resto da tarde foi desconfortável para ambos, pois não havia mais o que falar. Assistiram a alguns programas de televisão, fazendo comentários monossilábicos, mas nenhum dos dois estava realmente prestando atenção aos programas.

Em certo momento, Cíntia levantou-se e entrou no quarto. Como a porta estava entreaberta, Jonas ouviu os toques do telefone sendo discado. Ainda que ela falasse baixo, ele percebeu que a filha estava conversando com alguém da companhia aérea e remarcando sua passagem, antecipando a volta a Curitiba para o início da noite.

Quando retornou à sala, Cíntia sentou-se novamente e, depois de algum tempo, falou olhando para seu pai:

— Eu lembrei que tenho alguns compromissos em Florianópolis amanhã cedo, por isso precisei antecipar minha volta para logo mais. Partirei no início da noite. Espero que o senhor não se importe com isso.

— De jeito nenhum. O trabalho vem em primeiro lugar — ele respondeu, e Cíntia refletiu se havia ou não ironia nessa resposta.

Mais tarde, quando ela já estava à porta do apartamento com sua pequena mala, preparando-se para descer e pegar um táxi, Jonas se dispôs a acompanhá-la até o térreo, mas ela delicadamente recusou:

— Não precisa se incomodar, papai. Já sei que há um ponto de táxi logo em frente ao edifício. Além disso, já está escuro e isso não é bom para o senhor.

Como ele continuava ressentido, não se importou de ser irônico:

— Meu edifício tem iluminação, sabia?

Por essa resposta, Cíntia percebeu o ressentimento do pai. Ela pôs a mão direita no peito dele e falou carinhosamente:

— Papai, não fique bravo comigo nem com o Jefferson. Nós o amamos e só queremos o melhor para o senhor. Vamos combinar o seguinte: esqueça tudo o que lhe falei durante o almoço. Vamos fazer de conta que eu não disse nada. Não nos queira mal. Eu te amo muito, papai — e jogou-se nos braços de Jonas, deixando que as lágrimas escorressem.

Ele abraçou a filha também e acariciou seus cabelos. Não era um homem tão durão quanto parecia às vezes:

— Eu que lhe peço para esquecer o que seu pai falou. A gente fica rabugento com a idade, diz coisas que não gostaria de dizer e depois se arrepende. Eu também amo muito vocês e entendi perfeitamente a boa intenção de ambos. Sou eu quem não está preparado para esse tipo de conversa. Você pode não acreditar, mas me sinto muito jovem para pensar nessas coisas. Ainda preciso aprender a envelhecer.

Cíntia esboçou um sorriso:

— Eu entendo, papai. Então, sem ressentimentos?

— Sem ressentimentos, filha.

Ela o beijou demoradamente na face, abraçou-o de novo e entrou no elevador.

Depois que Cíntia se foi, Jonas ficou algum tempo parado à porta, olhando pelo local por onde sua filha se fora.

Quando voltou ao apartamento, apagou todas as luzes e recostou-se em sua poltrona preferida. Era assim que conseguia relaxar, ficando quieto na escuridão. E, claro, pensando em sua amada e saudosa Cecília.

Capítulo 4

Jonas viu Cecília pela primeira vez, muitos anos antes, numa das mais movimentadas estações do Metrô da cidade. Era fim de tarde. Ele saíra do trabalho e estava indo para mais uma aula de piano.

Ele descia as escadas que davam acesso à plataforma de embarque, quando percebeu uma aglomeração numa parte do corredor. Jonas aproximou-se para ver o que estava acontecendo. Naquele momento, um homem de longa barba, bigode e cabelos brancos instalara-se num dos cantos da passagem, encostado à parede, e exibia-se para os apressados passageiros tocando um violino visivelmente gasto pelo tempo, mas de sonoridade perfeita.

Não mais que trinta passantes haviam parado para apreciar a exibição, formando um semicírculo naquele exíguo espaço. A maioria dos passantes continuava seu caminho acelerado, limitando-se a dar uma rápida espiada no artista.

Jonas adorava música e por isso, ainda que tivesse o compromisso da aula, parou para apreciar um pouco aquela inesperada audição. O sujeito era bom mesmo.

Sem usar partitura, tirava sons belíssimos do seu instrumento.

Estava embevecido. Sonhava um dia poder tocar piano tão bem quanto aquele homem tocava seu violino. E, claro, da mesma forma que ele, também se exibiria para muitas pessoas.

De repente, muito embora estivesse focado na música, Jonas sentiu que estava sendo observado. Era um sentimento que às vezes o acometia, algo como um sexto sentido. Desta vez, no entanto, a sensação era muito forte.

Tentando identificar de onde partia aquela sensação, Jonas voltou-se para as pessoas que estavam à sua volta. Somente quando olhou para a frente, para o grupo que estava do outro lado do semicírculo, ele a viu e estremeceu, encantado.

Uma garota maravilhosa!

O coração de Jonas bateu mais forte, e ele sentiu-se imediatamente atingido em cheio pelo incrível olhar da jovem, penetrante, forte e direto. Ficou parado, olhando fixamente para ela, como se estivesse hipnotizado ou como se houvesse um estranho magnetismo naquele lindo olhar. Foi assim que Jonas a viu pela primeira vez. Encantadora e misteriosa.

Cecília, por sua vez, pareceu assustar-se por ter sido flagrada olhando tão fixamente para o rapaz. Quando percebeu que ele também a olhava, mostrou uma expressão desconcertada e desviou a vista.

Ainda que a moça estivesse semioculta pelas outras pessoas que estavam entre eles, Jonas conseguiu perceber que ela tinha longos cabelos castanho-claros, presos em um longo rabo-de-cavalo. Era linda e segurava vários livros e cadernos contra o peito.

Procurando disfarçar, Cecília passou a olhar para o violinista, esforçando-se para se concentrar na música.

Sem perda de tempo, Jonas movimentou-se cuidadosa mas firmemente entre os espectadores, com a intenção de se aproximar e conhecer aquela moça que, com um simples olhar, o cativara de forma tão arrebatadora. Gentilmente, ele foi afastando as pessoas que estavam à sua frente até conseguir passar para o outro lado do semicírculo.

Quando conseguiu chegar ao lugar onde a moça estava, não pôde evitar uma exclamação de surpresa e frustração: ela sumira! A moça devia ter percebido a intenção dele, pois simplesmente desaparecera. Na certa, ficara desconcertada e não tivera coragem de encarar uma conversa com o rapaz que também a atraíra.

Jonas quase entrou em pânico. Olhou para todos os lados, deu a volta em torno do grupo que assistia ao músico, andou de um lado para o outro da estação, mas não houve jeito de rever a moça. Talvez ela tivesse entrado em algum vagão e ido embora.

Desolado, ele sentou-se num banco. Como pudera perdê-la de vista? Perder uma pessoa tão especial? Sentira-se atraído por ela no mesmo instante, com uma intensidade nunca antes ocorrida em sua vida. Ele se lamentava, dizendo a si mesmo que não se pode deixar passar uma oportunidade como aquela. Talvez nunca mais fosse revê-la.

Não, não podia desistir assim tão facilmente. Decidiu, então, que tinha de encontrá-la, nem que fosse preciso ir todos os dias à mesma estação do Metrô e fazer o mesmo percurso, no mesmo horário.

Pois foi exatamente o que ele fez. Nos dois dias seguintes, no entanto, o músico não estava lá e, portanto, não haveria a menor possibilidade de encontrar ali a encantadora desconhecida.

O músico só voltou a aparecer no terceiro dia. Ao ouvir de longe o som do violino, Jonas apressou o passo.

Uniu-se ao grupo que já havia se formado em torno do artista e olhou para cada pessoa presente, para ver se reconhecia a moça. Nada. Para sua decepção, ela não estava lá. "Quem sabe não está atrasada e logo chegará?", pensou esperançoso.

Os minutos se passavam. O violonista continuava sua apresentação, e a jovem não aparecia. Jonas começou a ficar desanimado, mas, já que estava ali, decidiu concentrar-se na música e desfrutar dela um pouco. Fez todo o esforço possível, mas não conseguia manter o foco na música. Seu pensamento estava com ela, a desconhecida.

De repente, Jonas teve a nítida impressão de ter sido chamado. Sim, alguém dissera seu nome. Olhou para os lados, mas nenhum rosto lhe parecia conhecido.

Foi então que, ao voltar-se, ele a viu. Ela estava parada logo atrás dele, olhando-o sorridente, provocando o mesmo efeito devastador da vez anterior. Jonas, por sua vez, ficou olhando-a de boca aberta. A verdade era que ele não sabia o que dizer ou fazer. Fora pego inteiramente de surpresa.

— Oi — ela disse numa voz sussurrante, mas que pareceu a Jonas uma linda melodia. Incrível! Era apenas uma sílaba, mas soava aos seus ouvidos como uma longa e maravilhosa sinfonia.

— Oi — foi tudo o que ele conseguiu responder, num sussurro. Estava quase sem voz.

Cecília continuou falando, para alívio de Jonas:

— Acho que não agi legal com você da outra vez.

Jonas pigarreou e tomou coragem para manter um diálogo:

— Pois é... você fugiu.

Ela sorriu desconcertada e de forma encantadora:

— Foi mais ou menos isso. Fiquei envergonhada.

— Ué, de quê?

— De estar olhando tão abertamente para você. Poderia parecer que eu estava dando em cima de você.

Para disfarçar a ousadia, ele perguntou sorrindo:

— E não estava?

Cecília fez um gesto com a cabeça e encolheu os ombros, como se dissesse: "Quem sabe?"

Jonas resolveu continuar ousando um pouco mais, até porque queria segurá-la ali com ele, pelo tempo que conseguisse:

— Você gosta de música?

— Adoro.

— Eu também. Neste caso, será que você aceita assistir comigo a este concerto?

Cecília entendeu a intenção de Jonas e aceitou a brincadeira:

— Claro, com prazer.

Ela se aproximou e posicionou-se ao lado de Jonas. Poderia até ser impressão, mas ele sentia o calor da jovem e um delicioso perfume vindo dela. E assim, lado a lado, ficaram apreciando o violinista.

De repente, Jonas se lembrou de perguntar, baixinho, aproximando o rosto do dela:

— Como você sabia meu nome?

Cecília sorriu e balançou a cabeça, sem olhar para ele:

— Eu não sabia.

— Ué, então como conseguiu me chamar?

Ela virou-se para ele:

— Eu não o chamei.

— Mas, como...

— Bom, seu nome não é segredo algum. Ele está escrito bem grande aí no cartão de identificação de sua mochila.

Jonas conferiu a informação e riu, encabulado:

— Tem razão. Agora você sabe como me chamo.

— Agora, sei. Mas deixe-me insistir: eu não o chamei. Imagina se eu teria coragem de fazer isso sem conhecê-lo.

— Acredite em mim. Eu ouvi claramente alguém dizer meu nome. Foi por isso que me virei.

— Bom, admito que, quando vi seu nome na mochila, pensei fortemente em chamá-lo. Queria me desculpar pelo outro dia, mas não tive coragem e juro que não falei seu nome. Só pensei nele.

Jonas sorriu divertido e brincou:

— Então está explicado! Isso se chama transmissão de pensamento. E que pensamento forte você tem, hein, menina?

Ambos riram, esforçando-se para manter a discrição para não perturbarem as pessoas próximas que prestavam atenção à música. Mesmo assim, algumas delas os olharam de cara feia. Então, os dois jovens decidiram ficar quietos e apreciar a audição do violinista. Permaneceram em silêncio, mas de vez quando trocavam olhares furtivos.

Aproveitando um intervalo na apresentação, Jonas voltou a aproximar seu rosto do dela e cochichou:

— Vamos corrigir uma injustiça?

Cecília sorriu, cúmplice:

— Vamos. Qual é a injustiça?

— Sua mochila não tem cartão de identificação.

— Sei disso, mas qual é a injustiça?

— Evidente: não tenho como saber seu nome.

Cecília esforçou-se para segurar o riso:

— Então vou corrigir isso rapidinho! Meu nome é Cecília.

Ele estendeu-lhe a mão, brincando:

— Muito prazer, Cecília. Como você já sabe, sou o Jonas.

Sorrindo também, ela retribuiu a brincadeira, oferecendo-lhe a mão alva e macia:

— O prazer é todo meu, Jonas — e riram juntos.

Depois de alguns minutos, não se preocupavam mais em disfarçar a atração que sentiam um pelo outro e passaram a encarar-se assumidamente.

O tempo correu mais depressa do que o casal desejaria. De tão fascinados que estavam olhando um para o outro, nem se deram conta de que a exibição já acabara e que todos os espectadores já tinham se afastado. Só restaram ali os dois e o músico, que, agachado, guardava seu violino no estojo.

Ao olhar para cima, o músico notou aquele casal parado, como que petrificado, fixando um ao outro. Ele devia ter achado a cena tão insólita que, ainda agachado, perguntou:

— E então? Vão ficar só nisso?

A pergunta funcionou como um despertador. O casal saiu do estado de letargia em que se encontrava e ficou meio confuso, sem saber o que dizer:

— Hein?

— O quê?

O violinista riu da situação e ironizou, com bom humor:

— Eu quero saber se posso guardar meu violino e ir embora, ou se vocês vão querer que eu toque uma música romântica para terem coragem de se apresentar.

Jonas tomou a iniciativa:

— Ah, sim, desculpe, é que nós... ela...

Cecília também tentou se justificar:

— Isso mesmo, eu...

Vendo o embaraço dos dois jovens, o violinista perguntou:

— Está bem. Vou dar um tempo para vocês pensarem — e tornou a tirar o violino de dentro do estojo. — Escolham uma música.

— Escolher uma música?

— Sim, vou oferecê-la a vocês. Para dar muita sorte à amizade que começou aqui e agora, durante minha audição. Escolham.

Jonas e Cecília falaram quase ao mesmo tempo:

— "Adágio", de Albinoni.

O violonista interrompeu seus movimentos e olhou intrigado para os dois:

— Vocês são músicos?

— Imagina!

— Quem dera!

— Mas então vocês combinaram o pedido?

O casal se entreolhou e balançou negativamente a cabeça, divertidos com a coincidência:

— Acabamos de nos conhecer há poucos minutos — explicou o rapaz.

O homem continuou a se preparar para tocar, dizendo baixinho:

— Então o negócio é mais sério do que eu pensava.

Quando soaram os primeiros acordes do "Adágio", as pessoas voltaram a parar para ouvir o músico tocar. Em pouco tempo, já eram mais de quarenta espectadores. Estavam todos tão embevecidos que olhavam com raiva cada vez que passava ali um dos trens do metrô, fazendo aquele barulho ensurdecedor.

Devido ao diálogo mantido pouco antes com o violinista, Jonas e Cecília haviam se aproximado e agora estavam bem juntinhos um ao lado do outro, absolutamente imersos na melodia.

Aquela música tocava Jonas profundamente. Ele estava tão emocionado que sentiu seus olhos se encherem de lágrimas. Preocupou-se com a possibilidade de Cecília vê-lo assim. Então, disfarçou e olhou-a. Para sua surpresa, ela também estava emocionada.

Quase ao mesmo tempo, cada um buscou um lenço. Esse movimento os fez descobrir um a emoção do outro. Não tiveram outra opção senão sorrir com discrição, olhos nos olhos. Foi um doce e intenso momento de intimidade, que os fez voltar a sentir a descarga elétrica dos apaixonados.

Novamente, os dois jovens não perceberam quando a música acabou e as pessoas se foram. Tampouco, viram o músico guardar o violino e se afastar lentamente, sorrindo e balançando a cabeça.

Quando "despertaram", ficaram novamente surpresos ao perceberem que estavam sozinhos no corredor da estação.

Jonas sentiu que devia dizer algo para quebrar o silêncio:

— Acho que fomos mal-agradecidos com o violinista. Ele já se foi e nem nos despedimos dele.

— Também acho. Afinal, ele tocou a música que nós pedimos. Merecia pelo menos um "muito obrigado".

Jonas e Cecília começaram a andar, como se tivessem esquecido de que deveriam pegar o metrô. Na verdade, queriam mesmo um pretexto para ficarem juntos por mais algum tempo.

Jonas quis saber:

— Por que você pediu o "Adágio"?

— Não sei. Acho-o lindo. Ele me toca fundo. E você?

— Também gosto muito. Acho-o triste, melancólico, mas é maravilhoso.

— Os adágios são assim... lentos. Por causa disso, parecem tristes.

— Você estuda música?

— Sim, quero ser uma grande violinista — brincou. No dia em que "fugi" de você, eu estava indo para a aula no conservatório, quando parei para ouvir o violinista.

Jonas parou de caminhar, surpreso:

— Você está brincando comigo!

— Eu? Por que estaria?

— É que naquele dia eu também estava indo ao conservatório fazer a mesma coisa que você! A única diferença é que eu estava indo à aula de piano. E parei pelo mesmo motivo.

Cecília olhou-o bem no fundo dos olhos:

— Você está falando sério?

— Muito sério.

Fitaram-se mais um pouco em silêncio, talvez pensando se havia algum significado transcendental naquela coincidência, e continuaram a caminhar sempre devagar, saboreando cada passo. Jonas sentiu que precisava completar sua resposta:

— Tem mais uma coisa que eu preciso lhe confessar.

— O que é?

— Naquele dia, não parei apenas por causa da música.

— Ah, não? O que mais chamou sua atenção?

— Você promete não ficar brava comigo?

— Por que ficaria?

— É que, na verdade... eu parei por sua causa.

Desta vez, quem parou de caminhar foi ela:

— Agora é você quem está brincando comigo.

— Não estou! Juro. Quando eu a vi, não pensei em mais nada. Claro que a música ajudou, mas você foi a causa primeira.

Voltaram a caminhar, e ela quebrou o silêncio:

— O que eu tenho assim de tão especial?

— Não sei. Dizer apenas que você é linda não explica a questão. Conheci e conheço muitas garotas tão lindas quanto você, mas que não me dizem nada.

— Então, o que pode ter sido?

— Realmente não sei. Seu rosto me pareceu tão familiar. É como... como se a gente já se conhecesse há muito tempo.

— Já que você está sendo sincero comigo, também vou ser com você — Jonas parou e ficou olhando para ela, esperando. Por alguma razão, seu coração batia de forma descompassada. — Eu tive o mesmo sentimento quando o vi. Parecia que já o conhecia.

Jonas sentiu uma coisa muito boa. Na verdade, estava emocionado quando perguntou:

— Você acha que isso tem algum significado importante?

— Isso o quê?

— A gente se encontrar no Metrô e, mesmo sem nunca termos nos visto, ficarmos com a sensação de que já nos conhecemos? Será que isso tem algum significado?

Cecília respondeu em tom de brincadeira:

— E ainda tem o fato de que nós dois gostamos de música e pedimos a mesma peça para o violinista tocar.

Ele entrou no jogo:

— E nós dois estávamos indo para o conservatório de música.

Cecília encostou a ponta do dedo indicador no nariz de Jonas, com um sorriso maroto:

— Vai ver que a gente já se conhece de outras vidas...

E deram uma risada clara, espontânea e gostosa. Mal sabiam que poderiam estar diante de um reencontro.

Quando pararam de rir, Jonas perguntou:

— Posso lhe fazer uma proposta indecente?

Cecília respondeu com gaiatice:

— Só se for bem indecente.

Ele gostava do senso de humor dela, inteligente e inesperado:

— Já estamos muito atrasados para a aula. Por que não ficamos por aqui e fazemos um lanche?

— Gostei da ideia, mas sugiro que procuremos um lugar menos barulhento, concorda?

Jonas e Cecília subiram a escada rolante e acharam uma lanchonete logo na entrada da estação. Àquela hora, o local estava cheio. Procuraram uma mesinha mais afastada e pediram um lanche simples. Depois de servidos, a conversa rolou fácil. Ela quis saber:

— O que você faz na vida, além de estudar piano?

— Trabalho numa corretora de valores, mas o emprego não tem nada a ver comigo, com minhas aspirações. Estou lá apenas para conseguir pagar a pensão e o curso.

— Pensão? Então você não mora com seus pais?

— Não. Fiquei órfão muito cedo. Moro com uma tia, uma pessoa muito legal. Eu brinco chamando a casa dela de "pensão". Lá é bem tranquilo e ainda tem um piano, daqueles antigos, mas de boa qualidade. Ela toca piano divinamente e o melhor é que ela me deixa tocar e ainda me dá aulas de vez em quando.

Cecília sorriu divertida com a espontaneidade de Jonas:

— Uma pensão assim é legal.

— Também acho. O que aprendo no conservatório, treino na pensão. Quando fiz dezoito anos, comecei a procurar emprego e foi aí que entrei para a corretora. Na verdade, não posso me queixar. O trabalho é chato, mas paga minhas contas.

— Você é um batalhador, cara.

— Procuro ser. E você? Me fale de você.

— Eu tive mais sorte. Meus pais estão vivos, são fazendeiros e comerciantes e moram no interior, em Presidente Prudente. Eu sou de lá, sabia?

— Caramba! Pelo que sei, isso é bem longe daqui! Como você veio parar na capital?

— Desde cedo, eu sempre quis estudar violino, e meus pais concordaram que fazer o curso na capital seria melhor. Aplicando o lucro das fazendas e dos negócios que eles têm na cidade, compraram três apartamentos aqui como investimento e me cederam um deles. Os outros estão alugados. Na verdade, todos eles são meus, pois estão em meu nome.

— Então, você não tem problemas com dinheiro.

— Graças a Deus, não. Mas não ligo muito para essa coisa de dinheiro. Ele só serve para pagar as contas.

— No seu caso, menos o aluguel...

— Verdade, essa despesa não tenho. Eu moro em um dos apartamentos com uma prima mais velha — riu. — Foi uma condição imposta por meus pais. A condição de que ela viesse comigo para tomar conta de mim.

— Que tarefa dura deve ser para sua prima, hein? — brincou.

— Ah, nem tanto, vai! Sou uma moça bem comportada.

— E no tempo que sobra? O que é que você faz?

— Estou fazendo um cursinho para entrar na faculdade. Ao mesmo tempo, estudo violino.

Ficaram um pouco em silêncio, absorvendo o que cada um ouvia sobre o outro. Por fim, ele falou:

— É curioso como pessoas como nós, de origens tão diferentes, se encontram um dia, por acaso.

Cecília olhou misteriosa para Jonas:

— Por acaso? Será?

— Você acredita em destino?

— Eu acho que a gente faz o nosso destino.

Jonas perguntou com malícia na voz e no olhar:

— E o que vamos fazer do nosso?

Ela respondeu, sorrindo, com a mesma malícia:

— Você está pensando o mesmo que eu?

Gentilmente, ele pegou a mão dela e a beijou com suavidade:

— Aposto que sim.

Começaram a namorar naquele mesmo dia. Simples assim.

Capítulo 5

Em seu apartamento, mergulhado na escuridão e no silêncio da sua sala, recostado em sua poltrona predileta, Jonas via as cenas do passado visitarem mais uma vez sua memória e seu coração.

De todas as inúmeras cenas que gostava de relembrar, havia uma que ele reprisava com frequência: a do dia em que pedira Cecília em casamento.

Jonas conhecia bem o professor de violino da namorada, com quem tinha um ótimo relacionamento. Combinou com ele que, sem que Cecília soubesse, iria assistir a uma aula, mas ficaria num canto da sala, escondido, atrás de uma cortina. Num certo momento, sairia do esconderijo e então a surpresa aconteceria.

No dia combinado, chegou mais cedo à aula de Cecília, cumprimentou o professor, que também já havia chegado, e se escondeu. Impaciente, ficou algum tempo atrás de uma cortina. Depois de um tempo, viu-a chegar junto com outros alunos. Ela estava linda. Fez força para não sair correndo em sua direção e abraçá-la com paixão.

Jonas ficou observando-a, embevecido, admirando a seriedade com que ela participava da aula ao lado de mais onze alunos. Em seguida, teve início uma aula prática, em que os estudantes tocavam uma sinfonia designada pelo professor.

Era bonito apreciar os braços dos aprendizes movendo-se ao mesmo tempo, seguindo a partitura e tirando dos seus instrumentos os sons esperados.

A certa altura, o professor interrompeu-os e falou diretamente para Cecília em tom de repreensão:

— Cecília, acho que você não afinou direito seu violino. Está destoando dos demais.

Todos os outros pararam e ficaram olhando para ela que fez uma expressão de surpresa, pois sabia estar tudo em ordem com seu desempenho e com seu instrumento:

— Desculpe, o senhor disse que estou destoando?

O professor parecia irritado:

— E muito!

Desconcertada, Cecília tirou o violino do ombro e ficou olhando-o, como se não acreditasse que pudesse estar desafinado. Os outros alunos tinham conhecimento da brincadeira, por isso se esforçavam para segurar o riso. Cecília testou algumas cordas e voltou a se defender:

— Não sei como isso é possível. Eu o afinei direitinho, como sempre faço antes de todas as aulas. Eu verifiquei de novo agora, e ele me parece bem.

O professor também se desdobrava para manter um tom de credibilidade em sua queixa:

— Bom, já que você está duvidando de minha percepção auditiva, terei de chamar um colega especialista para testemunhar a meu favor — voltando-se, fez um sinal para Jonas se aproximar.

Ao vê-lo, Cecília ficou feliz, mas surpresa e incrédula, pois não estava entendendo a presença do namorado na aula.

Jonas assumiu o lugar do professor e disse, olhando para ela:

— Eu não sou violinista, portanto, não saberia dizer se Cecília tocou certo ou errado, mas posso afirmar que ela tocou com muito acerto meu coração. Por isso, com a permissão e cumplicidade do professor, estou aqui para fazer-lhe uma pergunta — fez uma pausa, pigarreou e olhou diretamente para Cecília, que estava muda, atônita, de boca aberta. — Cecília, você aceita se casar comigo?

Ela levou uma das mãos aos lábios para conter a emoção. Os colegas estavam sorridentes, mas silenciosos, em expectativa. Segurando as lágrimas, Cecília levantou-se e respondeu:

— Claro, Jonas, eu aceito! Você sabe que eu quero muito isso!

Então, nos seus violinos, os colegas tocaram a marcha nupcial tradicional dos casamentos. Jonas foi até a noiva e a beijou delicadamente. O professor reassumiu seu posto e disse:

— Diante disso e com o testemunho de todos os colegas, eu declaro Cecília e Jonas oficialmente noivos. E eu os dispenso agora para que possam comemorar, e eu possa continuar minha aula.

Sob aplausos, o casal se retirou da sala de aula abraçadinhos. Lá fora, beijaram-se com paixão, agora que não havia mais testemunhas.

Eram muitas as recordações, e Jonas não precisava de nenhum esforço para trazê-las à tona. A todo instante, por exemplo, via e revia Cecília no apartamento, fingindo ser uma bailarina, dançando ao som do tema de abertura de *O Lago dos Cisnes*, que ele tocava magistralmente no piano, enquanto a olhava deslumbrado e divertido.

Mas certamente a lembrança mais marcante fora a da noite que passaram na casa da praia, em Peruíbe, para comemorar os quinze anos de casados.

Deitados no tapete da sala, diante da lareira acesa, Jonas e Cecília estavam abraçados de forma bem carinhosa. Ele sentou-se e envolveu o rosto da esposa entre as mãos e disse emocionado:

— Não posso acreditar que já se passaram quinze anos. E não vejo a hora de que se passem trinta, cinquenta... Quero viver a eternidade com você. Só depois que a conheci, percebi que passei minha vida inteira a esperando. E pensar que, quando a encontrei, você quase fugiu de mim...

Cecília não percebeu de imediato que ele fazia referência ao dia em que se viram pela primeira vez na estação do Metrô:

— Eu, fugir de você? Como assim?

— Quando a vi pela primeira vez no metrô, ouvindo aquele violinista se exibir, fiquei extasiado diante de você, de seu olhar incandescente. Foi amor à primeira vista. Você me olhava de uma maneira tão intensa que parecia me convidar a ir falar-lhe algo. De qualquer modo, era o que eu ia fazer mesmo. Fui afastando as pessoas que estavam à minha frente para chegar até você. Mas, quando cheguei ao local onde você estava, que decepção! Você tinha sumido.

Cecília soltou uma gostosa e divertida risada:

— Tem razão. Agora eu me lembrei de tudo. Fugi mesmo. Na verdade, eu fiquei muito envergonhada de ter olhado para você com tanta intensidade. Mas eu não pude resistir. Confesso que você me atraiu assim que o vi chegar. No entanto, quando percebi que você se movimentava em minha direção, fiquei envergonhada de ter sido tão... tão ousada, oferecida, provocante. E, atabalhoada, entrei no primeiro vagão que parou à plataforma.

Jonas acariciou docemente o rosto de Cecília:

— Você não imagina como fiquei desesperado. Voltei àquele lugar todos os dias. Somente no terceiro dia, finalmente e felizmente eu a encontrei.

— Nada disso, mocinho! Na verdade, fui eu quem o encontrou. Eu cheguei por trás de você, lembra?

— Claro que lembro. Ouvi alguém me chamando e me virei.

— O interessante foi que eu não o chamei. Eu tinha visto seu nome num cartão de identificação preso em sua mochila, descobri que você se chamava Jonas, mas não tive coragem de chamá-lo.

— Mas eu ouvi.

Então, eu devo ter pensado alto, seu bobo.

— Pensado, não, gritado! Ouvi claramente meu nome, e por isso me voltei. Foi então que a vi. Quase caí para trás.

— De susto? Eu era tão feia assim? — provocou ela.

— De emoção, sua boba! — e os dois se beijaram com paixão.

Depois, ela completou:

— Acredita que, naquela noite, não consegui dormir direito? Eu estava arrependida de ter fugido. Por isso, depois de dois dias, quando ganhei coragem, voltei lá para tentar remediar o erro. Ainda bem que deu tudo certo.

— Eu teria ido até o fim do mundo para encontrá-la.

— Naquele noite, escrevi várias cartas para você, pedindo-lhe desculpas.

Jonas achou curioso:

— Ué, por que escreveu essas cartas, se você nem sabia meu endereço?

— Para o caso de eu não conseguir encontrá-lo mais e assim poder falar-lhe tudo o que queria. Desabafei tudo nas cartas.

Ele lembrou de algo:

— Ah, por falar em cartas...

— Não vai me dizer que também escreveu uma.

— Não escrevi. Não tenho inspiração para tanto. No entanto, copiei uma que achei maravilhosa.

— Copiou uma carta?

— Não é bem uma carta. É um poema. Encontrei-o e o adotei como nosso, porque, para mim, reflete exatamente o nosso encontro. Copiei-o e há semanas venho decorando-o para declamá-lo para você, em nossa homenagem.

Cecília abraçou-o emocionada:

— Ah, que fofo! Quero ouvi-lo, Jonas!

— Agora?

— Agorinha mesmo. E não ouse recusar.

— Primeiro, preciso tomar coragem.

Jonas tomou um gole de vinho e se concentrou um pouco, sentado sobre os joelhos dobrados. Suas feições mudaram, ficando mais sérias, quase solenes. Ele pigarreou para limpar a voz e, olhando emocionado e fixamente para a esposa, declamou com voz macia, mas apaixonada:

Eu fui para uma floresta de nogueiras,
Porque minha mente estava inquieta,
Eu colhi e limpei algumas nozes,
E apanhei uma cereja, curvando o seu fino ramo;
E, quando as claras mariposas estavam voando,
Parecendo pequenas estrelas flutuando erráticas,
Eu lancei framboesas, como gotas, em um riacho
E capturei uma pequena truta prateada.
Quando eu a coloquei no chão
E fui soprar para reativar as chamas,
Alguma coisa moveu-se e eu pude ouvir,
E, alguém me chamou pelo meu nome:
Apareceu-me uma jovem, brilhando suavemente
Com flores de maçãs nos cabelos.
Ela me chamou pelo meu nome e correu
E desapareceu no ar, como um brilho mais forte.
Talvez eu esteja cansado de vagar em meus caminhos

Por tantas terras cheias de cavernas e colinas,
Eu vou encontrar o lugar para onde ela se foi,
E beijar seus lábios e segurar suas mãos;
Caminharemos entre coloridas folhagens,
E ficaremos juntos até o tempo do fim do tempo,
Colhendo as prateadas maçãs da lua,
As douradas maçãs do sol.[2]

Quando Jonas terminou, Cecília estava muito emocionada, com os olhos cheios de lágrimas. Ela conseguiu dizer:

— Que lindo, meu amor! Que lindo! Nem sei o que falar. Só preciso lhe dizer que eu te amo muito. Esse será o nosso poema para sempre, para toda a vida — e beijou-o com uma ternura infinita, como se quisesse passar para ele sua própria alma.

Também emocionado, Jonas envolveu o rosto dela com as duas mãos:

— Não quero que nenhum de nós dois fique sozinho nas estrelas, mas sim juntinhos aqui na Terra, pertinho um do outro — e Jonas não pôde também segurar a emoção.

— Hoje, completamos quinze anos de casados, e eu queria que fossem cinquenta. Queria que já tivéssemos vivido tudo isso juntos e que hoje fôssemos dois velhinhos apaixonados, provando que nosso amor é para sempre.

— Você me amará assim, mesmo quando eu estiver velhinha?

— Com certeza. Nosso amor estará vivo, mesmo quando nos tornarmos dois velhinhos. Nunca ficaremos sozinhos. E se um de nós for para algum mundo desconhecido, o outro irá atrás. Eu não quero que essa felicidade acabe.

---

2 - The Song of Wandering Aengus, de William Butler Yeats, poeta e dramaturgo irlandês (1865-1939).

Jonas deitou a cabeça no colo de Cecília, que notou que ele também chorava de felicidade. Ela ficou afagando os cabelos do marido por um longo tempo antes de falar:

— Se minha vida acabasse hoje, já teria valido a pena pelo tempo em que você esteve ao meu lado, fazendo de mim a mulher mais feliz do mundo. Eu te amo tanto, Jonas! Um dia, quero viajar com você pelo mundo afora, conhecer muitos países e muitos teatros e, em todos eles, pedir licença para falar... Falar, não! Gritar!

— Gritar o quê, sua louca?

— Eu amo este homem! Ele se chama Jonas!

Ele riu muito da declaração de amor da esposa:

— Também te amo muito, minha querida — e beijaram-se longamente. — Eu te amo, desde o dia em que nos encontramos no metrô. Ainda bem que aquele violinista estava lá — e se puseram a rir com essa lembrança.

— Mas há uma providência que vou tomar desde já.

— Qual?

— Começar a juntar dinheiro para proporcionar a você essa viagem pelo mundo, para passearmos à vontade.

— Não se preocupe com isso, amor. Meu mundo é você, onde eu já passeio muito.

Jonas e Cecília beijaram-se, e, então, ele decidiu animar a conversa ainda mais. Ele levantou-se e falou, estendendo-lhe as mãos:

— Bom, enquanto não começamos nossas férias pelo mundo, vamos mudar o ritmo da música. Prepare-se para um banho de mar ao luar.

— Banho de mar? Agora? Mas eu não trouxe maiô.

— Quem falou em maiô? — e ele foi se despindo.

— Pelados, Jonas?

— Peladinhos!

Cecília tentou argumentar:

— Mas Jonas...

— Escute aqui, moça, isto não é uma negociação; é uma decisão! — ele sempre dizia isso em tom de brincadeira, quando ela relutava em aceitar alguma sugestão sua.

Naquela noite estrelada, enquanto Cecília fingia inibição, Jonas saiu correndo porta à fora em direção à praia deserta, que ficava a poucos metros da casa.

Deitado no escuro da sua sala, Jonas não pôde deixar de esboçar um sorriso triste ao se lembrar das travessuras que ele e Cecília fizeram naquela noite enluarada, enquanto se banhavam nus no mar.

A casa de praia ficava numa ponta afastada da parte mais frequentada pelos banhistas, visitantes e moradores, numa área vista como nobre, porque abrigava inúmeras moradias de luxo. O vizinho mais próximo ficava a dezenas de metros de distância, garantindo a cada um dos moradores, sobretudo à noite, uma quase total privacidade no uso daquele pedaço de praia.

Só muito raramente, e mesmo assim durante o dia, um ou outro casal ou alguém sozinho passava por ali em suas caminhadas matinais ou no fim de tarde. À noite, o local ficava praticamente deserto.

Dessa forma, naquela noite mágica em que completavam quinze anos de casados, Jonas e Cecília esqueceram que um dia ficariam velhos e se entregaram plenamente às delícias do amor com o espírito pleno de juventude e paixão.

Devagar, abalado pelas recordações, Jonas foi quase cambaleando para seu quarto. Não demorou muito para dormir, mas antes deixou que algumas lágrimas de saudade molhassem seu travesseiro.

Capítulo 6

Inesperadamente, a misteriosa moça reapareceu na segunda-feira.

Jonas estava no restaurante preparando-se para almoçar. Já fizera seu pedido e aguardava a chegada dos pratos. Como estava aproveitando para ler as notícias do dia e por isso segurava o jornal aberto com ambas as mãos, ele não percebeu quando a jovem surgiu de repente à sua frente. Ele baixou o jornal quando ouviu:

— Oi!

Por uma fração de segundos, a memória o traiu, levando-o de volta ao passado e transportando-o a uma estação do Metrô, quando, muitos anos antes, ele ouvira alguém o chamando e, ao virar-se, dera de frente com Cecília, dizendo-lhe, sorridente, um "oi" igualzinho àquele. Desta vez, no entanto, não era Cecília, mas quase uma cópia dela.

Bem à frente de Jonas estava a moça misteriosa, com diversos livros e cadernos apoiados contra o peito e protegidos pelos braços. Parecia uma estudante a caminho do colégio.

Calado e com a curiosidade estampada no rosto, Jonas ficou olhando para a jovem. Vestida com simplicidade e sem maquiagem, ela, sem dúvida, era muito bonita. Vista assim de perto, aparentava ter uns dezoito anos — talvez até menos. Ostentava um sorriso cativante e permanente. Não era dessas garotas que chamam logo a atenção pelo visual, mas, uma vez notada, se tornava atraente. Quando falou, sua voz era clara e macia:

— Desculpe, você se importa se eu lhe fizer companhia na mesa?

Como se estivesse se certificando de que a jovem estava realmente falando com ele, Jonas olhou para os lados e depois para a jovem. Ainda surpreso, ele conseguiu falar:

— Eu? A senhorita está falando comigo?

— Sim. Você se importa se eu me sentar à sua mesa? — repetiu.

Calmamente, Jonas dobrou o jornal e o colocou sobre uma das cadeiras vazias ao lado.

— Não, não me importo, fique à vontade. Mas será que você não está me confundindo com outra pessoa?

— Com licença — a jovem sentou-se em frente a Jonas, sem responder à pergunta dele. — Eu me chamo Camila.

Sem dúvida, aquela jovem tinha iniciativa:

— Prazer, Camila, mas vou lhe perguntar de novo.

Delicadamente, ela o fez parar, mostrando a palma da mão direita:

— Por favor, não pergunte. Não o estou confundindo com ninguém, se era isso que você tinha em mente.

— Era exatamente o que eu ia lhe perguntar de novo. Nós nos conhecemos de algum lugar?

Camila franziu os lábios róseos e encolheu os ombros:

— Aí que está o problema: eu não sei. Era justamente sobre isso que eu queria falar com você. Se você concordar, é claro.

Jonas estava achando muito bizarro ela tratá-lo por "você", de forma tão natural e íntima. Não era o habitual quando conversava com pessoas tão mais jovens, mas considerou que era sinal dos novos tempos, dos novos valores sociais.

— Não se aborreça, moça, mas preciso perguntar-lhe mais uma coisa, para economia do meu e do seu tempo.

— Claro, pode perguntar.

— Por acaso a senhorita vai tentar me vender alguma coisa, algum lançamento imobiliário, algum plano de saúde, talvez?

Camila deixou escapar uma sonora risada. Jonas sabia que não devia, mas achou encantadora aquela reação dela.

— Não, amigo, pode ficar tranquilo! Não vou tentar lhe vender nada. Quero apenas conversar.

"Você", "amigo". Definitivamente, o linguajar dela era original, tendo em vista sua idade.

O garçom trouxe os pedidos de Jonas e olhou intrigado para a moça:

— A senhorita gostaria de pedir alguma coisa?

Camila olhou para o garçom, depois para Jonas, como se estivesse pedindo a opinião dele, que se sentiu na obrigação de perguntar:

— A senhorita deseja comer algo? Se quiser, fique à vontade para pedir. Afinal, estamos mesmo na hora do almoço.

Ela mostrou-se um pouco tímida:

— Posso pedir mesmo?

— Claro, fique à vontade.

Camila sorriu e dirigiu-se ao garçom:

— Então, por favor, me traga um filé ao ponto com fritas. E uma água tônica, com gelo e limão, por favor —

mais aliviada, ela depositou os livros e cadernos na outra cadeira vazia, onde pendurou a mochila.

O garçom anotou o pedido e se afastou. Jonas juntou as mãos, entrecruzando os dedos em frente ao peito:

— Bem, você disse que queria conversar. Estou ouvindo.

Ela apertou os lábios e olhou para os lados buscando inspiração:

— Olha, para falar a verdade, eu não sei por onde, nem como começar. Antes de mais nada, quero lhe pedir desculpas por essa intromissão. Não sei o que você está pensando de mim...

— Por enquanto, não estou pensando nada. Só estou curioso.

Camila sorriu outra vez. Parecia bem-humorada e algo divertida com a situação:

— Clotilde vai me dar a maior bronca, quando souber o que estou fazendo. Ela nem vai acreditar.

— Clotilde?

— É minha mãe de criação. Foi ela quem me criou. Não conheci meu pai, e minha mão morreu no meu nascimento.

Jonas ficou um tanto chocado com aquela informação dita assim, à queima-roupa:

— Sinto muito, de verdade.

— Tudo bem. Já faz muito tempo.

— Mas, diga-me, por que Clotilde iria lhe dar uma bronca?

— Por quê? Imagine! Quando eu contar que cheguei aqui, sentei na sua mesa com a maior cara-de-pau e ainda ganhei um almoço! Parece que estou vendo ela reclamar comigo: "Você é louca! O homem deve ter pensado que você era uma garota de programa ou que pretendia assaltá-lo!" — e sorriu.

Jonas ruborizou porque, quando a viu pela primeira vez do outro lado da rua, pensara exatamente aquelas coisas. Mas, para ser gentil, preferiu mentir para a moça:

— Imagine, eu jamais pensaria uma coisa dessas a seu respeito.

— Não o culparia se tivesse pensado. Mas, por via das dúvidas, fique tranquilo: não sou garota de programa nem quero lhe dar algum tipo de golpe. Talvez eu seja só um pouquinho louca. Acho que por isso vou prestar vestibular para psicologia, se Deus quiser. Quem sabe assim eu faço psicoterapia em mim mesma e tomo mais juízo? Portanto, pode acreditar que sou uma moça "direita", como diziam os antigos.

— Enquanto seu prato não chega, que tal você falar a seu respeito e deixar que eu decida isso?

— Está bem, mas você já pode começar a comer, senão sua comida vai esfriar.

— Não tem importância, não ligo para isso. Pode começar.

Camila olhou um pouco para a rua através da janela de vidro ao lado da mesa. Parecia refletir sobre o que iria falar:

— Eu já lhe disse que não sei por onde começar?

— Já me disse, mas ao menos tente.

— Deixe-me ver... Vou começar pelo começo, certo?

— Sábia decisão — Jonas ironizou.

— Eu moro na Lapa.

Ele se surpreendeu:

— Lapa? É longe daqui.

Ela exagerou na pronúncia, esticando a palavra:

— Muuuuito longe.

— E o que você está fazendo aqui, quase do outro lado do mundo? Está perdida?

— Estou perdida em outro sentido, mas já chego lá. Veja, a casa de Clotilde, que é onde moro, fica na Lapa, mas eu acho que já morei em outro lugar.

O garçom trouxe o pedido de Camila, que silenciou até ele se afastar. Enquanto comiam, ela foi falando:

— Clotilde me disse que, quando eu era criança, sempre pedia para "ir para casa".

— Desculpe, não entendi. Que casa era essa?

— Era uma casa que aparecia em meus sonhos quase todos os dias. Eu a vi tantas vezes que saberia descrevê-la completamente.

— E você já a tinha visto antes?

— Nunca. Nem sabia que ela existia.

— Como isso é possível?

— Não me pergunte, porque eu não sei a resposta. Clotilde achava tudo isso tão estranho, que não gostava muito de falar sobre o assunto. Era como se eu achasse que morava em outro lugar. E para complicar ainda mais a história, segundo ela me dizia, eu, mesmo dormindo, procurava por outras pessoas, falava a respeito delas e até citava alguns nomes.

— Elas também apareciam nos seus sonhos?

— Apareciam quase todos os dias. Sei que perturbei muito a Clotilde, insistindo para ir até a tal casa e me encontrar com as pessoas com quem eu sonhava.

— E isso durou muito tempo?

— Muito tempo, minha infância inteira. Tudo começou quando eu tinha por volta de seis, sete anos. Depois, fui crescendo e, alguns anos depois que entrei na adolescência, parei com essas esquisitices.

— Acho que isso é natural. Ao atingir a adolescência, você passou a se interessar pelos estudos, pela diversão, pelos rapazes e a ter outras alternativas para sonhar.

— É isso aí. Para mim, o assunto estava encerrado, já que os sonhos pararam de acontecer. Clotilde, inclusive, deu graças a Deus por isso, porque eu nunca mais a havia incomodado com esse assunto.

— Que bom.

— É, estava sendo bom, mas então aconteceu um negócio que provocou uma reviravolta na história.

— Sério? Que aconteceu?

— Dias atrás, Clotilde e eu viemos de ônibus para o lado de cá, coisa raríssima de acontecer. Clotilde precisava ir a um posto de saúde do SUS para pegar gratuitamente um remédio para controle da pressão arterial. Ela tem pressão alta, sabe?

— Sei — Jonas estava ficando impaciente. A conversa se esticava, e a moça não entrava no assunto principal.

— Imagine: sair da zona oeste e vir à zona sul apenas para pegar um remédio. Muito louco, não é? Mas é porque era de graça.

— Entendo. E aí...

— Aí, a gente já estava voltando para casa, quando o ônibus passou diante do edifício onde você mora. Nesse momento, eu quase pulei pela janela.

Jonas depositou o talher sobre a mesa e olhou fixamente para a moça, intrigado:

— Como é que é?

— Deixe eu lhe explicar melhor, mas não ria de mim nem pense que sou louca. Promete?

— Prometo que não vou pensar isso.

— Nos meus sonhos de criança, durante muitas e muitas noites, eu vi sua rua e seu edifício.

Sem acreditar naquilo, Jonas moveu a cabeça de um lado para o outro e voltou a comer:

— Desculpe, mas isso não pode ser. Se você nunca havia andado por esta região, não poderia ter sonhado com ela e muito menos com minha rua e com o edifício onde moro.

— Exatamente, você está certo. Eu também pensava assim, mas não foi o que aconteceu — Camila encostou-se mais na borda da mesa e falou quase num sussurro, como se fosse revelar a Jonas um grande segredo. — Nos meus sonhos, eu via você.

Jonas quase parou de respirar. Aquilo fora um choque para ele. Ele continuou olhando muito sério para Camila, sem saber se ela estava sendo sincera ou apenas brincando com ele. Afinal, o que essa jovem pretendia com toda aquela história?

— Como é que é?

— Por favor, vou lhe pedir outra vez: não ria nem me ache louca, mas nos meus sonhos eu o via andando nesta rua, entrando no seu edifício e até neste restaurante. Isso aconteceu durante várias noites, anos a fio.

Jonas voltou a depositar o talher sobre a mesa e cruzou as mãos sobre o colo. Se aquilo era algum tipo de golpe, ele ainda não entendera qual era:

— Camila é o seu nome, não é?

— É.

— Camila, acho que você deve ter se enganado. Isso que você está me contando não é possível de acontecer. É contra toda a lógica.

— Eu sei. Concordo plenamente com você. É por isso que Clotilde não gosta de falar sobre esse assunto.

— Ela faz muito bem em não falar sobre esse assunto, porque ele não faz nenhum sentido.

— É o que ela sempre me dizia.

— Mas... confesso-lhe que fiquei curioso agora. Depois de sua descoberta, o que você fez?

— Depois, eu decidi "fugir" de casa e vir até aqui, sem que Clotilde soubesse. Eu precisava me certificar de que não estava enganada. Outro dia, vim até aqui e fiquei olhando para o seu edifício, para a fachada deste restaurante e, me desculpe... até para você.

— Você andou me seguindo?

— Já disse, me desculpe... mas eu precisava ter certeza de que você era mesmo a pessoa dos meus sonhos, ainda que agora você esteja com mais idade. Você, no entanto, não mudou muito.

— Agora estou lembrando... Na sexta-feira, eu a vi aqui na frente do restaurante, do outro lado da rua.

— Na sexta-feira, eu pretendia falar com você, pois já tinha certeza do que eu queria. Mas, na hora "h", faltou-me coragem. Passei o resto do dia me recriminando por minha covardia. Hoje, no entanto, eu disse para mim: "Camila, isso não pode continuar assim, nesse chove não molha. Ou fala logo com o homem e esclarece tudo, ou esquece o assunto". E aqui estou. Quero esclarecer o assunto de uma vez por todas.

Jonas ficou olhando Camila por um longo tempo, calado. Não sabia o que pensar nem dizer. Por incrível que parecesse, ele sentia sinceridade nela e por isso tentou escolher bem as palavras para não magoar a jovem:

— Camila, mesmo achando tudo isso que você me contou muito surreal, ouvi sua história com atenção... Mas, sinceramente, ainda não entendi de que maneira posso ajudá-la.

— Vou lhe explicar. Espero que você entenda direito o que vou lhe dizer — ela pensou um pouco e em seguida falou com voz grave. — De alguma maneira, e eu não sei por que, você está na minha vida.

Jonas se assustou ao ouvir aquilo. A expressão "você está na minha vida" pareceu-lhe muito forte para uma jovem dizer a um homem maduro. Por isso, ele tratou logo de corrigi-la:

— Você quis dizer que eu "estive" em sua vida e, mesmo assim, apenas em sonhos, não é isso?

— É isso mesmo: você esteve na minha vida em sonhos, mas eu nunca poderia imaginar que você existia de verdade. No entanto, agora você está aqui! Eu sei que você existe! A rua, o edifício onde você mora, tudo existe. O restaurante onde você almoça quase todo dia também existe, e, neste momento, estamos justamente nele, frente a frente. Você há de concordar comigo que tudo isso é muito bizarro. E agora?

Jonas estava estupefato com as argumentações de Camila. Só lhe ocorreu, então, devolver a pergunta:

— "E agora?" pergunto eu.

Nesse momento, era Camila quem parecia confusa, fitando-o com os olhos bem abertos e com uma expressão quase assustada:

— Como é que pode? O que tudo isso significa? Qual é a explicação?

Jonas percebeu que Camila ficara nervosa de repente, pois seu rosto tornara-se avermelhado e parecia que ela estava prestes a chorar. Ele tratou de acalmá-la, falando com suavidade:

— Olha, Camila, é uma história realmente muito estranha. Neste momento, eu não tenho nenhuma explicação para isso. Talvez... — Jonas hesitou por um momento, pois lhe ocorreu que ela poderia ficar aborrecida com o que ele iria sugerir. Por fim, achou que precisava dizer alguma coisa que parecesse útil. — Talvez você deva procurar um psicólogo ou um psiquiatra, Camila.

De fato, ela não deve ter achado a melhor das ideias. Camila olhou para Jonas com a testa franzida, os olhos apertados, quase fechados:

— Você acha que eu tenho problemas mentais, é isso?

— De jeito nenhum, Camila, eu não quis dizer isso. Mas se nem você nem eu temos uma explicação para isso, talvez fosse melhor mesmo procurar a ajuda de um profissional qualificado.

Camila ficou olhando pela janela longo tempo, observando as pessoas passarem apressadas lá fora. Seus olhos estavam úmidos. Depois, ela falou baixinho, numa voz que traía sua tristeza:

— Você não está levando a sério o meu problema.

Vendo Camila naquele estado, desprotegida, Jonas chegou a sentir certo arrependimento por ter dado aquela sugestão.

— Não é isso, Camila, é que...

E de repente, ela ficou com o rosto mais vermelho e falou com alguma raiva na voz:

— Você não sabe como é passar a infância sonhando com pessoas e lugares que você nunca viu e, num belo dia, por mero acaso, descobrir que tudo com que sonhara existe. Não sabe o que é ser obrigada a esquecer essas coisas, porque podem achar que você é louca. Não sabe o que é encontrar, na vida real, tudo aquilo que você só conhecia em sonhos e não ter ninguém com quem partilhar essa história. Eu tenho apenas dezoito anos. Não tenho maturidade suficiente para aguentar uma pressão dessas. E quando encontro a figura dos meus sonhos, ela não se esforça nem um pouquinho para me entender e me explicar o que está acontecendo — e se pôs a chorar copiosamente, apoiando a cabeça sobre os braços. Seu estresse chegara ao limite.

Jonas estava aturdido e não sabia o que dizer nem o que fazer. No íntimo, ele queria consolar a garota, mas não tinha certeza se esse seria o comportamento adequado. Poderia ser mal interpretado.

Ainda bem que, àquela hora, o restaurante estava praticamente vazio, senão aquela cena teria chamado a atenção dos demais clientes.

Giovanni, que assistira de longe ao desenrolar daquela conversa, se aproximou com cautela e falou baixinho para Jonas:

— O senhor quer que eu traga um pouco de água para a moça?

— Sim, Giovanni, por favor.

Quando a água chegou, Camila a bebeu com sofreguidão, como uma criança sedenta faria. Depois, passou as costas de uma das mãos sobre os lábios para enxugá-los e ficou olhando para a toalha da mesa, com o olhar perdido. Seu sorriso e toda a sua energia inicial haviam sumido, e Jonas sentiu-se um pouco culpado por isso. Depois de algum tempo, ela falou numa voz lenta, monocórdia, sem a vivacidade de antes:

— Eu não devia ter vindo aqui. Acho que perdi meu tempo e ainda o incomodei sem necessidade. Espero que me desculpe.

Jonas continuava com um pouco de remorso, pensando que talvez devesse ter sido mais sensível. Por isso, escolheu bem as palavras para não piorar a situação:

— Camila, você não me incomodou em absoluto. Foi muito bom conhecê-la. Você é uma jovem muito divertida e inteligente, mas eu sinceramente não sei o que lhe dizer, porque tudo isso me parece muito... qual é a palavra certa? Muito surreal, muito bizarro.

Camila fungou antes de perguntar, chorosa:

— Você não tem pelo menos uma teoria a respeito?

Ele balançou a cabeça, realmente desolado:

— Sinceramente? Não tenho, sinto muito — pensou um pouco. — Talvez você tenha passado por aqui quando era criança, me viu, viu o edifício e isso ficou gravado em sua memória, sei lá. Pode não ser uma boa teoria, mas é o que me ocorre pensar.

Ela balançou a cabeça, desanimada:

— Não é uma teoria válida, Jonas.

Ele sentiu novo choque: ela o chamara pelo nome!

— Como você sabe meu nome? Até onde posso me lembrar, não me apresentei a você. Reconheço que foi uma falha minha, mas não me lembro de lhe ter dito meu nome.

Camila ficou olhando-o séria, como se estivesse buscando uma resposta:

— Não sei. Apenas me veio à cabeça esse nome e eu falei.

— Bom, talvez eu o tenha dito e não me lembre. Mas, continue. Por que você acha que minha teoria não é válida?

— Porque fui levada para a casa de Clotilde assim que nasci. Já lhe disse que minha mãe morreu no parto, e então Clotilde me adotou. Ela mora na Lapa e nunca vem para a zona sul. Portanto, desde bebê, eu não saio daquela região. Eu já confirmei isso com Clotilde. Só vim para estes lados agora, por causa dos remédios dela. Voltei aqui algumas vezes, mas isso foi agora. Na verdade, voltei por sua causa.

Jonas teve que admitir:

— É, isso torna tudo ainda mais estranho — Jonas percebeu que Camila continuava com o olhar baixo. — Camila, não quero que você pense que não a estou levando a sério. Você me parece uma boa moça, só está atravessando uma fase difícil.

Ela mostrou um sorriso triste:

— Não sou mais adolescente. Já passei das fases difíceis dos jovens. Estou estudando, trabalhando e levando a vida a sério. Mas este assunto voltou com força total, depois que o vi e vi esta rua e o edifício. Mas você pode estar certo. Talvez eu deva esquecer tudo isso e me dedicar aos estudos e ao trabalho.

Por uma razão ou outra, Jonas queria saber mais sobre a jovem:

— O que você faz na vida?

— Estudo pela manhã e, à tarde, dou meio expediente como estagiária numa biblioteca pública da Lapa.

Os dois ficaram um bom tempo calados, pensando em tudo o que conversaram. Depois, Jonas quebrou o silêncio:

— O que a Clotilde acha de tudo isso?

— Não sei o que de fato ela pensa a respeito. Clô não gosta de falar sobre esse assunto — sorriu. — Ela tem medo.

— Medo?

— Ela diz que não é coisa daqui — e voltou a sorrir.

Jonas riu também:

— Mas se não é coisa daqui, então de onde é?

— Ela não revela. Como lhe disse, ela foge desse assunto e isso só piora minha situação, porque não tenho ninguém com quem conversar a respeito.

— Você não tem namorado?

— Não. Os que tive me decepcionaram em todos os sentidos. Agora, quero dar um tempo nos relacionamentos.

Sempre pisando devagar, Giovanni se aproximou:

— Desculpem, eu vi que a moça parece tristinha, então vim trazer um presente para vocês. Quem sabe assim ela se alegra um pouco? — Jonas e Camila olharam para o homem, surpresos. — Estou com dois ingressos para um concerto na Sala São Paulo.

Jonas franziu a testa, interessado. Mesmo que não estivesse mais atuando como pianista, a palavra "concerto" tinha um enorme significado para ele:

— Um concerto?

— Sim. O senhor deve saber que, de vez em quando, a Orquestra Sinfônica daqui de São Paulo realiza concertos a preços populares. Comprei dois ingressos para ir com minha mulher, mas ela não está bem de saúde. Não poderemos ir. Então, pensei em oferecê-los a vocês dois.

Jonas estava interessado:

— Quando será?

— Na próxima quinta, na Sala São Paulo, às sete e meia da noite.

Camila estava entusiasmada como uma criança:

— Nunca vi um concerto sinfônico na minha vida.

Jonas pegou os ingressos:

— Quanto lhe custaram?

— Por favor, senhor Jonas, é cortesia da casa.

— Sem essa, Giovanni, amigos, amigos, negócios à parte. Quanto custaram?

— Vamos combinar assim: o senhor fica com os convites, e eu incluo o preço na próxima conta do senhor, certo? Com licença — e se afastou antes que Jonas contra-argumentasse.

Jonas ficou olhando para os dois ingressos em sua mão e depois olhou para Camila:

— Você acha que poderia ir?

Ela parecia não acreditar:

— Eu? Você está me convidando?

— Bem, são dois ingressos, e eu não tenho ninguém para levar. Sou viúvo e não tenho namorada.

Camila pareceu sinceramente chocada com essa nova informação:

— Ah, meu Deus, você é viúvo? — e pôs a mão sobre a dele, na mesa. — Sinto muito, eu não podia imaginar.

— Tudo bem, já faz muito tempo — Jonas não queria esticar o assunto. — Mas, afinal, você vai ou não ao concerto comigo?

— Eu não acredito! Você vai mesmo me levar a um concerto?

— Se você quiser ir e se a Clotilde deixar.

— Lógico que eu quero ir! — o sorriso reaparecera em Camila e seus olhos voltaram a brilhar.

— Ótimo. Para evitar qualquer mal-entendido, posso buscá-la em casa, de táxi, e, então, converso com Clotilde pessoalmente.

Camila estava deslumbrada:

— Eu não acredito! Eu vou a um concerto de verdade! Aceito o convite, mas não precisa gastar dinheiro com táxi. Eu pego um ônibus, e a gente se encontra lá no teatro.

— De jeito nenhum. Você não tem ideia da distância de sua casa até o teatro. Para chegar lá, você iria levar cerca de duas horas ou mais.

— Eu não me importo. Estou acostumada a andar de ônibus.

— Não, senhora. Está decidido: eu vou buscá-la de táxi, mas acho melhor você já ir preparando o espírito de Clotilde. Avise a ela que não sou um conquistador barato nem um paquerador e que tenho idade para ser seu avô.

— Deixe comigo, Jonas. Eu sei como convencê-la — de repente, ela olhou para a mesa e reclamou. — Ei, o garçom não trará seu cafezinho habitual?

Ao ouvi-la, Jonas sentiu um novo choque, uma nova aceleração do coração:

— O que foi que você disse?

— Que seu cafezinho não veio. Acho que o rapaz se esqueceu de trazer.

— Como você sabe que eu...

Neste exato momento, o garçom se aproximou com a bandeja trazendo a xícara e interrompendo a pergunta que Jonas faria.

Camila mostrou uma expressão de alegria:

— Ah, aí está! — ela levantou-se e pegou os livros, os cadernos e a mochila, que estivera todo o tempo pendurada na cadeira. — Bom, Jonas, eu vou indo. Muito obrigada pelo almoço e pela conversa. Desde já, obrigada também pelo concerto. E me desculpe por qualquer coisa inadequada que eu lhe tenha dito. Às vezes, sou meio impulsiva, falo bobagens e digo coisas das quais me arrependo depois.

— Pode ficar tranquila. Você não disse nenhuma bobagem nem fez nada de errado. Mas eu lhe peço uma coisa...

— Diga.

— Nada de faltar ao trabalho para vir passear na zona sul.

Camila entendeu o recado e sorriu, despedindo-se com um aceno:

— Tchau!

Depois que ela saiu, Giovanni aproximou-se sorridente:

— Uma gracinha sua neta. Espero que ela tenha conseguido se alegrar com os ingressos.

Pensando rápido, Jonas concluiu que seria melhor deixar que Giovanni acreditasse que Camila era sua neta. Caso contrário, poderia tirar conclusões precipitadas e maldosas. Por isso, apenas concordou:

— Ela é mesmo uma graça. Sim, gostou muito dos ingressos. Muito obrigado, Giovanni. E não deixe de cobrá-los na próxima conta.

— Cobrarei, senhor Jonas, cobrarei.

Estava claro que Giovanni não sabia mentir e também estava claro que tinha uma imaginação muito fértil. Neta?

Apesar de toda a bizarrice do episódio, Jonas saiu do restaurante pensando que não seria de todo mal ter aquela jovem como amiga. Alguma coisa nela lhe parecia bastante familiar. Na verdade, estranhamente familiar.

Capítulo 7

Recostado confortavelmente em sua poltrona, no escuro de sua sala, Jonas pensava na conversa que tivera com Camila no restaurante.

Por mais absurda que ele considerasse aquela história, acreditava na jovem. Não achava que ela pudesse ser alguém com más intenções. Ao contrário, Camila, de certa forma, até passava a imagem de uma pessoa idônea, espontânea, transparente e até um pouco ingênua, embora inteligente. Mesmo que não tivesse demonstrado, achara muito divertido ouvir a jovem tratá-lo por "você", sem a menor cerimônia. As pessoas mais jovens em geral, inclusive seus próprios filhos, tratavam-no por "senhor" e alguns, por exagero, chamavam-no até de "doutor".

A questão era: como explicar tudo aquilo que ela lhe contara? Aquela história lhe pareceu muito inverossímil, sem nenhum sentido.

Quando Camila explodiu de indignação e caiu em prantos, Jonas chegou a ficar com pena dela. Naquele momento, ela lhe pareceu muito frágil, desamparada, vulnerável. Foi, em grande parte, por causa desse momento que ele a convidara para o concerto como uma forma de consolá-la.

Agora, pensando bem, estava um pouco arrependido, achando que talvez o convite fora precipitado. Como explicar sua presença num concerto noturno, na companhia de uma jovem com idade para ser sua neta? Por outro lado, dizia para si mesmo que não tinha que dar explicações a ninguém sobre sua vida pessoal. Não estava proibido de ter amigos e amigas, seja qual fosse o sexo, a raça e a idade das pessoas. Era preciso encarar isso com muita naturalidade, principalmente porque o mal já estava feito — se é que se tratava de um mal.

Para evitar qualquer equívoco quando fosse buscar Camila em casa, Jonas se apresentaria a Clotilde, a mãe de criação da jovem, e explicaria a situação. Achava isso absolutamente necessário. Sabia que não faltavam neste mundo pessoas maduras que se aproveitavam de jovens inocentes ou que viam maldade em quase tudo.

Jonas também pensava na história que ela lhe contara. Segundo lembrava do relato, Camila, desde criança, sonhava com a rua e o edifício onde Jonas morava, com o restaurante que ele frequentava e com ele. Depois, o tempo passou, e ela esqueceu esses sonhos, bem como parou de tê-los. Inclusive, por pressão de Clotilde, a jovem parou de fazer perguntas e pedidos inconvenientes a respeito deles, o que deve ter sido um alívio para a mãe de criação de Camila, que, por algum motivo, não gostava daquela estranha história.

Jonas lembrava também que Camila comentara que, dias antes do encontro no restaurante, ela estivera na Vila Mariana e, por acaso, vira os elementos dos seus sonhos: a rua, o edifício, o restaurante e ele. E, buscando uma explicação para tudo aquilo, decidiu retornar ao local para procurá-lo e tentar obter esclarecimentos. Primeiro, decidiu segui-lo anonimamente; depois, decidiu fazer contato durante o almoço. E pronto. A história ia até esse ponto.

Se tudo aquilo fosse verdade, o objetivo de Camila era muito justo: queria saber a causa de tudo. No entanto, Jonas não tinha qualquer hipótese que pudesse esclarecer o "mistério". Por que raios ela sonharia tanto com ele quando era criança, se nem ao menos se conheciam? Eram fatos muito estranhos e que não aconteciam a todo momento com qualquer pessoa. Portanto, era natural que ela buscasse uma explicação.

Jonas procurou em sua memória algum amigo a quem pudesse recorrer para pedir uma eventual ajuda. Talvez um psicólogo, psiquiatra ou neurologista, quem sabe? No entanto, por mais que forçasse a memória, não lhe ocorrera nenhum nome. Depois da morte de Cecília, ele ficara muito tempo afastado dos seus amigos, perdendo, assim, os contatos que tinha. O que era uma pena, porque ele gostaria de conversar com alguém sobre Camila.

Camila deixara a Jonas várias perguntas no ar: "Como ela sabia seu nome?". Ele tinha certeza de que, até por precaução, não lhe dissera. E como sabia do seu hábito de tomar cafezinho após o almoço? Ou ela era uma esperta e precoce golpista — possibilidade na qual ele não acreditava —, ou representava para Jonas um mistério.

A terça-feira transcorreu sem maiores novidades, exceto pelo fato de Jonas ter acordado indisposto, inclusive para fazer as refeições. Desconfiou da proximidade de algum resfriado.

Ele se satisfez com sucos e algumas frutas e, sentindo-se cansado e com o corpo dolorido, passou toda a manhã lendo. Somente no final da tarde foi até o restaurante para tomar o chá das cinco.

Giovanni veio recebê-lo à porta, com uma interrogação no rosto:

— O que houve, amigo? Não gosta mais da nossa comida?

— Nada disso, meu caro! Apenas resolvi quebrar a rotina e trocar o almoço pelo chá da tarde.

— Desculpe, senhor Jonas, mas isso não é certo, não faz bem à saúde. Essa troca não é a mesma coisa.

— Se o tranquiliza saber, fiz um lanche saudável, com frutas e sucos. Tudo preparado por mim.

— Pois continuo dizendo: não é a mesma coisa. O almoço é insubstituível.

Jonas sentou-se em sua mesa habitual, no fundo do restaurante, sob a escada que levava ao andar superior:

— Vou me lembrar disso nos próximos anos, meu caro.

— O senhor não está me levando a sério. Uma boa alimentação...

Jonas sabia, por experiências anteriores, que seu amigo Giovanni lhe faria uma longa preleção sobre alimentação e saúde. Por isso, interrompeu-o com delicadeza e paciência:

— Giovanni, você está parecendo meus filhos, quando me dão sermão. Me dê uma trégua, por favor, amigo.

— Está bem. É que eu gosto muito do senhor e me preocupo com sua saúde.

— Eu sei e lhe agradeço o cuidado.

— O que o senhor vai querer hoje? — e estendeu-lhe o cardápio, já aberto. Enquanto Jonas escolhia, o italiano quis saber: — E a netinha? Não vem para o chá?

Jonas fechou o cardápio e olhou para o amigo:

— Quem disse a você que aquela jovem é minha neta?

Giovanni fez uma expressão de espanto e depois de censura:

— Seu Jonas, o senhor não vai me dizer que...

Antevendo o que o italiano iria insinuar, Jonas interrompeu-o outra vez:

— Deixe disso, homem. A maldade não faz bem ao espírito. Se você ia perguntar, deixe-me esclarecer: Camila não é minha namorada nem uma garota de programa. É apenas uma amiga. Que, aliás, tem idade para ser minha neta.

Giovanni pôs as mãos para o alto, soltou um suspiro de alívio e disse teatralmente:

— Ah, graças a Deus! Que alívio saber disso! Eu ficaria muito desapontado se o senhor estivesse de caso com aquela menina. Minha saudosa amiga dona Cecília não tem substituta nem jamais deveria ter.

— Concordo plenamente com você. Fique tranquilo. Camila é uma moça de bons princípios, muito inteligente e educada. E eu apenas estou ajudando-a a resolver alguns problemas.

— *Mamma mia*! E eu dei os ingressos achando que era sua neta!

— E qual é o problema, Giovanni? Você deu os ingressos a dois amigos. Agora, me faça o favor de trazer meu pedido.

Enquanto tomava o chá quente com biscoitos, Jonas refletia sobre as palavras do italiano. Sabia que muita gente pensaria o mesmo que o amigo, afinal, pelo que vinha acompanhando nos noticiários, aparentemente se tornara moda pessoas maduras se unirem a jovens e, pelo visto, a sociedade encarava isso com muita naturalidade — à exceção dos conservadores.

Sim, Camila bem que poderia ser sua neta. Ele gostara dela. Alguma coisa, provavelmente seu olhar, transmitia a Jonas um sentimento de familiaridade, como se ele já a conhecesse. Depois de passada a surpresa inicial da conversa, a verdade era que ele se sentira muito bem na companhia da jovem.

Jonas, no entanto, tinha consciência de que deveria tomar cuidado para não se entusiasmar muito com a jovem. Não tinha mais idade nem disposição para aventuras amorosas. E depois, o que diriam Cíntia e Jefferson se a amizade dele com Camila caminhasse na direção de um namoro? Nem pensar!

Camila lhe passava a imagem de uma jovem em busca de algo, de uma alma gêmea, de um caminho, de respostas. De certa forma, parecia desamparada, apesar de ter a proteção de Clotilde.

Acabado o chá, Jonas voltou direto para casa — não sem antes ouvir uma série de recomendações do Giovanni sobre saúde e... juízo!

Quando a noite caiu, escolheu um DVD e assistiu, mais uma vez, ao filme *Em algum lugar do passado*. Sabia que iria se emocionar, como sempre acontecia, quando assistia à história do homem que consegue voltar ao passado e reencontrar sua amada. Que pena que era ficção! Como ele gostaria de voltar no tempo e reencontrar sua Cecília!

De madrugada, Jonas repentinamente acordou ao som de um violino. Eram muito claros os acordes de "Czardas". Desperto, ele não fez nenhuma força para se mexer, pois não queria correr o risco de interromper a melodia. Certamente, de alguma forma, Cecília estava tocando para ele, como tantas vezes fizera no passado.

Quando isso acontecia, Jonas nunca questionava se era sonho, alucinação ou realidade. Tudo o que temia era interromper aquele momento e desfazer o encanto.

Embora com os olhos fechados, ele percebeu vagamente uma claridade azulada ao lado de sua cama. Sem mexer a cabeça, entreabriu os olhos e procurou a luz com a visão periférica. E, então, a viu!

Cecília brilhava num esvoaçante vestido branco e, sorrindo, tocava para ele. Jonas tornou a fechar os olhos e deixou-se ficar imóvel, desfrutando daqueles momentos de felicidade e magia.

Quando voltou a fitá-la, surpreendeu-se ao ver que, no lugar de Cecília, era Camila quem tocava!

Transtornado, Jonas sentou-se de um pulo na cama e tudo se desvaneceu. Ele estava ofegante e suado. Tudo não passara de um sonho.

Silenciosamente, Jonas cobriu o rosto com as mãos e se pôs a chorar. Apesar de decorridos tantos anos da morte de Cecília, a saudade que sentia de sua esposa ainda era muito dolorida e seu coração não aguentava tanta dor.

Só muito tempo depois, quando conseguiu se acalmar, a figura de Camila veio à sua mente. Havia algo que o intrigava: por que, em seu sonho ou delírio, a jovem aparecera no lugar de sua mulher?

Mais um mistério que aquela frágil jovem trazia para sua mente cansada pela busca de respostas.

Capítulo 8

Na quarta-feira, quando Jonas voltava do almoço, o telefone tocou assim que ele entrou no apartamento.

— Oi, Jonas. É Camila.

Ele surpreendeu-se vibrando de alegria como um adolescente, mas procurou disfarçar:

— Olá, moça, tudo bem?

— Tudo ótimo. Tenho novidades: já falei com Clotilde.

Jonas segurou a respiração:

— E tudo bem para ela?

— Agora, sim, mas no começo ela me deu uma bronca daquelas. Primeiro, porque praticamente arranquei um almoço de você.

— Ora, não foi bem assim. Fui eu quem a convidou.

— Não queira ser polido, Jonas. Eu fui muito cara de pau mesmo. Depois, ela ficou muito brava com essa história de irmos ao concerto. Ela gritava — e Camila, com toda a graça do mundo, imitava a mãe de criação, com exagero: — "O que esse homem vai pensar de você, menina?! Você está louca!".

Camila fez uma ligeira pausa e voltou a falar sério:

— O que você está pensando de mim, Jonas?

Ele riu da pergunta, assim tão direta e inesperada:

— Eu? Nada de mau. Você é uma boa garota, que irá a um concerto comigo. Milhões de pessoas "direitas", no mundo inteiro, vão a concertos acompanhadas.

— Foi o que eu disse a ela. Que você é um cara legal, honesto, respeitador e que não iria pensar nada de mal de mim.

— Pois você está certa, e Clotilde está errada.

Camila explodiu numa gargalhada cristalina e espontânea, que ele aprendera a gostar:

— Que bom ouvir isso! Pena que não posso dizer isso a ela!

— Não se preocupe, eu direi quando for buscá-la.

— Não! Não seja louco, Jonas! Não fale isso nem por brincadeira. Aí ela não me deixaria mais vê-lo.

— Então, se é assim, com um castigo tão terrível como este, não vou dizer, mas apresentarei gentilmente minhas justificativas.

— Assim pode ser. Agora me diga uma coisa: como devo ir vestida? Nunca fui a um concerto antes, e as mulheres que vejo em filmes vão ao teatro pra lá de elegantes.

— Esqueça o que você vê nos filmes, Camila. Hoje em dia, está tudo diferente, mais despojado, mais simples. Os concertos se tornaram populares, com uma ou outra exceção. Vá com a roupa que quiser, com a que a fizer sentir-se melhor.

— Melhor assim. De qualquer maneira, vou caprichar. Quer anotar meu endereço e meus telefones?

— Espere um minutinho. Deixe-me pegar papel e caneta — Jonas correu afobado pelo apartamento à procura do material e voltou quase ofegante. — Pode dizer.

Camila passou-lhe o endereço, até com excesso de detalhes.

— Vou ficar pronta desde cedo, viu? Não me deixe esperando.

— De jeito nenhum. Costumo ser pontual. E depois, me atrasar seria indelicado de minha parte.

Depois de desligarem o telefone, Jonas ficou sorrindo. O jeito natural e transparente de Camila de falar as coisas o deixavam encantado e o divertiam. Sim, gostaria de tê-la como amiga. Seria uma companhia muito alegre, mas que certamente lhe traria muitos aborrecimentos devido aos comentários maliciosos que provavelmente ouviria. Para a sociedade, a diferença de idade entre eles, que era muito grande, seria vista como uma perversão.

Desde que conhecera Camila, Jonas desenvolvera um inesperado desejo de protegê-la e orientá-la. Isso o assustava um pouco, a ponto de ele se perguntar: "O que está acontecendo comigo?".

Sempre que precisava de um táxi, Jonas utilizava os serviços de Josias, que trabalhava no ponto bem em frente ao edifício. Ele já tinha percebido que os outros taxistas não apreciavam essa preferência, mas nada falavam, certamente por respeito a um cliente visto como "muito importante".

Josias conhecia bem a zona oeste e o endereço da moça. Assim, não teria dificuldades para chegar na casa onde Camila morava.

Já escurecera, quando saíram em direção à Lapa. O lugar onde Camila morava era o que podia ser chamado de distante, tanto que o táxi levou mais de uma hora — o que era muito tempo, mesmo considerando-se que aquela era a hora do "rush" — para chegar lá. Jonas pensou no tempo que Camila gastaria se fosse direto para a Sala São Paulo de ônibus. E pensou também no tempo que ela dispendeu indo à zona sul para reencontrar os objetos dos seus sonhos.

Jonas sentiu ainda mais pena dela ao pensar nisso. Sabia que pena não era algo saudável para se sentir por alguém, mas era o que seu coração ditava.

A certa altura do trajeto, já no bairro da Lapa, Jonas estremeceu. Iam passar justamente diante do hospital onde Cecília morrera havia vinte anos. Mesmo a contragosto, ele não pôde evitar que aquela dramática sequência voltasse à sua memória.

Naquela fria e chuvosa noite de domingo, Jonas e Cecília voltavam de uma visita a um espaço cultural chamado Tendal, localizado na Lapa. Eles haviam sido atraídos por aquela casa cultural devido à natureza das suas atividades: de forma livre, o local oferecia ao público, que englobava crianças, jovens e adultos, oficinas e cursos de artes, como dança, teatro, música, pintura e outras formas de manifestação artística. O casal planejava oferecer-se para ministrar cursos gratuitos de piano e violino para jovens, se houvesse interesse e se ali existissem condições estruturais para isso.

Se tudo desse certo, Jonas e Cecília teriam de fazer um esforço extra para colocar em prática a ideia. Naquele período, o casal estava particularmente atarefado, com muitas exibições e palestras agendadas, além dos cursos que mantinham. Talvez por isso, não deram muita importância ao fato de que Cecília vinha apresentando um quadro febril, acompanhado por uma tosse constante. Esses sintomas foram atribuídos a um resfriado passageiro. Nenhum dos dois percebera que Cecília se movimentava devagar e se apoiava no braço de Jonas, com mais vigor do que de costume.

Naquela noite, o casal mal iniciara o trajeto de volta para casa, e os acessos de tosse de Cecília se intensificaram, desencadeando uma crise. Num dado momento, ela levou o lenço à boca e gritou:

— Jonas!

— O que foi, querida?

— Sangue! Meu lenço está ensopado de sangue!

Jonas se assustou e pensou rapidamente no que deveria fazer. Na zona sul, perto da Vila Mariana, havia bons hospitais e todos atendiam o plano de saúde do casal. Mas agora, em outra região e tratando-se de uma emergência, não havia tempo a perder.

De repente, Jonas viu um hospital e rumou para lá, preocupado com o estado de Cecília, que agora tossia de forma ininterrupta.

Chegando ao pronto-socorro do hospital, o atendimento foi imediato, afinal o estado de Cecília parecia bastante grave.

Enquanto ela era atendida, Jonas permaneceu em uma das salas de espera do hospital, aguardando ansioso e preocupado por alguma notícia do estado de saúde de sua esposa. Depois de algum tempo, já nervoso, ele percebeu o médico aproximando-se dele:

De acordo com os exames, o pulmão de Cecília estava seriamente comprometido. Todos os demais exames laboratoriais e de imagem, que foram feitos em caráter de urgência, apenas confirmaram o terrível diagnóstico inicial. Nunca poderiam imaginar que o pulmão dela há dias estava tomado pela pneumonia.

Foi ali, naquela noite chuvosa e friorenta, que Jonas descobriu que há coisas que acontecem de repente e mudam drasticamente toda uma história de vida, acabando, assim, com todos os sonhos.

Naquela noite chuvosa, de maneira fulminante e totalmente inesperada, Jonas perdeu o grande e único amor de sua vida, sua razão de viver. Enquanto isso, no aconchego do lar e na companhia da babá, os filhos do casal nem imaginavam a terrível perda que acabavam de ter.

Ao passarem diante do hospital, Jonas pediu a Josias que parasse um pouco. Durante alguns instantes, ele ficou olhando o prédio onde a pior fase de sua vida, recheada de solidão e tristeza, tivera início. As imagens daquela noite fatídica ameaçavam voltar novamente à sua consciência. Jonas percebeu que a emoção iria dominá-lo, então, antes que isso acontecesse, pediu a Josias que continuasse o trajeto até a casa de Camila.

Enquanto o carro avançava, Jonas tentava se recompor rapidamente. Precisava encontrar forças para dar continuidade à sua vida. Muito provavelmente era isso que Cecília esperaria dele, onde quer que seu espírito estivesse.

Em pouco tempo, chegaram ao destino.

A rua ficava numa ladeira, onde havia muitos sobrados geminados. Camila morava num deles, que fora todo pintado de branco. Após o portão da residência, em frente ao sobrado, fora cultivado um pequeno e muito bem cuidado jardim.

Jonas pediu a Josias que o esperasse um pouco. Ele desceu do veículo, atravessou o pequeno jardim e tocou a campainha da porta. Em seguida, ouviu passos apressados. Camila abriu a porta e apareceu luminosa e sorridente. Na percepção de Jonas, ela estava deslumbrante em sua simplicidade. Sua alegria era autêntica:

— Jonas! Que bom que você chegou! Eu nem me aprontei ainda! — e afastou-se para ele entrar.

— Eu ficaria surpreso se você estivesse pronta — brincou ele.

Camila aceitou a brincadeira:

— Você é mesmo um cavalheiro, Jonas. Sente-se e espere aí que vou buscar a Clotilde. Vocês podem ficar conversando, enquanto termino de me arrumar. Combinado?

Enquanto esperava Camila, Jonas começou a observar o ambiente. Era uma casa modesta e mostrava-se limpa e arrumada. Na sala de estar havia sofá, poltronas, uma mesinha de centro e uma TV. A sala seguinte era usada para fazerem as refeições. Nela, havia uma mesa redonda com quatro cadeiras e uma cristaleira ao lado. A porta ao fundo, à direita, dava acesso à cozinha e ao banheiro e a escada à esquerda conduzia aos quartos, que ficavam no andar superior.

Camila reapareceu trazendo Clotilde pela mão.

— Pronto, Clô, venha conhecer meu amigo Jonas. É este aqui.

Clotilde apareceu na porta da sala de refeições. Era uma robusta senhora de pele morena e lisa, cabelos já inteiramente brancos, apesar de aparentar não mais que sessenta anos. Vinha enxugando as mãos no avental branco amarrado à cintura.

Jonas levantou-se, sem saber direito o que dizer ou fazer, pois não tinha ideia do que aquela mulher pensava a seu respeito.

Camila voltou-se para a mãe de criação:

— Pronto, Jonas. Aqui está a Clotilde, de quem lhe falei muito. Volto já. Fiquem aí conversando, mas não falem mal de mim, hein? — e subiu correndo as escadas.

Jonas e Clotilde ficaram se olhando por alguns segundos até que ela tirou o avental e convidou:

— O senhor não quer se sentar, moço?

— Sim, claro — Jonas sentou-se e foi logo se apresentando. — A senhora já deve saber que sou o Jonas.

— É, eu sei. Mas só sei isso a respeito do senhor.

Jonas pigarreou e começou:

— Clotilde, posso chamá-lo assim?

— Por favor, temos quase a mesma idade — Jonas não sabia se havia alguma indireta naquela resposta. Preferiu acreditar que não.

— Clotilde, antes de qualquer coisa, devo lhe assegurar que considero Camila uma amiga muito especial, apesar de nossa diferença de idade e de nos conhecermos há pouco tempo. Ela é uma moça sensível, esperta e muito inteligente. Tenho muito carinho por ela e jamais lhe faltaria com o respeito.

— Fico feliz em ouvir isso, seu Jonas. Hoje em dia, ouvimos falar de tantas histórias de pervertidos e mocinhas como a Camila. Ela é de fato muito inteligente, mas às vezes não passa de uma menina ingênua, o que pode deixá-la vulnerável a pessoas mal-intencionadas.

— É verdade, concordo com você. Mesmo meus amigos não perderam a oportunidade de fazer piadinhas maldosas a respeito só porque me viram no restaurante com ela.

Clotilde foi franca, sem ser agressiva:

— O senhor há de concordar comigo que se trata de uma amizade pouco comum, não é verdade?

— É verdade e nem eu sei explicar como ela aconteceu. Meu círculo de amizades é constituído por pessoas da minha idade. Camila é uma exceção e, como lhe disse, não sei a razão disso.

Clotilde respondeu muito séria e misteriosa:

— Pois eu acho que sei.

— Que bom ouvir isso! Então poderia me...

Clotilde o interrompeu, sem nenhuma sutileza:

— Não aqui nem agora, senhor. Me desculpe, mas Camila não pode saber. As razões pelas quais vocês se aproximaram, segundo eu acredito, têm origem muito especial e muito difícil de explicar. Então, pelo menos por enquanto, prefiro que ela não saiba.

— Se a senhora me permitir, poderei voltar em outra hora, quando ela estiver na aula ou no trabalho, por exemplo.

Clotilde ouviu o que Jonas dissera e ficou olhando-o por alguns instantes, em silêncio:

— O senhor tem certeza de que quer mesmo saber?

— Claro, por que não teria?

Porque o senhor pode não gostar do que ouvirá.

Jonas sentiu-se um pouco incomodado com aquelas respostas curtas e misteriosas:

— Ora, por que haveria de não gostar?

Antes de responder, Clotilde olhou para as próprias unhas e depois para ele:

— Talvez o senhor ainda não esteja preparado para saber.

Jonas tentou não demonstrar, mas considerou aquela explicação um tanto pretensiosa. Afinal, já era um sujeito maduro e vivido.

— Bem, devo confessar que agora a senhora me deixou realmente muito curioso.

A voz clara e alegre de Camila cortou o diálogo:

— Estou pronta, Jonas. Que tal? — descendo a escada, deu uma volta para exibir o traje.

— Na minha opinião, está muito elegante e bonita. Vai fazer inveja às outras mulheres. Não acha, Clotilde?

— Está linda, sim. Mas, menina, tenha mais respeito pelo senhor aqui. Que modos são esses de chamá-lo de "você"? Olhe sua idade e a dele. Isso é falta de respeito.

— Mas, Clô, ele não se incomoda! Não é, Jonas?

— De jeito nenhum. Acho divertido. Não se preocupem com isso.

— Viu só? — vangloriou-se a moça, sorrindo vaidosa.

Jonas levantou-se para apressar a saída deles:

— Clotilde, não se preocupe com a segurança de Camila. Vou cuidar dela como cuidaria de uma filha. O táxi deve nos trazer de volta em torno das onze da noite.

Clotilde mostrou um ar de preocupação:

— Tão tarde assim?

Camila interveio:

— Que tarde, Clotilde? Tenho certeza de que, quando eu voltar, ainda a encontrarei acordada, assistindo à TV.

— Claro que estarei acordada. Você sabe que eu só durmo depois que você chega em casa.

Descontraidamente, Camila deu o braço a Jonas:

— Não ligue, não, Jonas. Ela esquece que já tenho dezoito anos.

— Isso não quer dizer nada, minha querida. O juízo não está na idade, está na cabeça.

Para dar o assunto por encerrado, Camila foi até mãe de criação e deu-lhe um beijo na face:

— Está bem, Clô, mas eu tenho a cabeça no lugar. Você sabe disso. E não se preocupe: quando eu voltar, lhe contarei como foi.

— Até mais tarde, Clotilde.

— Vão com Deus.

Da porta, Clotilde acompanhou o carro com o olhar até ele sumir de vista. Só então, ela murmurou:

— Meu Deus! Esse homem não sabe com quem está se metendo... — e, antes de entrar, levantou o olhar para o céu e balbuciou algo, como se fosse uma oração.

Clotilde entrou em casa e sentou-se numa poltrona para se refazer da emoção que lhe causara a visita daquele senhor. Ela pensou que aquela menina, que ela amava como uma filha de verdade, bem merecia um futuro mais tranquilo e seguro. Era uma boa moça, mas as coisas nem sempre corriam de maneira gratificante para ela.

Não bastava não ter conhecido o pai e perdido a mãe tão cedo, ainda tivera desilusões com amigos e até com namorados.

No mesmo instante, seus pensamentos retrocederam e começaram a vagar pelo passado.

Capítulo 9

Clotilde conhecera Elisa, a mãe de Camila, cerca de três anos antes de a menina nascer. Encontraram-se por acaso num posto do SUS da Lapa, bairro onde ambas moravam. Naquele dia, como a fila estava enorme, aproveitaram para conversar. A simpatia entre as duas mulheres fora mútua e imediata e em pouco tempo se tornaram grandes amigas.

Durante as conversas, Clotilde ficou sabendo que a nova amiga tinha uma saúde muito frágil e estava constantemente adoentada, comparecendo com frequência àquele posto de saúde.

Clotilde fazia o que podia para ajudar Elisa, mas, infelizmente, ela também não estava numa boa fase: acabara de perder o marido, que sofrera um infarto fulminante. Arrasada e sem parentes, Clotilde encontrou nos ombros de Elisa, embora frágil, um amparo e um conforto inestimáveis, o que a ajudou a enfrentar a perda.

Como haviam se tornado confidentes com o passar do tempo, Clotilde tomou conhecimento dos problemas de Elisa com o marido, que era alcoólatra, viciado em jogos de azar e estava envolvido com drogas pesadas. Ele pouco aparecia em casa e quase não dava atenção à mulher. Foi, então, a vez de Clotilde retribuir o apoio de Elisa quando ela enviuvara, oferecendo-lhe ajuda e companhia constantes.

Aos poucos, a amizade entre as duas foi aumentando, até que um dia, sabendo que Clotilde não possuía parentes vivos, Elisa a convidou para morar com ela, pois, assim, uma faria companhia à outra. Clotilde aceitou com uma condição: de que ficaria encarregada dos afazeres da casa, como se fosse uma empregada doméstica. Não era essa a ideia inicial de Elisa, mas admitiu que lhe seria uma solução providencial, pois já não se sentia mais com forças e energias para cuidar daquelas tarefas. E, além disso, Clotilde se mostrara irredutível em relação a essa condição.

Clotilde mudou-se para a casa da amiga e, em pouco tempo, conseguiu alugar sua casinha que havia sido construída pelo seu finado marido. O dinheiro do aluguel e da pensão deixada por ele, além do pouco que recebia como aposentada — pelos anos que atuara como professora —, constituíam uma modesta fonte de renda, que ela usava para se sustentar e ajudar Elisa, que não podia contar com o marido para nada. Felizmente, a convivência das duas amigas foi sempre harmoniosa e solidária.

Uma tarde, Elisa procurou Clotilde aos prantos e desesperada. Ela achava que estava grávida.

— O que vou fazer, minha amiga? Não tenho condições nem para cuidar de mim, como vou criar um filho? — lamentava-se a pobre mulher.

— Acalme-se, minha amiga. Deus nos proverá. Eu estarei sempre aqui para ajudá-la. Criaremos essa criança com muito cuidado e amor.

— Ah, minha querida amiga, o que seria de mim sem você?!

Depois que foi confirmada a gravidez, o marido de Elisa sumiu, deixando-a sem o menor aviso. Simplesmente sumiu e nunca mais apareceu por aquelas bandas. Depois de alguns meses, a última notícia que Elisa teve dele era de que estava preso numa cidade do Nordeste.

Em função de todas as suas preocupações de mulher abandonada, a gravidez de Elisa fora muito complicada, marcada por muitos enjoos, dores, fraqueza e mal-estar.

Numa noite fria e chuvosa de julho, Elisa sentiu que o bebê iria nascer. Clotilde pediu ajuda a um dos vizinhos que tinha carro, e levaram-na para o hospital, ali mesmo na Lapa. A essa altura, devido aos exames pré-natais realizados, as duas amigas sabiam que era uma menina.

Deitada numa cama da enfermaria, Elisa fez um desesperado pedido a Clotilde, enquanto esperava atendimento:

— Amiga, sei que não sairei viva deste parto.

Clotilde reagiu:

— Deixe de falar bobagem, mulher! Vai dar tudo certo.

— Sei o que estou falando, amiga. Mas não se preocupe comigo. Estou preparada para ir. Quem sabe assim encontrarei mais paz do que tive em vida. Antes, no entanto, quero lhe fazer um pedido... Cuide de minha filha. Prometa isso para mim, Clotilde.

— Elisa, você sabe que sempre cuidarei da menina, mas pare de se preocupar. Vai dar tudo certo. O médico já está vindo.

Já com a respiração difícil, Elisa segurou o braço da amiga:

— Tem mais uma coisa, Clotilde.

— Diga, minha amiga.

— Hoje é 14 de julho, dia de São Camilo. Batize minha filha com o nome de Camila, para que o santo a proteja.

Clotilde não conseguia segurar as lágrimas, vendo o desespero da amiga:

— Não se preocupe, amiga. Nós iremos batizá-la juntas. Vai correr tudo bem.

Elisa morreu naquela noite, enquanto Camila chegava ao mundo, exatamente dois anos após Cecília ter falecido.

Entristecida por essas lembranças, Clotilde foi para seu quarto e se pôs a orar.

No trajeto para o concerto, Camila não parava de falar. Parecia uma daquelas garotas que nunca saem à noite e que, quando isso acontece, se deslumbram facilmente e comentam a respeito de tudo o que veem através da janela do carro. Jonas estava se divertindo com isso. Ele bem que precisava dessa dose de espontaneidade juvenil.

De repente, ela exclamou eufórica:

— Olhe para isso, Jonas! Depressa! — e apontou para fora. — Foi aqui onde nasci.

Jonas esticou o pescoço para ver melhor:

— Aqui onde?

— Nessa maternidade — e apontou para o prédio do hospital.

Jonas estremeceu dos pés à cabeça. Não era possível: mais uma incrível coincidência! Camila nascera no mesmo lugar onde Cecília morrera. E mais ou menos na mesma época: Camila estava com dezoito anos, e fazia vinte anos que Cecília partira.

Depois daquela frase, Camila calou-se por alguns instantes e depois perguntou, sem olhá-lo:

— Posso lhe confessar uma coisa, Jonas?

Ele ainda estava se refazendo do impacto, mas fez força para que sua voz soasse natural:

— Sem dúvida.

Camila olhou-o séria:

— Não gosto de passar perto desse hospital. Deveria gostar, pois foi onde nasci. Mas, não sei... Alguma coisa nele me incomoda fortemente — a jovem fez uma longa pausa e depois continuou: — Até parece que morri nele, em vez de ter nascido — Jonas, de tão chocado, nada comentou sobre o assunto.

Camila voltou a olhar para fora.

— Uma vez, Clotilde insistiu em me trazer aqui para que eu conhecesse o hospital — nesse instante, Camila olhou para Jonas. — Sabia que não consegui entrar?

— Sério? Por quê? — Jonas ainda estava estupefato.

— Não sei. Senti uma angústia muito grande, quando paramos diante da porta de entrada. Clotilde insistiu para entrarmos, dizendo que era legal eu visitar o lugar onde nasci, mas não houve jeito. Ela só parou de insistir, quando me viu chorando e passando mal. Eu tossia muito, sem parar.

Jonas só conseguiu murmurar:

— Estranho isso...

— É... foi muito estranho — e voltou a ficar em silêncio.

Aqueles dados eram tão chocantes que Jonas não se animou a fazer nenhum comentário. Camila só voltou a sorrir quando chegaram à Praça Júlio Prestes, já perto da Estação da Luz, onde ficava a Sala São Paulo.

Jonas suspirou aliviado:

— Pronto, chegamos!

Os olhos de Camila voltaram a brilhar e seu largo sorriso reapareceu no rosto.

Depois de combinar com Josias que os pegasse ao final do concerto, eles se encaminharam ao belo e amplo espaço de arte e cultura. Já havia um grande número de pessoas circulando por lá, aguardando o momento de entrarem no auditório onde aconteceria a apresentação.

Camila estava deslumbrada:

— Jonas, veja quanta gente elegante! Que luxo! Que coisa linda! Jonas, eu deveria ter me vestido melhor!

— Tranquilize-se, minha amiga. Você também está elegante.

Na entrada do auditório, uma elegante e simpática recepcionista os conduziu até seus lugares. Os dois sentaram-se, mas Camila continuava inquieta, olhando para todos os lados, encantada com tudo de novo que via.

Na hora programada, as luzes da plateia foram apagadas. Os primeiros acordes da orquestra devem ter causado um grande impacto em Camila, a julgar pela expressão de êxtase da jovem. Quem já passou por essa experiência sabe como é diferente ouvir e assistir, ao vivo, a um espetáculo desses.

Os olhos de Camila estavam arregalados, quase sem piscar, acompanhando cada movimento e som dos instrumentos.

Não havia como Jonas não se lembrar das inúmeras vezes em que ele e Cecília se apresentaram em concertos semelhantes ou daqueles em que foram apenas espectadores — mas ele lutava para não se deixar tomar outra vez pela emoção das lembranças.

Ele não conhecia previamente a programação do espetáculo, de maneira que foi surpreendido pela música seguinte. Jonas simplesmente não conseguiu se segurar quando a orquestra tocou o "Adágio", de Albinoni. Toda a cena do metrô, quando ele viu Cecília pela primeira vez, foi demais para seu coração. Jonas não conseguiu reprimir as lágrimas. No mesmo instante, procurou evitar que Camila o visse frágil daquela forma, mas, ao olhar de soslaio para ela, surpreendeu-se ao ver que ela também chorava, só que aos soluços.

Como Camila passava seguidamente a palma das mãos sobre os olhos para enxugar as lágrimas, Jonas, sem nada dizer, lhe ofereceu um lenço. Um pouco constrangida, ela aceitou.

No final do concerto, mesmo após o acorde final da orquestra e dos muitos aplausos, eles permaneceram sentados, refazendo-se das emoções. Depois, retiraram-se caminhando devagar.

Lá fora, em silêncio e desviando-se das pessoas, Jonas e Camila caminharam um pouco pelo espaço externo da Sala, apreciando as diversas lojas existentes. Na verdade, só fingiam olhar as vitrines: os dois estavam imersos em misteriosos pensamentos.

Ele parou diante do restaurante:

— Vamos comer alguma coisa?

Camila fez que sim com a cabeça. Entraram e sentaram-se a uma mesa mais afastada das demais, como se quisessem paz e privacidade.

Vendo-a tão quieta, Jonas perguntou:

— E então? Gostou do primeiro concerto de sua vida?

Camila continuava emocionada:

— Jonas, foi uma coisa maravilhosa, mágica. Nunca pensei que fosse assim, tão... tão grandioso, tão emocionante. Gostei muito. Jamais me esquecerei desta noite.

— E por que, então, está tão calada? Ficou triste com as músicas?

— Não com todas, mas com uma em particular. Não sei o nome dela, mas me tocou muito fundo. Senti como se eu já a conhecesse e como se ela tivesse um grande significado para mim.

— E não a conhece? — ele tinha quase certeza de que ela se referia ao "Adágio".

— Sem chance.

— Seria esta? — e Jonas cantarolou o começo do "Adágio".

Os olhos de Camila brilharam e ela mostrou-se surpresa:

— Essa mesmo! Como você sabia?

— Porque aconteceu a mesma coisa comigo. Ela também me toca de uma maneira muito especial.

Os dois ficaram se olhando por algum tempo e assim continuariam, se o garçom não os tivesse interrompido:

— Desejam que lhes traga algo?

Depois de consultarem o cardápio, fizeram os pedidos, que não demoraram a chegar.

No momento em que Jonas levava a primeira porção de comida à boca, Camila, numa voz baixa e suave, lhe fez uma pergunta que o deixou surpreso:

— Por que você abandonou o piano, Jonas?

Ele olhou-a em silêncio antes de perguntar:

— Como você sabe que eu toco piano?

— Como eu sei? — ela olhou de lado, buscando a resposta no espaço. — Sinceramente? Não sei. Nem sei porque lhe fiz essa pergunta. Ela me veio à cabeça, de repente. Você não comentou algo comigo sobre isso?

— Há anos não falo nada sobre isso com ninguém, justamente para evitar esse tipo de pergunta.

— Desculpe, eu não quis ser inconveniente. Mas fiquei curiosa porque, se eu tocasse um instrumento, com certeza jamais pararia de tocá-lo. Só quando eu morresse.

Jonas concluiu que, em algum momento, comentara com Camila que tocava piano. Senão, como ela poderia saber?

— E você? Que instrumento gostaria de ter aprendido a tocar?

— Nem preciso pensar para responder! Sem a menor sombra de dúvida, violino. Adoro. Se eu tivesse condições, já teria aprendido a tocar.

Jonas voltou a sentir-se atordoado, mas fez um esforço para não deixar que Camila percebesse. Conseguiu apenas perguntar:

— Violino?

— É. Gosto tanto desse instrumento que, quando eu tinha cerca de oito ou nove anos, fiz Clotilde comprar um de brinquedo para mim. Eu o tenho guardado até hoje — Camila fez uma pausa. — Se tocasse violino de verdade, eu gostaria que todo mundo me ouvisse. Não me apresentaria só em teatros e concertos.

— Bem, esses são os lugares tradicionais onde os artistas se apresentam. O que você faria de diferente, por exemplo?

— Sei lá. Acho que essas coisas de arte, como música, cinema e teatro devem chegar até o povo, em vez de ficarem restritas a lugares fechados. Todo mundo tem direito a ter acesso a essas maravilhas. Veja o meu caso! Só consegui assistir a um concerto aos dezoito anos de idade! Você acha isso justo?

— Não, não é justo.

Ela pensou um pouco:

— É o que eu penso. Eu acho que tocaria nas ruas, nos trens, nas estações de metrô — alegrou-se de repente, como se tivesse feito uma grande descoberta. — É isso aí: no metrô, eis uma grande ideia! Eu ficaria nas estações, e os passageiros iriam parar para me ver e ouvir antes de entrarem nos vagões. E eu ainda ganharia uns trocados! Não seria legal?

Ouvindo aquilo, Jonas sentiu-se tonto, e algo forte e estranho cresceu dentro de si. Ele, no entanto, voltou a fazer um enorme esforço para disfarçar:

— Seria. Seria muito legal.

— Pois é. Faria qualquer coisa assim, mas parar, nunca.

Camila ficou pensativa, mas ele queria que ela continuasse falando:

— Essa música que você achou triste e sentiu que já a conhecia... o que ela a faz lembrar?

Camila estava com a boca cheia. Só depois de mastigar e engolir a comida, ela, por fim, respondeu:

— Hmmm... deixe-me ver — e a jovem olhou para o teto buscando uma imagem na memória. — Cante-a mais um pouquinho.

Jonas voltou a cantarolar o "Adágio", e, depois de ouvir mais um trecho da música, ela continuou:

— Para mim, tem a ver com despedida. Não sei... É como se alguém fosse viajar... — Camila descreveu fazendo gestos suaves com as mãos. — Sabe, eu me vi assim numa estação de trem. Quero dizer, não tenho certeza se era trem... Poderia ser no metrô. Logo, imagino que devia ter alguém partindo. É a isso que essa música me remete.

Era demais. Jonas abaixou a cabeça, apoiando-a com uma das mãos. Insistia em não deixar Camila vê-lo chorar, mas ela percebeu e se assustou.

— O que foi, Jonas? Você não está passando bem?

Jonas disfarçou:

— Acho que essa comida não me fez bem.

— Puxa vida. A minha estava ótima. Vamos embora. Talvez seja bom você passar numa farmácia e comprar algum remédio, algo digestivo.

— Não se preocupe, é um mal-estar passageiro. Mas devemos mesmo ir embora, para não deixarmos Josias de castigo e Clotilde preocupada.

No trajeto de volta, olhando as ruas já quase desertas, Camila fazia comentários muito diferentes daqueles da vinda. Agora, parecia filosofar sobre arte e cultura. Jonas, por sua vez, não conseguia falar nada. As frases da jovem durante o jantar tiveram sobre ele um impacto, um efeito emocional devastador.

De repente, Camila perguntou:

— Como estão seus filhos, Jonas?

Outro choque, outra surpresa! Desde que a conhecera, ele nunca lhe falara de Jefferson e Cíntia. Como ela poderia saber deles? Aquilo não podia continuar! Farsa ou não, ele não suportava aquelas insinuações, deduções, adivinhações, ou seja lá o que fosse.

Jonas decidiu confundi-la para ver que reação teria:

— Não tenho filhos.

Camila franziu a testa:

— Não?

— Nunca os tive — Jonas não pôde deixar de perceber pelo retrovisor o olhar intrigado de Josias.

Camila ficou olhando para Jonas por um longo tempo. Depois, ainda em silêncio, desviou o olhar para a rua. Em seguida, voltou-se para ele novamente:

— Engraçado, eu seria capaz de jurar que você tinha filhos. Um casal, na verdade.

Os pensamentos de Jonas estavam confusos: ou ela estava sendo muito cínica e brincando irresponsavelmente com seus sentimentos, ou havia algo por trás das afirmações de Camila. Jonas queria descobrir:

— O que a fez achar que eu tenho um casal de filhos?

Camila apertou os lábios e ficou balançando a cabeça:

— Boa pergunta, boa pergunta — a jovem manteve-se pensativa por alguns instantes. — Eu não sei. Simplesmente achei que você tinha filhos e perguntei.

— Achou assim, do nada?

— É! Assim, do nada — Camila calou-se e depois de algum tempo continuou. — Sabe qual é o meu problema, Jonas?

— Você tem um problema? — havia certa ironia nessa pergunta, mas Camila não deve ter percebido, pois sorriu e respondeu com naturalidade em seguida:

— Um monte — e voltou a falar sério. — Um deles é que eu tenho a mania de falar tudo o que me vem à cabeça. Sou muito impulsiva. Às vezes, eu falo ou pergunto coisas inconvenientes e não sei de onde as tiro. Por causa disso, falo muitas bobagens. Desculpe-me se isso acontecer quando estivermos conversando. Deixe-me avisá-lo sobre uma coisa: você não precisa responder a todas as minhas perguntas. Algumas delas, que devem ser muito bobas, faça de conta que não as ouviu. Eu não me importo com isso.

Eram manifestações como essas que intrigavam Jonas e o deixavam nadando em dúvidas. Às vezes, Camila lhe parecia uma jovem trapaceira, suspeita de ter algum plano maquiavélico oculto; outras vezes, como agora, ela lhe parecia incrivelmente sincera e honesta. De certa forma, até cativante.

Definitivamente, Jonas não sabia o que pensar daquela jovem e de suas adivinhações. Ele só tinha uma certeza: ela mexia muito com os sentimentos dele, fazendo-o querer tê-la sempre por perto.

Quando chegaram, ela insistiu para que ele entrasse.

— Não, moça. Já é tarde. Quero apenas falar com Clotilde e dizer-lhe que está tudo bem.

Saltitante, Camila atravessou o jardim e tocou a campainha várias vezes. A mãe de criação da jovem logo abriu a porta. Devia estar na sala à espera de Camila, que exclamou, eufórica:

— Clotilde, você devia ter visto! Uma coisa linda! Nunca vi nada igual! Nunca vou me esquecer desse espetáculo!

Clotilde fingiu repreendê-la:

— Psiu, menina, fale baixo! Os vizinhos não precisam saber disso!

Jonas aproximou-se e se dirigiu a Clotilde:

— Pronto, Clotilde, a moça está entregue sã e salva. Agora você pode dormir tranquila.

— Muito obrigada, seu Jonas. Parece que ela gostou muito, não é?

— Se gostei? Adorei!

— Fico feliz que tenha gostado, Camila. Boa noite — e voltou para o táxi.

Já no veículo, ele percebeu pela janela que elas ficaram com a porta aberta, olhando-o até o carro sumir de suas vistas. Jonas, então, recostou-se no banco do carro, deu um longo suspiro e falou para o motorista:

— Você deve estar pensando até agora porque eu menti a respeito dos meus filhos, não é verdade, Josias?

— Bem, seu Jonas, eu não estava prestando muita atenção na conversa. Não é certo.

— Conversa fiada, meu amigo. Eu percebi que você me olhou assustado quando eu menti.

Josias riu meio sem graça:

— O senhor é incrível, nada lhe escapa...

— Eu menti de propósito, Josias. Quis fazer uma brincadeira com a moça. Mas depois eu vou contar a verdade para ela.

— Mas, se o senhor me permite ser franco, eu acho que ela não acreditou muito na sua conversa, não, doutor.

— Pois é, Josias... Ninguém mais leva os velhos a sério.

— Que é isso, doutor? Não fale assim. A verdade está mais perto dos idosos que dos jovens.

— O quê? Filosofando a essa hora da noite, Josias?

Josias sorriu vaidoso com a observação do seu cliente, a quem muito admirava e respeitava:

— Mas não é verdade, doutor?

— Eu nem sei mais, meu amigo. Agora mesmo, não sou capaz de separar a realidade da fantasia. Estão acontecendo muitas coisas inexplicáveis, a ponto de eu não saber dizer de que lado está a verdade.

Josias sentiu que Jonas estava preocupado com alguma coisa. Por respeito a ele, preferiu não insistir no assunto e focou sua atenção na direção do carro.

Capítulo 10

Jonas acordou cansado. Demorara muito para conciliar o sono, pensando nas "adivinhações" de Camila.

Seria, como se diz no popular, tudo "chute"? Mas "chutes" tão certeiros? Como ela teria obtido tantas informações a respeito de sua vida? E com que intenção? O curioso era que até agora ela nada pedira. Não havia nenhum indício de que ela pretendia aproveitar-se dele de alguma forma.

Mais tarde, quando foi almoçar, Giovanni recebeu-o com a alegria de sempre:

— E então, meu amigo, gostou do concerto?

— Uma maravilha, Giovanni! Foram momentos mágicos. E só temos a agradecer a você pela cortesia.

— Ora, foi um prazer, seu Jonas! E sua amiga? Ela gostou também?

— Adorou. Até porque ela não conhecia a Sala São Paulo e nunca tinha assistido a um concerto ao vivo. A verdade é que ficou deslumbrada com tudo.

— Que bom! Fico feliz. Ela é uma moça muito bonita e muito educada, não é?

— Com certeza.

Giovanni sentou-se na cadeira ao lado e falou baixinho:

— Mas tem uma coisa que eu preciso comentar com o senhor.

— Pois diga.

— Acontece uma coisa estranha quando olho para ela.

Jonas olhou intrigado para o amigo:

— Que coisa estranha é essa, Giovanni?

Ele respondeu coçando levemente a ponta do queixo, como se estivesse pensando profundamente:

— Não sei... O senhor vai me achar maluco, mas, quando olho para essa moça, fico com a impressão de que já a conheço. E que a conheço há muito tempo.

— Ora, isso não é mistério algum. Vai ver ela já veio aqui no seu restaurante.

— Ah, impossível! Eu saberia se fosse isso. Nunca me esqueço da fisionomia dos meus clientes. Ainda mais uma moça bonita como aquela, com todo o respeito.

— Mas só pode ser isso, Giovanni. Você não pode tê-la conhecido de outro lugar. Ela sempre morou na Lapa, bem longe daqui. E depois, homem, olhe lá a sua idade! Você é de outra geração, assim como eu. Então não há a possibilidade de terem sido amigos algum dia.

Giovanni levantou-se. Não pareceu convencido com as explicações do seu cliente, mas não iria discordar dele:

— O senhor tem razão. Deve ser o jeitinho que a moça tem de olhar, de falar com a gente. É uma criatura muito especial a sua amiga.

— É verdade. Mas vamos tratar de comer! Cadê o cardápio?

"E essa agora! Até o Giovanni está achando a Camila esquisita!", pensou Jonas meio aborrecido, mesmo sem saber o motivo.

À tarde, já em casa, Jonas tirou um bom cochilo. Depois, escolheu um livro para lhe fazer companhia até a noite. No entanto, mal ele começara a leitura, o telefone o interrompeu. A voz de Camila soou luminosa e cristalina, fazendo aparecer um sol dentro dele, embora já fosse quase fim de tarde:

— Oi, Jonas!

— Olá, Camila, que surpresa agradável!

— Estou ligando para agradecer-lhe mais uma vez a noite de ontem. Foi tudo maravilhoso.

— Eu também gostei muito, Camila, mas você não precisa me agradecer. Eu também me diverti.

— Gentileza sua, Jonas. Olha, eu preciso ir à sua casa.

Dentro dele acendeu-se uma luz amarela, de "atenção":

— Não entendi.

— Sabe aquela hora em que chorei ouvindo a música no concerto?

— Sei. Mas o que isso tem a ver?

— Talvez você não se lembre disso, mas, na hora da minha choradeira, você me emprestou seu lenço.

— Ah, é verdade.

— Só que eu não o devolvi. Esqueci completamente disso. Queria lhe dizer que já o lavei hoje e que preciso devolvê-lo.

— Ora, que é isso, Camila?! Não tem pressa nenhuma. Qualquer dia desses, você me devolve.

— Não pode ser assim.

— O que não pode?

— Clotilde me falou que, quando alguém dá um lenço para outra pessoa, a amizade acaba. E eu não quero perder sua amizade. Preciso lhe devolver o lenço o quanto antes.

Jonas não segurou o riso:

— Ora, amiga, isso não passa de superstição e das antigas. Uma estudante que está se preparando para fazer psicologia não pode acreditar numa coisa dessas.

— Superstição ou não, meu amigo, prefiro não arriscar. Você se importa de que eu vá até aí?

— Claro que não me importo, mas não precisa. Você está muito longe, Camila. Quando chegar aqui, já terá escurecido. Deixe isso pra lá.

— Nenhuma distância é grande quando uma grande amizade está em jogo.

— Caramba! Eu não acredito que você disse isso.

Ela riu abertamente:

— Você gostou? A frase é minha, viu? Foi bonita mesmo, não foi?

— Foi linda, mas não mude de assunto. Não precisa vir até aqui só para me devolver um lenço.

— Já decidi. Se você realmente não se importa, estou indo praí.

— Camila, Clotilde não vai gostar nada disso.

— Ih, nem se preocupe com isso. Ela adorou você. Falou que você era um homem muito educado, muito "distinto". Ela me deu a maior força para lhe devolver o lenço. Ela leva essas coisas muito a sério.

— Fico feliz que ela tenha gostado de mim, mas...

— Eu também fiquei feliz. E sabe do que mais? Fui! — e desligou.

"Essa menina é mesmo impossível! E agora?", Jonas pensou, aturdido. Não que a presença de Camila em seu apartamento o incomodasse — muito pelo contrário —, mas ele não estava habituado a receber visitas, não sabia "fazer sala". De resto, o que um sujeito de sessenta anos teria a conversar com uma garota de dezoito anos? "Bem, está feito. Seja o que Deus quiser", concluiu.

Quando o interfone tocou na cozinha, Jonas já sabia que era o porteiro comunicando a chegada de Camila.

— Seu Jonas, sua neta está aqui.

Era só o que lhe faltava: mais um a lhe arranjar uma neta! Dentro de pouco tempo, todo o condomínio já saberia que Jonas tinha uma neta bonita e quase adulta.

— Pode deixá-la subir.

Jonas ficou parado atrás da porta, pronto para abri-la. Aqueles segundos de espera pareceram horas.

Quando a campainha tocou, ele virou a chave e se afastou, dando passagem para Camila. Sorridente, carregando sua inseparável mochila, ela entrou eufórica:

— Com licença! — e viu a sala de estar. — Nossa, que leg... — Camila não terminou a frase.

Jonas ainda segurava a maçaneta da porta, quando viu que a jovem, que mal dera um passo à frente, interrompera o que ia dizer. Camila empalideceu, cambaleou e recostou-se na parede ao lado da porta para não cair.

Assustado, Jonas correu em sua ajuda:

— Camila, o que houve?

A palidez e o olhar perdido de Camila deixaram-na com a aparência de quem estava fora de si. Os braços da jovem pendiam ao longo do corpo e suas pernas pareciam que iam dobrar-se. Jonas tirou a mochila dos ombros de Camila, esforçando-se para manter a moça de pé, enquanto tentava fechar a porta sem soltá-la.

— Venha, Camila, sente-se aqui. O que você está sentindo?

Ela não respondeu. Com muito esforço, Jonas a levou quase desmaiada até a poltrona onde costumava relaxar e a fez recostar-se.

— Espere um pouco. Vou trazer-lhe água.

Apreensivo, Jonas foi pegar água e, ao retornar, tentou fazer Camila beber o conteúdo do copo. No entanto, ele não conseguiu. Aparentemente, ela não se movimentava.

Assustado, Jonas correu até o banheiro e umedeceu uma pequena toalha com água fria. Voltou e molhou suavemente a testa e os pulsos de Camila. Aos poucos, então, a cor foi retornando ao rosto claro da moça, deixando-o mais aliviado:

— Camila, você está melhor?

Ela permaneceu em silêncio, olhou para Jonas e depois olhou em volta, para todo o apartamento.

— Tudo bem? Você está bem?

Camila voltou a recostar-se na poltrona. Fechou os olhos e murmurou:

— Jonas, me desculpe.

— Pelo quê, amiga? — ele ajoelhara-se ao lado da poltrona.

A voz de Camila ainda soava frágil:

— Pelo papelão. Isso é coisa que se faça? Desmaiar assim, de uma hora para outra? E na primeira visita?

— Mas o que aconteceu? Você já teve isso outras vezes?

— Nunca. É que... — fez uma pausa. — Promete que você não vai achar que sou louca?

— Pare com isso, Camila! Quero saber o que aconteceu.

— Quando entrei aqui, pareceu-me que... — e calou.

Jonas precisou insistir:

— Pareceu-lhe que...

— Que eu já tinha estado aqui antes. Não ria, por favor, mas eu senti como... como se esta casa fosse minha. Foi um sensação tão forte que me deixou abalada.

Naquele momento e naquelas circunstâncias, Jonas não queria pensar em hipóteses mirabolantes:

— Camila, vamos simplificar: você teve uma síncope e imaginou coisas. Você sabe que nunca esteve aqui antes.

— Eu sei, Jonas. Mas... — e começou a chorar e a falar de forma desesperada. — Como eu conheço seu apartamento, se nunca estive aqui? Você quer ver? — Camila falava e chorava ao mesmo tempo. — Atrás de mim, há um lavabo e ao lado dele fica a porta da cozinha. No fundo dela, há um quarto de empregada, com uma porta verde — e cobriu o rosto com as mãos. — Ao meu lado, à direita, está a sala de jantar e depois dela há duas portas: uma dá para o quarto do casal e a outra é um quarto de estudos, onde estão os instrumentos e as partituras. Na minha frente, há um pequeno corredor que dá para outra sala, que você usa para ouvir música e assistir à televisão. E, mais ao fundo, há outro quarto, que é usado para receber os hóspedes.

Camila continuou soluçando, agora com o rosto coberto pelas mãos. Jonas estava pasmo: ela acertara tudo! Ele não sabia o que dizer, por isso decidiu esperar que ela se acalmasse.

Depois de algum tempo, Camila se acalmou, soluçou mais um pouco e então falou baixinho:

— Eu estou com medo, Jonas.

No momento em que Camila começou a desabafar, Jonas sentiu suas pernas tremerem e ele precisou sentar-se na poltrona em frente à jovem. Aquilo não podia estar acontecendo. Era humanamente impossível. Tudo o que ela descrevera estava correto. Mas como ela poderia conhecer tão bem seu apartamento, sem nunca ter estado lá?

Já mais calma, Camila retirou da mochila o lenço de Jonas e assoou o nariz com ele. Depois, riu do que fizera:

— Olha como sou louca. Lavei seu lenço, trouxe-o para lhe devolver e agora o usei novamente. Vou ter que lavá-lo outra vez e vir trazê-lo — era um sorriso melancólico, de quem quer afastar a tristeza ou o medo de si.

Dessa vez, Jonas não conseguiu sorrir. Estava petrificado com o que vira e ouvira. O fato não lhe saía da mente: aquela jovem nunca estivera em seu apartamento, então, como fora capaz de descrevê-lo, ainda que com algumas desatualizações? Ele continuava olhando para ela sem saber o que dizer.

Camila olhou para Jonas com os olhos ainda úmidos:

— Você está bravo comigo, Jonas?

Ele demorou a responder. Depois, pareceu sair do estado letárgico:

— Não, não estou bravo com você — Jonas fez uma pausa e olhou para o teto. — Mas estou assustado também.

— Foi por isso que passei mal quando entrei. O choque foi muito grande. Parecia que eu já tinha morado aqui. Logo eu, que nunca andei por estes lados.

— Pela primeira vez em minha vida, eu não sei o que dizer. Nunca vi nem soube de nada parecido em todos os meus sessenta anos de vida.

Camila levantou-se com cuidado e começou a caminhar lentamente pela sala. Parecia que queria confirmar o que intuíra ao chegar.

Ela foi até a cozinha, olhou-a um pouco e voltou. Passou diante do quarto de casal, ficou alguns instantes parada diante da porta, mas não entrou. Depois, foi até a sala de estudos, que agora, depois que Cecília se fora e Jonas aposentara o piano, era usado como um quarto de hóspedes, onde Cíntia e Jefferson dormiam quando vinham visitá-lo.

Camila entrava e saía do campo de visão de Jonas, que, por sua vez, estava inconformado com o fato de estar vivendo, na sua idade, uma situação para a qual não tinha uma explicação. Tudo aquilo era absurdamente irreal.

A voz de Camila parecia diferente quando quase gritou:

— Jonas, o que você fez com o meu violino e com o seu piano?!

Jonas tremeu. Aquilo era demais! Não podia ter ouvido o que achava que ouvira. Ou será que Camila estava brincando com ele?

Irritado, ele caminhou a passos largos até onde Camila estava e parou à porta do quarto. A jovem olhava em volta como se estivesse procurando algo.

— O que você me perguntou, Camila?

Ela o olhou com expressão de surpresa:

— Eu? Eu perguntei alguma coisa?

Foi a gota d'água. Jonas perdeu a calma, depois de tanto tempo tentando mantê-la. Se aquilo era uma brincadeira, Camila passara dos limites. Ele levantou a voz sem perceber, tal era a sua revolta:

— Camila, não brinque comigo! Eu tenho idade suficiente para ser tratado com mais respeito!

Camila pareceu sinceramente chocada com a reação dele:

— Jonas, o que você está dizendo?! O que foi que eu fiz?

Foi com a voz fragilizada, quase chorando, que ele retrucou:

— Por que você está fazendo isso comigo, menina?

Assustada, Camila correu até Jonas e tentou abraçá-lo, mas ele se afastou com rispidez:

— Jonas, o que foi que eu fiz de errado?

Ele parecia fora de si:

— Você está esmagando meu coração! Você diz que nasceu no mesmo hospital onde minha mulher morreu! Você sabia meu nome e que eu tenho filhos, sem eu nunca lhe ter dito nada sobre isso! Você sabe que encontrei Cecília numa estação de metrô, ouvindo um sujeito tocar violino! Você chora quando ouve "Adágio", que era nossa música predileta. Você entra aqui pela primeira vez e mostra que conhece a casa toda e ainda me pergunta sobre seu violino e meu piano! Onde você conseguiu essas informações? O que você quer de mim? Não vê que sofro com essas coisas? O que você pretende, Camila?! Aonde quer chegar com isso? — aos prantos, Jonas voltou aos tropeções para a sala, jogando-se no sofá. Seu estresse, acumulado durante tanto tempo, chegara ao limite.

Ainda assustada, Camila foi caminhando devagarinho até Jonas e sentou-se silenciosamente diante dele, com as mãos entre os joelhos. Chorando baixinho, ela ficou ouvindo os soluços de Jonas sem nada dizer.

Depois de algum tempo, já refeito da crise, ele procurou um lenço nos bolsos e não encontrou. Camila levantou-se e ofereceu timidamente o mesmo lenço que ela usara. Diante dessa cena, Jonas não pôde evitar esboçar um sorriso tímido, que foi correspondido por ela.

— Obrigado por me emprestar meu lenço, que você lavou e já usou de novo — ele quis ser irônico e engraçado ao mesmo tempo.

Camila também sorriu aliviada, ao ver que ele estava mais calmo:

— Você está melhor, Jonas?

Ele balançou a cabeça antes de responder:

— Isso é uma loucura, Camila. Eu lhe fiz essa mesma pergunta alguns minutos atrás. Agora, é você quem a repete para mim.

— Mas você não me respondeu: está se sentindo melhor? — ela insistiu timidamente.

— Estou. Desculpe... tive uma crise nervosa.

— Eu entendo — Camila fez uma longa pausa e depois disse com voz triste. — Eu percebi que estou lhe fazendo mal.

— O que você está dizendo, menina?

— Não estou lhe fazendo bem. Eu gosto muito de você, Jonas. Tenho muita admiração e muito respeito por você, mas não sei por que digo e faço coisas que o magoam... E eu não quero mais continuar fazendo isso. Então, não vou aparecer mais aqui.

A possibilidade de não ver mais Camila provocou em Jonas uma pontada forte no coração.

— Não fale assim, Camila. Por razões diferentes, estamos sob estresse. Isso deve passar. Vamos tentar nos acalmar e entender essas coisas que estão acontecendo conosco. Não quero que você desapareça.

— Você precisa descansar de mim, Jonas. De repente, eu percebi que tenho sido muito insistente, quase uma intrusa em sua vida.

— Não diga isso, Camila. Gosto de você como uma amiga muito querida. Sua presença me faz bem.

— Então, por que você ficou bravo e chorou? Por que disse aquelas coisas horríveis a meu respeito? Eu nunca quis lhe fazer mal.

— Já lhe pedi desculpas, Camila... Eu tive uma crise nervosa. Há alguns dias, venho guardando coisas comigo, e hoje, infelizmente, saiu tudo. Não é culpa sua. É coisa de gente de idade.

Camila se aproximou de Jonas e pôs a mão suavemente sobre a dele:

— Não fale assim, Jonas. Qualquer pessoa pode ter crises nervosas. Isso independente da idade.

— Eu sei. Eu preciso apenas de repouso.

— Está bem. Talvez eu também precise — Camila fez uma pausa. — Eu tenho que ir embora. Está ficando tarde.

— Está bem, mas quero que você me prometa que esquecerá tudo o que eu falei de ruim para você.

— Eu só vou me esquecer depois que seu coração estiver realmente sossegado. Até isso acontecer, Jonas, eu vou continuar achando que a culpa foi minha, ainda que eu não tivesse a intenção de magoá-lo ou aborrecê-lo.

— Já lhe disse que não foi culpa sua.

Camila mostrou outro sorriso triste:

— Vai ver a culpa foi do lenço. Acho que a Clô tinha razão.

— Quem sabe? De repente, não é só uma superstição.

Camila levantou-se, indicando que já ia embora. Ele segurou a mão da jovem:

— Espere um pouco — Jonas esticou o braço, pegou o telefone e ligou para Josias. Ele estava disponível. — Pronto, o Josias vai levá-la até sua casa. E não precisa se preocupar com dinheiro. Depois, eu acerto a conta com ele.

Ela ia recusar:

— Jonas, eu...

Ele interrompeu:

— É o mínimo que posso fazer por você, depois das bobagens que eu lhe disse. E também pela lavagem do lenço.

E foi assim, com ambos sorrindo triste e timidamente, que ele a levou até a porta e ficou observando-a até que ela entrasse no elevador. Era evidente que estavam desolados e magoados, mas ambos sabiam que era preciso digerir bem o que acontecera ali, antes de voltarem a sorrir de verdade. Fora a primeira vez que tiveram um encontro triste.

Depois que Camila se foi, Jonas entrou em casa pensativo. Não se perdoava por ter perdido o controle daquela maneira, mas reconhecia que tivera seus motivos.

Ele apagou as luzes e, com um profundo suspiro, jogou-se no sofá, sentindo nele o perfume de Camila. Estava exausto. Acabara de passar por momentos emocionalmente desesperadores.

Capítulo 11

No dia seguinte, logo depois do almoço, Jonas ligou para Clotilde para marcar uma conversa a sós com ela. Clotilde, então, pediu-lhe que fosse à tarde, depois das duas horas, horário em que Camila estaria trabalhando na biblioteca.

Clotilde recebeu Jonas de forma educada, mas séria. Sabia que a conversa seria pesada. Antes de cumprimentá-lo, ela enxugou as mãos no avental por força do hábito e não porque estivessem molhadas.

Ela indicou a mesa da sala de jantar:

— Vamos sentar aqui para que eu possa servir um chá ao senhor.

— Não se preocupe com isso, Clotilde. Eu estou bem.

Mesmo assim, ela se dirigiu à cozinha, enquanto Jonas se sentava à mesa.

Olhando o ambiente, Jonas notou que não havia fotografias nas paredes nem sobre os móveis. "Talvez estejam em um álbum ou no fundo de alguma gaveta", pensou.

Clotilde voltou trazendo um prato com bolachas e torradas e serviu o chá a Jonas. Os dois guardaram um longo momento de silêncio, sem se olharem.

De repente, Clotilde começou a falar, numa voz pausada e monocórdia.

— Não me agrada nem um pouco falar dos assuntos sobre os quais vamos conversar.

— Lamento seu desconforto, Clotilde, mas acredite que eu não estaria aqui se não fosse pela minha preocupação com Camila. Eu a considero uma amiga muito querida.

— Eu agradeço muito que o senhor tenha esse sentimento por Camila, pois ela é uma jovem muito carente. Camila não conheceu os pais, nunca teve muitos amigos e os namorados foram grandes decepções. Nenhum deles chegou a compreendê-la. Ela é uma menina muito especial.

— Tenho certeza disso.

— Como disse, ela não conheceu o pai. Ele era um jogador viciado e alcóolatra, metido também com drogas. A única coisa que deixou para a mulher foi esta casa, nada mais. Elisa, a mãe de Camila, comeu o pão que o diabo amassou nas mãos daquele sujeito. Ele batia nela, gritava com ela e a fazia trabalhar como uma escrava, sem respeitar o fato de que ela tinha uma saúde muito frágil desde a adolescência. Como éramos grandes amigas, eu trabalhava para eles praticamente de graça, por compaixão e amor.

Jonas tinha muitas perguntas a fazer, mas não ousou interromper Clotilde, que continuou falando:

— Ele deixou Elisa grávida. Acho até que foi isso que o fez abandoná-la. Ele não queria saber de nenhuma responsabilidade, muito menos de um filho. Só se interessava por jogo, drogas, bebidas e mulheres da rua. O fato é que, depois que soube da gravidez de Elisa, o sujeito pirou de vez. Passou a beber mais e a chegar em casa drogado. Depois de algum tempo, sumiu sem mais nem menos. Alguns vizinhos contaram que ele se apaixonou por uma garota de programa e foi com ela para o Nordeste. A partir daí, nunca mais ouvimos falar dele. A última informação que chegou aqui foi a de que ele estaria preso. Acho que ainda deve estar na cadeia ou então já deve estar morto.

— É uma história revoltante, mas muito triste também.

— Camila nasceu numa noite chuvosa... Pedi ajuda a um vizinho para levar Elisa até um hospital perto daqui. O pessoal de lá fez o que pode, mas a saúde de minha amiga já estava muito frágil. Enfim... para encurtar a história, ela não resistiu ao parto. Eu estava lá, ao seu lado. Ela pressentiu o que iria ia ocorrer e, antes do parto, me pediu para tomar conta da filhinha que iria nascer. Ela nem chegou a ver a menina... — Clotilde enxugou os olhos com um pequeno lenço branco bordado. — Felizmente, Camila nasceu muito saudável. Depois de algumas lutas na justiça, eu consegui a guarda dela e atendi ao pedido da mãe, que desejava que ela fosse batizada com o nome de Camila.

Emocionada, Clotilde parou de falar. Jonas comentou:

— É uma história muito triste, Clotilde.

— Com certeza, mas, infelizmente, deve acontecer com milhares de mulheres e crianças neste país. O que não é comum acontecer é o que vou contar ao senhor a partir de agora.

— Antes de começar a falar, Clotilde, me diga uma coisa: em que dia Camila nasceu?

— Ela veio ao mundo às 23h45 do dia 14 de julho de 1996, num domingo, dia de São Camilo, daí o nome dela. Por que o senhor perguntou?

Jonas sentiu uma leve tontura, enquanto pensava: "Deus do céu! Além de Camila ter nascido no mesmo hospital em que Cecília morrera, também foi no mesmo dia e na mesma hora, só que dois anos depois!". O pensamento de Jonas estava agitado, mas ele achou melhor não comentar nada sobre essa coincidência com Clotilde. Tentou parecer natural ao responder:

— Por nada, apenas curiosidade. Mas continue, por favor.

— Até os seis anos, Camila foi uma criança normal. Era alegre, curiosa, divertida, relacionava-se muito bem com as outras crianças da vizinhança e da escolinha. As coisas estranhas começaram a acontecer depois que ela completou sete anos.

— Que coisas estranhas foram essas?

— Em uma madrugada, ela acordou chorando, o que não era comum. Quando fui vê-la, ela, chorando, me pediu para ir para casa. Queria ir para casa a todo custo.

— Como assim? Que casa?

— Ela chorava dizendo: "Eu quero ir para minha casa!". Eu disse que ela devia ter tido um sonho e que a casa dela era aqui. Mas, por mais que eu tentasse lhe explicar isso, ela não se conformava e insistia. Dizia que morava numa casa muito alta. Demorei a entender que ela se referia a um edifício. A partir dessa época, Camila começou a dizer coisas e a fazer perguntas esquisitas do tipo: "Onde está meu violino?", "Clotilde, quero ir ao metrô", "Onde você guardou o piano?". Foi uma fase muito difícil para mim, principalmente porque eu não entendia e não sabia explicar aquilo. Aqui em casa, nós nunca tivemos piano, violino, nem qualquer outro instrumento musical. E ela só foi conhecer o metrô muitos anos depois, já grandinha.

— E isso continuou por muito tempo?

Clotilde confirmou com um lento movimento de cabeça, antes mesmo de falar:

— Muito tempo. Coisa de anos.

— Isso é mesmo impressionante.

— Em uma dessas madrugadas, ela acordou gritando por um nome. Corri e, quando cheguei ao quarto dela, consegui entender.

— A senhora escutou o nome que ela chamava?

Clotilde baixou o olhar, como se tivesse vergonha do que ia dizer. Sua voz saiu baixinho, mas audível:

— Era o nome do senhor.

Jonas quase caiu da cadeira:

— Meu nome?

— Sim. Na época, eu não o conhecia. Eu não conhecia ninguém chamado Jonas.

— A senhora tem mesmo certeza de que ela chamava meu nome? Talvez fosse outro parecido.

— Era seu nome, sem dúvida. Tenho absoluta certeza disso. Ela gritava: "Jonas, está muito frio e escuro aqui. Eu não gosto!" e outras coisas das quais não me lembro. Pela manhã, eu perguntei a ela quem era Jonas. Se era algum coleguinha da escola, algum amiguinho. Ela balançou a cabeça e respondeu que não conhecia nenhum Jonas. Outra vez, quando eu a estava colocando para dormir, ela me pediu: "Clô, precisamos ir à nossa casa de praia. Estou com saudade do mar". O senhor imagina minha situação? O que eu poderia responder para ela? Eu fiz, então, o que me pareceu mais apropriado: rezar em silêncio.

A surpresa de Jonas era grande, porque nem Camila nem Clotilde sabiam que ele tinha uma casa de praia.

— A senhora não procurou ajuda profissional? Um psicólogo, um psiquiatra, uma assistente social?

— Contei tudo para a psicóloga da escola. Ela me ouviu com atenção, mas disse que eu não deveria me preocupar com isso. Ela me disse que Camila era uma menina muito imaginativa, muito criativa e que isso era quase comum na idade dela. Falou que há casos de crianças que afirmam ter amigos invisíveis e conversam com eles durante anos. Até que crescem e se esquecem de tudo. Como não tinha outra alternativa, segui esse conselho.

— E Camila esqueceu dessas... dessas coisas?

— Ela parou com essas esquisitices por volta dos treze, catorze anos. Nessa época, ela fez novas amizades na escola e passou a sair com elas.

— Então parou completamente?

— Parou, e eu agradeci muito a Deus por isso.

— Que bom que isso foi superado.

Clotilde tornou a baixar o olhar:

— Não é bem assim.

— Que aconteceu?

— Na verdade, está acontecendo. De umas semanas para cá, parece que tudo está voltando.

— Que coisa! E você tem ideia de por que está acontecendo essa... essa recaída?

— Sim, sei como começou. No mês passado, precisei ir até a Vila Mariana para pegar um medicamento que eu só encontraria num posto de saúde de lá. Desde cedo, eu tomo remédio para controle de pressão. Pedi a Camila que fosse comigo. Nós nunca tínhamos andado por aqueles lados. Num certo momento, quando estávamos no ônibus já de volta para casa, ela, que olhava a rua pela janela, deu um grito tão estridente que me assustou. Eu perguntei: "O que foi, menina?". Ela respondeu toda agitada algo como: "Eu vi o homem que aparecia em meus sonhos! Vi também o edifício onde eu morei, a rua onde morei! Eu vi até o restaurante onde eu almoçava! Acabou de passar. Preciso saltar e ir lá". Ela já estava de pé, querendo saltar do ônibus.

— Ela saltou? — Jonas estava ansioso.

— Claro que não deixei. Precisei falar duro com Camila, e por isso ela ficou zangada comigo e não deu mais uma palavra até chegar em casa. Tentei consolá-la e perguntei como ela sabia que aquele era o homem com quem ela sonhava e que aquele era o edifício onde ela havia "morado". Ela, então, me respondeu brava: "Eu sei que é aquele homem, porque eu sonhava com ele quase todas as noites, durante anos! E agora eu sei que morei num apartamento naquele edifício!".

— E o que você fez, Clotilde?

— Eu argumentei: "Mas minha filha, você era criança! Como pode ter tanta certeza disso, depois de tanto tempo?". E ela insistia: "Clotilde, eu não sou louca! Eu conheço aquele homem e morei naquele edifício!". Camila ficou uns dias sem falar comigo e sem comer direito — a mulher fez uma pausa e, olhando para a toalha, disse numa voz triste e baixa. — Eu devia imaginar que iria acontecer o que aconteceu.

Jonas mal respirava. Aquela história, contada por uma pessoa de idade, deixava-o impressionado, porque adquiria mais credibilidade:

— E o que aconteceu depois disso, Clotilde?

— Camila deve ter se informado com as amigas do colégio, deve ter pesquisado na internet, não sei, mas o fato é que ela localizou o endereço do posto de saúde da Vila Mariana e daí foi fácil encontrar a rua por onde o ônibus havia passado e onde ela viu o senhor. Foi assim que Camila conseguiu encontrar o que ela chama de casa. O resto o senhor já sabe.

— É, eu sei. Ela me seguiu alguns dias e depois foi ao restaurante onde almoço.

— Como o senhor pode ver, tudo isso é uma verdadeira loucura. Quando ela me contou que o estava seguindo, eu lhe disse que era um desatino. Que o senhor poderia achar que ela era uma malfeitora e chamar a polícia. Mas parece que nem assim Camila ficou com medo!

— Confesso que cheguei a duvidar das intenções dela.

— Não disse? E essa história de se oferecer para almoçar com o senhor? Onde já se viu uma coisa dessas?! O que o senhor poderia pensar de uma moça tão atirada? Isso é falta de juízo!

Como Clotilde não escondia a indignação, Jonas procurou acalmar a mãe de criação de Camila:

— Clotilde, sei que a situação é complicada, mas neste momento devemos ter muita calma e tentar compreender Camila. É preciso levar em conta que ela estava desesperada para encontrar uma resposta para seus sonhos de infância. Depois de adulta, ela achou uma pista e não quis perder a oportunidade de obter as respostas que procurava.

— Mas para que mexer com isso, meu Deus? São coisas do passado. Não é bom mexer no passado. É melhor deixá-lo quieto e tocar a vida! O senhor não acha?

Jonas pigarreou e preparou-se para dar uma informação que deixaria Clotilde mais preocupada ainda. No entanto, ele sentia que era necessário falar:

— Clotilde, eu preciso lhe dizer uma coisa muito séria.

Ela arregalou os olhos e pôs as duas mãos espalmadas sobre o peito:

— Ai, meu Deus. O que é, senhor? Fale, pelo amor de Deus.

Jonas pigarreou mais uma vez, olhou para os lados como se buscasse ajuda e falou de uma vez:

— Minha falecida mulher, Cecília, morreu no mesmo hospital, no mesmo dia e hora em que Camila nasceu, com a diferença de apenas dois anos.

Clotilde levantou-se, lívida e assustada:

— Minha Virgem Santíssima, valei-me! O que o senhor está me dizendo, moço?

— O que você ouviu, Clotilde. Por isso lhe perguntei há pouco o local e a data de nascimento de Camila.

Clotilde voltou a sentar-se e cobriu o rosto com as mãos, apoiando os cotovelos sobre a mesa. Ela balançava a cabeça de um lado para o outro.

— Não é possível! Bem que Cosme me avisou!

— Desculpe, Clotilde, mas quem é Cosme?

Clotilde enxugou o rosto com a ponta do avental:

— Eu sou espírita, Jonas. Não sei se o senhor vai gostar ou não de saber disso, pois sei que há pessoas que não apreciam essa doutrina.

— Eu nem sei o que significa "ser espírita", Clotilde. Não entendo e não sigo nenhuma religião. Portanto, isso não faz diferença alguma para mim. Continue a falar, por favor.

— Tudo bem, mas, para que o senhor entenda meu ponto de vista, é preciso que saiba que sou espírita. Nós acreditamos em vida após a morte e, portanto, em reencarnação.

— Deixe-me ver se entendi. Vocês acreditam que uma pessoa continua a viver mesmo depois de morrer? É isso?

— Aqui na Terra, o que acaba é o corpo físico. O espírito nunca morre. Ele continua vivendo e vai para outra dimensão ou, como nós dizemos, para outro plano.

Jonas balançou a cabeça, incrédulo:

— Tinha conhecimento muito superficial sobre tal teoria. Vivi sessenta anos, a maior parte deles dedicado inteiramente à música... E agora percebo que sou completamente ignorante nesse assunto. Leio muito, mas sempre preferi romances, biografias... Não costumo ler nada sobre religiões.

— Ninguém pode saber de tudo, não é, “seu” Jonas? Em compensação, o senhor sabe bastante sobre música, piano...

— É, pode ser. Mas agora fiquei interessado por essa história de reencarnação. Como isso funciona?

— Quando um espírito deixa a Terra, ele volta para cá depois de um certo tempo e em outro corpo.

Jonas sorriu:

— Desculpe meu sorriso. Não estou desrespeitando sua fé, apenas a achei meio... meio surreal.

— Não precisa se justificar, seu Jonas. Já estamos acostumados com críticas, ironia e até com ofensas.

— Pelo amor de Deus, não foi essa a minha intenção.

— Engraçado, seu Jonas... O senhor disse que nunca se interessou por religião alguma, mas fala no nome de Deus.

— Ah, isso é força de expressão. Mas o que disse seu amigo Cosme sobre a situação de Camila?

— Ele não é apenas meu amigo. Ele significa muito mais para mim, pois é o guia espiritual do centro que frequento.

— Então, deve ser uma pessoa muito entendida sobre o assunto.

— Muito. Ele já trabalha com isso há quase cinquenta anos. Tem muito mais idade que o senhor.

— Muito bom. E o que ele lhe disse?

Desta vez, Clotilde demorou para responder:

— Quando Camila me contou que o encontrara e que o senhor era viúvo, fiquei pensando que isso não era bom. Antes, o senhor era apenas um sonho, mas agora era uma realidade. Como acredito que nada acontece por acaso, decidi consultar Cosme. Ele, além de ser uma pessoa muito experiente, é de minha absoluta confiança. Ele já me orientou muitas outras vezes antes.

— Sei... mas o que ele lhe disse? — Jonas mal podia esconder sua impaciência.

Quando Clotilde finalmente respondeu, sua voz saiu com um tom estranhamente rouco e baixo:

— Que minha menina Camila é a reencarnação de sua mulher.

Jonas engoliu em seco e perdeu a voz. Parecia que tinha levado um violento soco de alguma mão invisível.

Clotilde ficou olhando-o fixamente, para tentar decifrar a reação de Jonas. Ela percebeu que ele empalidecera. Só depois de algum tempo, Jonas conseguiu articular algumas palavras:

— Desculpe, Clotilde, mas você pode repetir o que disse? Acho que não entendi direito.

— Quando sua mulher morreu, foi para outra dimensão... E muito provavelmente renasceu dois anos depois.

Jonas levantou-se atordoado, deu alguns passos pela sala, refletindo sobre o que acabara de ouvir. Depois voltou a sentar-se:

— Clotilde, me desculpe, não quero ofendê-la com o que vou lhe dizer, mas essas coisas não existem, só acontecem em filmes e romances. Na vida real, isso não é possível.

— Nesses assuntos espirituais, seu Jonas, ninguém na Terra pode afirmar o que é possível e o que não é. Está acima do nosso conhecimento e da nossa capacidade de interferir.

Jonas tornou a levantar-se e caminhou novamente pela sala, aturdido e nervoso. Depois, aproximou-se da mulher:

— Clotilde, você está me dizendo que Camila é minha mulher renascida? É isso mesmo?

— Sim, é isso que estou lhe dizendo. Camila provavelmente é a reencarnação de Cecília. Ninguém vai conseguir lhe explicar por que isso aconteceu, mas simplesmente foi o que aconteceu na opinião do Cosme. E eu acredito nele, seu Jonas.

Jonas pensou por um instante e depois tornou:

— Camila sabe disso?

— Não sabe e, na minha opinião, jamais deveria saber. O que Cosme me explicou foi que, a partir dos sete ou oito anos, o espírito de sua finada esposa reencarnado em Camila começou a ter lembranças da vida anterior, por isso aconteciam aqueles sonhos. O espírito de sua esposa provavelmente teve recordações da vida passada e depois, com o passar dos anos, ele foi se esquecendo, porque ganhou experiências e lembranças novas e próprias.

— E por que as coisas simplesmente não continuaram assim?

— Teriam continuado dessa forma, se Camila não tivesse encontrado o senhor. Esse encontro aparentemente reativou as memórias espirituais dela, fazendo-a relembrar-se de algumas coisas da vida passada.

— Então, Camila não se lembra de tudo? Não se lembra, por exemplo, de que foi minha mulher?

— Não se lembra e ainda bem que é assim. Segundo Cosme, Camila tem apenas poucos lampejos de momentos que você e sua esposa viveram juntos. Na verdade, isso nem deveria estar acontecendo. Todos nós tivemos vidas anteriores e, graças a Deus, não nos lembramos de nada a respeito delas. No caso de Camila, acho que isso se deve ao fato de que tudo aconteceu muito rápido, muito de repente. Geralmente, a reencarnação leva anos, até décadas. Isso que aconteceu foi uma raridade, quase uma exceção.

Jonas permaneceu calado e pensativo por um tempo.

— Na sua opinião, por que aconteceu essa exceção?

— Quem pode saber, seu Jonas?

Jonas coçou os olhos com as palmas das mãos:

— Sinceramente, Clotilde, não sei o que lhe dizer nem no que acreditar. Tudo isso é muito estranho para mim. Confesso-lhe que já cheguei a pensar que talvez Camila tenha descoberto essas informações a meu respeito com alguém que me conhece.

— Mas, seu Jonas, por que uma criança de oito anos inventaria sonhos com tantos detalhes?

— Não sei, Clotilde, mas não consigo aceitar essa sua teoria da... de reencarnação.

— A teoria não é minha, seu Jonas. É da doutrina espírita. E não só dela. Muitas religiões do Oriente aceitam a reencarnação.

— Que seja, Clotilde. Mas não acho possível, desculpe — e levantou-se. — Bem, já tomei demais o seu tempo. Preciso ir.

Clotilde também se levantou:

— Antes de ir embora, deixe-me mostrar uma coisa ao senhor — Clotilde entrou em um dos quartos.

Jonas ficou esperando Clotilde já perto da porta de saída. Estava confuso com tudo e precisava ficar sozinho para refletir sobre o que ouvira. De qualquer forma, teria que existir uma explicação lógica para tudo aquilo. Ele se recusava a aceitar a hipótese da reencarnação.

Clotilde voltou trazendo algo enrolado em um pano. Jonas ficou na expectativa. Ela aproximou-se dele e, lenta e cuidadosamente, tirou o pano que envolvia o objeto e mostrou-o a Jonas, olhando nos seus olhos. Era um violino de brinquedo feito com madeira, já mostrando sinais de uso e desgaste pelo tempo.

— Quando tinha oito ou nove anos, Camila me fez comprar isso, me dizendo que precisava voltar a tocar.

Eu achei o pedido muito curioso, porque ela nunca tinha pegado num violino.

Jonas recebeu o instrumento das mãos de Clotilde, segurou-o, revirou-o e ficou contemplando-o, impressionado. Depois, devolveu-o à mulher. Sem nada dizer, fez um gesto de agradecimento e saiu.

Segurando com cuidado o violino de brinquedo entre as mãos, Clotilde ficou olhando Jonas se afastar em direção ao táxi, que o esperava.

No trajeto de volta, Josias percebeu que seu cliente estava com as feições tão carregadas que nem ousara puxar conversa com ele. Todo o caminho foi feito no mais absoluto silêncio. Só na mente de Jonas é que muitas vozes falavam ao mesmo tempo, sem chegar a um acordo.

Capítulo 12

A recepcionista veio avisá-lo gentilmente:

— O doutor Amarildo já vai atendê-lo.

Jonas abanou as mãos:

— Não se preocupe, minha filha, não tenho pressa.

Amarildo era o antigo psiquiatra e neurologista de Jonas, desde o tempo em que Cecília era viva. Desde a morte de sua esposa, quando tivera uma forte depressão, Jonas fazia-lhe visitas anuais para um *checkup* emocional e neurológico. Além do mais, ele tinha consciência de que, com o avançar da idade, o cérebro precisava de uma atenção especial. Dias antes, recriminara-se por não ter se lembrado do amigo quando pensou em consultar alguém sobre o que estava acontecendo com Camila.

Amarildo era um amante de música clássica. Ele e Jonas haviam se conhecido no Teatro Municipal, quando ele fora cumprimentar Jonas por sua brilhante atuação como pianista após um concerto. A partir dali, tornaram-se amigos. Depois de formado em medicina como psiquiatra e devido à amizade de ambos, Jonas adotara-o como seu médico de confiança.

Depois da conversa do dia anterior com Clotilde, Jonas passara a noite em claro pensando numa maneira de esclarecer aquele mistério. Ele sentia que precisava conversar com alguém a respeito, porque sozinho já percebera que não iria chegar a nenhuma conclusão. Folheando o jornal do dia, deparou-se com uma notícia citando o nome do seu amigo e foi isso que refrescou sua memória. Lembrou-se claramente dele, a quem não via há quase um ano.

Em nome da antiga amizade, Amarildo concordou em atendê-lo logo no dia seguinte, pedindo à secretária que fizesse um encaixe nos seus horários. Quando Jonas entrou na sala do médico, Amarildo levantou-se e recebeu-o com genuína alegria:

— Meu caro Jonas! Que prazer em revê-lo depois de tanto tempo!

— Você sabe que é recíproco, Amarildo.

— E o piano? Continua aposentado?

— Completamente. Não consigo nem limpar o teclado.

— Que pena, meu amigo! Um verdadeiro desperdício de talento. Sei como você se sente a respeito, mas tenho certeza de que lhe faria muito bem voltar a tocar. Mas, sente-se, por favor.

— Pode ser, mas você conhece meu caso.

— Conheço e não vou questioná-lo, até porque você sabe muito bem minha posição a respeito. Mas me diga: ainda não faz um ano que nos vimos. Está com algum problema?

Jonas balançou a cabeça demonstrando sua dúvida:

— Sim e não.

O médico riu:

— Opa, esse tipo de queixa para mim é novidade. Em matéria de saúde, ou a gente está bem ou não está. Essa história de "mais ou menos" não me convence.

— Então prefiro dizer que estou bem de saúde.

— Ainda bem. Mas se esta não é uma visita de cortesia, do que se trata, então?

— O corpo vai bem, mas a cabeça nem tanto. Estou com uns conflitos e preciso que alguém me dê uma orientação, uma luz. Por isso, lembrei-me de você, Amarildo. Na verdade, sendo muito sincero, foi uma nota no jornal de ontem que me fez lembrar-me de você.

— Deve ter sido algo referente à palestra que dei no Congresso de Psiquiatria.

Isso mesmo.

— Bem, do que se trata? Se for de minha alçada...

Jonas hesitou antes de perguntar. O assunto era tão bizarro que tinha receio de que o médico o achasse ingênuo e não levasse sua pergunta a sério. Mas não tinha outra saída. Amarildo era a única pessoa — pelo menos das que se lembrava — que poderia ajudá-lo a entender o que estava acontecendo com Camila:

— Amarildo, você acredita em reencarnação?

O médico mostrou-se surpreso com a pergunta e fez uma leve expressão de dúvida, franzindo a testa:

— Opa, mas que pergunta, meu amigo! E logo assim, à queima-roupa! Se entendi bem, você quer saber se eu acredito em reencarnação?

— Eu sei que a pergunta é estranha... Por ela, você já tem uma pequena ideia dos meus conflitos.

— Realmente, é uma pergunta bem estranha para se fazer a um médico, ainda mais psiquiatra e neurologista.

— Concordo, mas eu preciso saber: você acredita ou não em reencarnação?

Embaraçado, Amarildo coçou a ponta do queixo e recostou-se na poltrona:

— Rapaz, eu sou médico, um psiquiatra. Até onde sei, a reencarnação, embora seja assunto científico, é uma questão vista ainda com preconceito pela academia. Então, durante nossa formação acadêmica, não costumamos estudar ou pensar nessas coisas.

Devido à amizade de ambos, Jonas permitiu-se ironizar:

— Você está fugindo de uma resposta objetiva.

Amarildo riu gostosamente:

— Ok, admito, você me pegou no pulo! Então, você quer uma resposta objetiva?

— Isso mesmo.

— Objetivamente minha resposta é não.

Jonas franziu os lábios e balançou a cabeça:

— Agora não sei se sua resposta me ajuda ou se complica ainda mais o conflito que me trouxe até aqui, pois sua opinião é muito importante para mim, pela confiança que tenho em seus conhecimentos.

— Agradeço-lhe, Jonas, mas lembre-se de que não sou o dono da verdade. Que tal você me falar sobre esse problema, para podermos discorrer melhor sobre o tema?

— Vamos lá... — e Jonas cruzou as pernas para sentir-se mais à vontade. — Faz quase um mês que conheci uma garota de dezoito anos.

O médico deixou escapar uma expressão que oscilava entre surpresa e malícia:

— Conheceu uma garota de dezoito anos?

— Deixe-me preveni-lo: não é o que você está pensando. A jovem tem idade para ser minha neta.

— O que não quer dizer nada nos dias de hoje, Jonas.

— Pode ser, mas não é o caso.

— Certo, continue.

— Agora preste bem atenção no que vou lhe dizer — e aproximou o corpo da mesa do médico, como se fosse lhe revelar um segredo. — Ela nasceu no mesmo hospital, no mesmo dia e na mesma hora em que Cecília morreu, mas com uma diferença de dois anos.

O médico não pareceu tão surpreso quanto Jonas esperava:

— Muito interessante. Não deixa de ser uma grande coincidência. Mas, além disso, onde está o problema?

— O problema é que essa jovem me diz coisas e me faz perguntas que têm tudo a ver com minha vida pessoal, com minha mulher ou com situações que vivemos juntos e que, portanto, só eu e Cecília poderíamos saber — Jonas ficou aguardando algum comentário do amigo. Como isso não aconteceu, ele continuou. — O que você acha disso?

— Para ser bastante profissional, Jonas, devo lhe dizer que, por enquanto, não acho nada. Ainda não tenho condições de opinar por falta de informações suficientes. De qualquer forma, o fato de essa moça ter nascido no mesmo hospital, no mesmo dia e hora em que sua mulher morreu não deixa de ser uma enorme coincidência, apesar de bastante relativa.

— Por que relativa?

— No mundo inteiro, nascem quase dez crianças por segundo. Eu disse: por segundo! Com certeza, inúmeras crianças nasceram no mesmo dia e horário do falecimento de Cecília.

— Pode ser, mas não no mesmo hospital.

— Acredito que nesse ponto é onde está a maior coincidência. Rara, mas pode acontecer. Além disso, houve um intervalo de dois anos entre a morte de Cecília e o nascimento de Camila.

— Até pode ser coincidência o fato em si, mas, como lhe disse, meu caro, essa garota me diz coisas e me faz perguntas sobre assuntos que só eu e Cecília compartilhávamos.

— Isso também é questionável. Ela poderia ter obtido essas informações por meio de pessoas que conheceram vocês.

— De que jeito? Ela mora na zona oeste, na Lapa, e nós sempre moramos na zona sul, na Vila Mariana. Não temos nenhum amigo em comum nem frequentamos os mesmos lugares, até por causa da diferença de idade. Ou seja, nunca tivemos qualquer contato antes.

— Não se esqueça de que você e Cecília eram muito famosos no mundo da música clássica. Há várias entrevistas com vocês na internet e nas revistas e nos jornais da época.

— Meu caro, acontece que nós nunca abordamos assuntos pessoais nessas entrevistas, muito menos detalhes íntimos de nossa vida. Só abordávamos questões ligadas à nossa atuação profissional.

— É verdade... — refletiu um pouco. — E o que pensam os pais dessa jovem sobre isso?

— Ela não conheceu o pai, e a mãe morreu no parto.

O médico ficou novamente pensativo, olhando o cenário externo pela janela da sala. Depois, voltou-se para Jonas:

— Bom, vou lhe fazer uma pergunta indiscreta, impertinente, mas espero que você não se ofenda.

— Claro, pode fazer.

— Essa garota...

— Não é de programa, se é isso que você ia me perguntar. E não há nada de sexo entre nós. Eu a vejo e a trato como uma amiga muito querida, apesar de nossa grande diferença de idade. Três vezes mais, na verdade.

— Ela nunca lhe pediu dinheiro ou algum tipo de favorecimento?

— Nada, absolutamente nada. Ela até recusa quando ofereço alguma ajuda, como pagar um táxi, coisas assim que fazemos para amigos.

O médico continuava buscando respostas:

— E você pessoalmente tem alguma teoria a respeito?

— Nenhuma. Apenas acho tudo isso muito misterioso.

Antes de falar, Amarildo voltou a ficar pensativo por uns momentos:

— Olha, Jonas, agora me ocorreu outra linha de pensamento. Alguns colegas meus também andaram estudando parapsicologia, que é o estudo de ocorrências consideradas paranormais.

— O que vocês chamam de "ocorrências paranormais"?

— São ocorrências que aparentemente não têm causa nem explicação dentro dos padrões comportamentais conhecidos até agora pela psicologia e pela psiquiatria. Acredito que esses meus colegas, que são estudiosos da paranormalidade, diriam que o caso de sua amiga poderia ser explicado pela telepatia ou pela clarividência.

— E o que seria isso?

— Veja bem, agora não estou falando de medicina, mas de parapsicologia. Segundo estudiosos do assunto, a telepatia é a capacidade que algumas pessoas supostamente possuem de conhecer os pensamentos, sentimentos ou as atividades das outras pessoas, sem o uso de qualquer recurso que não seja a própria mente.

— Seria algo como ler pensamentos?

— Algo nessa linha. E a clarividência, da mesma forma, é a capacidade que permite uma pessoa "ver" acontecimentos ou objetos ocultos ou à distância, sem o uso de instrumentos, além da própria mente.

— Ou seja, segundo entendi, Camila está "lendo" meus pensamentos e, desta forma, tem descoberto coisas a meu respeito. Seria isso?

— Mais ou menos isso.

— Bem, não sei nada sobre essas coisas, mas quero saber sua opinião. Você acha sinceramente que essas duas ciências explicam tudo o que vem acontecendo com Camila?

— Sinceramente? Não. Pessoalmente, não acredito que esses dois fenômenos expliquem o assunto. As ocorrências de telepatia e de clarividência, até onde sei, geralmente se dão em circunstâncias e ambientes muito especiais. Não funcionam assim, Jonas. A qualquer hora e em qualquer lugar. Eles ocorrem de maneira espontânea e quase sempre inesperada, não programada.

Jonas estava ficando impaciente com a falta de objetividade de Amarildo:

— Então, em que ficamos?

— Preciso entender melhor a situação. Conte-me em detalhes como essa história começou e como está se desenrolando.

Ajeitando-se melhor na poltrona, Jonas contou tudo, desde a primeira vez que viu Camila em frente ao restaurante até as últimas conversas com ela, procurando não omitir nenhum detalhe.

Amarildo ouviu tudo em silêncio. Depois, soltou um longo suspiro e entrecruzou as mãos na barriga:

— Meu amigo Jonas, sua história é realmente incrível, cheia de lances dignos de um filme fantástico. Agora que tenho mais dados, posso elaborar minha própria teoria. A primeira coisa que me ocorre, na tentativa de encontrar uma explicação em minha área de trabalho, é de que pode tratar-se de um fenômeno conhecido como paramnésia, popularmente chamado de *déjà-vu*.

— "Já visto", traduzido do francês.

— Isso mesmo. O *déjà-vu* se refere à sensação que algumas pessoas têm em certos momentos de que estão vivendo uma situação já conhecida ou de que já estiveram em determinados lugares nunca antes frequentados. Ou... mesmo de já terem visto uma pessoa que nunca encontraram anteriormente. A causa disso, segundo a psicologia e a psiquiatria, é um mau funcionamento das memórias.

— Dá para explicar em palavras simples como essa falha acontece?

— Vou tentar, Jonas... O ser humano possui vários tipos de memórias: temos a memória imediata, que é aquela que nos permite que nos lembremos de um número de telefone ou da senha do cartão de crédito; temos outra de curto prazo, que retém fatos ocorridos há horas ou dias; e ainda temos outra de longo prazo, que armazena dados de meses ou de muitos anos, como músicas aprendidas na infância, idiomas estudados na adolescência etc.

— Interessante.

— O fenômeno do *déjà-vu* acontece por uma falha do cérebro ainda inexplicável. Por causa dessa falha, os fatos que estão acontecendo agora são armazenados na memória de longo prazo — aquela memória em que ficam arquivados os acontecimentos antigos, sem que isso passe pela memória imediata, que é a do "aqui e agora". Isso dá à pessoa a sensação de que aquele fato presente já ocorreu no passado.

— Simples assim?

— Bem, simples em termos, porque é a explicação mais aceita pelos meus colegas, mas não de forma unânime. Há divergências entre alguns psiquiatras, porque ainda há pontos obscuros sobre a dinâmica do processo que causa essas falhas de memória.

— Isso significa que a pessoa que passa por um *déjà-vu* tem algum problema psíquico ou mental?

— Não, de jeito nenhum. Eu não disse isso. A pessoa pode estar apenas sob um estresse emocional. O *déjà-vu* pode acontecer com qualquer um, Jonas. Na verdade, é preciso admitir que nosso cérebro ainda é uma fonte de mistérios. Até hoje, por exemplo, nenhum cientista conseguiu descobrir e explicar objetivamente o mecanismo dos sonhos: como são produzidos? De que região do cérebro se originam? Por que sonhamos com pessoas, lugares e situações nunca vistos nem imaginados? O que significam? Se é que os sonhos possuem significados. O genial Freud escreveu *A Interpretação dos Sonhos*, porque acreditava que os sonhos tivessem significados.

— Concluindo: na sua opinião, estou diante de um caso de *déjà-vu*?

— Vamos com calma, Jonas, não me interprete mal. Não posso afirmar isso. O que lhe disse é que essa é a minha primeira hipótese sobre o caso de Camila.

— Então, há outras hipóteses?

— Sim... Não sei se vai gostar do que vou lhe dizer, mas você veio aqui para ouvir minha opinião, certo?

— Claro, pode falar.

— Bem, por mais que esta hipótese não o agrade, não posso descartar a possibilidade de essa garota ser uma aproveitadora. Não saberia dizer exatamente o que ela pretende com essa encenação toda, mas alguma vantagem ela há de querer tirar.

Jonas sorriu e balançou a cabeça:

— Encenação? Bem, admito que as circunstâncias deste caso podem conduzir a essa suposição, mas, me desculpe, Amarildo... Eu realmente não acredito nessa hipótese. Com minha idade, meu caro, eu já teria percebido se fosse essa a intenção dela. Não sou ingênuo. Mas, para não quebrar sua linha de raciocínio, admitamos que sim, que é um embuste. Mesmo assim, fica a questão: de que maneira você acha que ela poderia ter conseguido todas as informações a meu respeito e a respeito de Cecília?

— Meu amigo, na Era da internet, não existe mais privacidade. Há maneiras e maneiras de um especialista ou um *hacker* ter acesso às suas informações pessoais, por mais confidenciais que sejam. Na minha opinião, e eu sei que vou decepcioná-lo por isso, a explicação de tudo está mais por essa linha de raciocínio do que por qualquer outra. Desculpe, mas eu acho que essa história se trata de uma talentosa encenação.

Jonas ficou olhando para as próprias mãos, refletindo por um instante. Não conseguia ver Camila como uma farsante:

— Não sei, Amarildo. Tenho minhas dúvidas.

— Jonas... Somos amigos o suficiente para não termos frescuras um com o outro, certo?

— Certíssimo.

— Eu também não estou engolindo essa sua versão de que se trata apenas de uma amizade. Ela é bonita?

— Claro que é, mas...

— Então, meu amigo, assuma de vez seus sentimentos! Uma garota jovem e bonita de dezoito anos, dando em cima de um sujeito elegante e maduro... Já vi e ouvi histórias como essa dezenas de vezes. Seria a coisa mais natural do mundo se você, viúvo há tanto tempo, estivesse tentado a recomeçar sua vida amorosa com uma garota jovem e bonita. Mas tenho a impressão de que você está resistindo a esse desejo e tentando negá-lo.

— Amarildo, você acha mesmo que eu ainda tenho disposição para essas coisas?

— É a lei da natureza, meu amigo. Hoje em dia, um sujeito de sessenta anos de idade ainda é competitivo. E não me venha com essa história de disfunção erétil, porque já há solução para isso!

— Pode ser, mas sinto dizer que você está enganado.

— Sei que você ainda tem um grande carinho e respeito pela memória de sua falecida esposa, mas já se passaram muitos anos desde que ela se foi, Jonas. Uma nova companhia lhe faria muito bem.

— Bem, em respeito ao seu talento, prometo que vou pensar em tudo o que você me disse.

— Veja bem, mesmo deixando de lado as hipóteses da parapsicologia e nos fixando apenas no fenômeno de paramnésia ou *déjà-vu*, observe que não fiz nenhum diagnóstico clínico. Tudo o que você ouviu aqui foram opiniões de um amigo, que por acaso é psiquiatra. Não podemos esquecer que esses temas que citei estão no campo da subjetividade. Por isso mesmo, em alguns casos, costumam despertar a criatividade dos místicos e dos espiritualistas. O próprio *déjà-vu* tem uma leitura espírita sobre o fenômeno, que afirma que esses acontecimentos — como os que vêm ocorrendo com sua amiga — resultam de recordações de vidas passadas. Como se, em outra vida, ela tivesse sido sua esposa.

Essas palavras despertaram de imediato o interesse de Jonas, pois fizeram-no lembrar do que Clotilde lhe havia dito sobre reencarnação:

— Desculpe. Como é isso mesmo?

— Bem, não sou espírita e não tenho muitos conhecimentos dessa doutrina, mas os seguidores do espiritismo acreditam em reencarnação, ou seja, na tese de que o espírito de uma pessoa falecida reencarna em outro corpo depois de algum tempo.

— Supondo que isso ocorra e segundo essa doutrina, a pessoa volta lembrando-se de tudo o que viveu antes, da mesma forma como parece estar acontecendo com Camila?

— Segundo eles, não. O espírito que retorna em outro corpo não se lembra de nada, exceto por pequenos *flashes* na infância. Mas esse é um assunto de religião e não de ciência. Por isso, nunca me interessei por ele. Dessa forma, Jonas, não tenho opinião formada a respeito do assunto. Acho difícil que essas coisas ocorram, mas não tenho como defender essa teoria por falta de conhecimento. Se essa hipótese lhe parece aceitável, acho que você deveria consultar especialistas no assunto.

Jonas ficou um pouco pensativo. Nunca dera muita importância aos tratamentos alternativos:

— Você acha mesmo que eu deveria procurar alguém que conheça a fundo esse assunto?

— Claro. Ninguém detém o monopólio da verdade, Jonas. Eu, por exemplo, posso estar mentalmente bloqueado pelo excesso de tecnicidade e conceitos científicos. Em matéria de saúde, a chamada "verdade" pode não estar na medicina, por mais que nós, médicos, queiramos que assim seja.

— Bom, sendo assim, vou tentar descobrir alguém que possa...

Amarildo o interrompeu:

— Espere aí. Estou me lembrando agora do Olavo.

— Olavo?

— Olavo é um grande amigo meu. Quando nos reunimos para papear, temos grandes debates — amigáveis, claro —, porque ele, apesar de ser um neurocirurgião extraordinário, é ligado à espiritualidade. Quando quero provocá-lo, sempre pergunto se ele já viu algum espírito enquanto abria o cérebro de um paciente numa cirurgia. Brincamos muito, mas temos um grande respeito um pelo outro. Tenho quase certeza de que ele entende desse assunto de reencarnação e afins. Por que você não conversa com ele?

— Não tenha dúvida disso. Basta você me dar o endereço. Posso usar seu nome como recomendação?

— Sem a menor dúvida. Mais tarde, vou telefonar para ele avisando que você vai procurá-lo — e anotou o nome e o endereço do colega no verso de um cartão de visitas, entregando-o em seguida a Jonas.

Capítulo 13

Jonas deixou o consultório de Amarildo um tanto frustrado. Esperava que um psiquiatra e neurologista pudesse lhe oferecer mais ajuda, mas tudo o que ouvira foram opiniões pessoais do amigo. Em todo caso, tinha esperança de que a conversa com o doutor Olavo pudesse ser mais esclarecedora.

Na manhã seguinte, mesmo com uma agenda concorrida, Olavo atendeu Jonas por uma deferência especial ao pedido do seu colega e amigo Amarildo, que lhe telefonara à noite.

Apesar de já maduro, Olavo tinha um aspecto bem jovial, com um permanente sorriso no rosto. Ele levantou-se para receber Jonas com cordialidade.

— Meu caro Jonas! Tudo bem?

— Tudo em paz.

Enquanto falava, o médico fez um gesto com as mãos convidando Jonas a sentar-se:

— Não vou lhe fazer repetir a história de Camila. Amarildo me ligou ontem à noite e já me pôs a par de sua situação. Da sua, não; da sua amiga Camila. Por sinal, muito interessante o que está ocorrendo com ela. No decorrer de nossa conversa, se eu tiver alguma dúvida, perguntarei. Assim ganhamos tempo.

— Para mim, está bom assim.

— Certamente, Amarildo deve ter feito alguma gozação de meu interesse pelo misticismo, pelos assuntos paranormais e de outras coisas que ele considera perda de tempo.

— Ele brincou sim. E pelas brincadeiras, deduzi que essas duas áreas, a ciência e o misticismo, não costumam andar lado a lado.

— Já foi muito pior, Jonas. Era quase um tabu, um preconceito. Hoje em dia, meus colegas têm a mente mais aberta e muitos deles não só aceitam como praticam atividades religiosas ou místicas.

— Vejo isso como um avanço. Estou certo?

— Claro que está. Ninguém é dono da verdade, e a cada dia que passa novos fatos vão sendo descobertos e novas verdades vão sendo trazidas à tona para o bem da ciência.

— É o que eu acho também. Bom, indo direto ao assunto, Amarildo me falou de uma teoria, ao que parece espírita, segundo a qual o *déjà-vu* seria uma recordação de vidas passadas. Uma das hipóteses dele é de que Camila poderia estar passando por isso. Pelo menos foi o que entendi das palavras dele. O que o senhor pensa disso?

Olavo recostou-se na poltrona e começou a falar de maneira serena e com a voz clara, demonstrando muita segurança no que dizia:

— Ao contrário do meu grande amigo Amarildo, a quem estimo e respeito, eu acredito na reencarnação e isso não me traz nenhum problema, nenhum conflito em relação à minha formação científica. O famoso Einstein já dizia que "a ciência sem religião é manca; a religião sem ciência é cega".

— É reconfortante saber que Einstein pensava assim.

— Pois é. Eu acredito, sim, que sua amiga Camila possa ser a reencarnação de sua esposa, Jonas. Também acredito que, nem sempre, mas com muita frequência, o *déjà-vu* seja um reencontro com o passado, uma reminiscência de uma vida anterior. O espírito que habita nosso corpo tem uma existência atemporal. Para ele, passado, presente e futuro não têm a divisão de tempo que vale para nós aqui na Terra.

Jonas estava espantado com as revelações vindas de um médico de alta credibilidade:

— Isso é surpreendente, Olavo. Se o senhor estiver certo, terei de rever muitos conceitos meus a respeito da vida e da morte.

— Na verdade, todos nós deveríamos fazer essas revisões periodicamente, Jonas. A evolução humana é dinâmica; não fica parada no tempo. Precisamos sair da zona de conforto para acompanhá-la.

— Se essa teoria da reencarnação for verdadeira, há uma coisa que passa a me preocupar: nesse caso, Camila teria consciência de que foi minha mulher em outra vida?

— Não, graças a Deus, não! O senhor já pensou na confusão que seria se todos nós nos lembrássemos de nossas vidas passadas? E se reencontrássemos hoje alguém que foi nosso inimigo ferrenho em outra vida? E se essa pessoa pertencesse à nossa família? Não, Camila não sabe que foi sua mulher. Ela pode sentir alguma atração pelo senhor, sentir grande familiaridade nas coisas relativas ao senhor, à sua casa e ao seu bairro, mas não sabe a razão disso. Talvez ela nem questione isso, ou fique um pouco confusa.

— Mas se ela não tem consciência de quem foi, como explicar as coisas que ela me diz e pergunta? Coisas que só alguém que tivesse convivido comigo e com Cecília saberia?

— Eu acredito que, como no caso dela a reencarnação aconteceu de uma forma muito rápida, o que é raríssimo de acontecer, algumas memórias da vida passada ainda podem estar presentes, mas apenas na forma de *flashes*, de pequenos trechos e vagas recordações. Acredito que Camila não consiga lembrar-se de uma sequência completa. Principalmente agora aos dezoito anos. É como se fossem peças soltas de um quebra-cabeça, que nunca chega a ser montado.

— A idade influi na capacidade de recordar a vida passada?

— Muito. Uma criança começa a ter consciência de algumas lembranças da vida passada desde cedo e essas recordações começam a enfraquecer a partir dos sete, oito anos de idade, às vezes até antes. Isso pode explicar os sonhos que Camila teve durante anos. Mesmo depois que a pessoa cresce, ocorrendo os estímulos adequados, algumas cenas podem continuar surgindo na memória em certos momentos, deixando a pessoa às vezes confusa, sem conseguir distinguir direito o que é a vida real, aqui e agora, do que foi a vida passada.

Jonas mexeu-se inquieto na poltrona:

— Não consigo imaginar a confusão que isso deve provocar na mente de uma pessoa.

— Sem dúvida.

— E depois? Como essa situação evolui?

— Depois, a pessoa vai crescendo, vai à escola, faz amigos, divide os interesses com leitura, cinema, televisão, a família, e, assim, a memória anterior vai se apagando, porque vai sendo substituída por lembranças mais recentes. Geralmente, por volta dos dez, doze anos de idade, a criança já esqueceu todas aquelas imagens e passa a viver normalmente o presente, o que é recomendável e saudável.

— Mas Camila já tem dezoito anos e aparentemente continua se lembrando da vida passada.

— Porque, no caso dela, provavelmente houve a influência de elementos e acontecimentos que funcionaram como estimuladores. Estimuladores que trouxeram de volta fragmentos das recordações da vida passada de Camila. Por exemplo, o fato de ela tê-lo encontrado, a visita que fez à rua onde fica sua casa, o fato de ela ter avistado o prédio onde o senhor mora e o restaurante onde o senhor almoça etc. Ou seja, ela reviu lugares onde esteve na vida passada ao seu lado. Isso a ajudou a recompor as lembranças fragmentadas que tinha na infância. Na verdade...

O médico hesitou, e Jonas insistiu:

— Na verdade...?

— Na verdade, isso não deveria ter acontecido, Jonas. O comum é que os fatos da vida atual superem as recordações do passado. Mesmo tendo revisto todas as cenas do passado, agora com dezoito anos de idade, ela não deveria ter se lembrado e feito associações com o passado. A dinâmica da reencarnação age de maneira a fazer a pessoa esquecer-se de vez da vida anterior.

— Então, por que esse bloqueio não aconteceu com Camila?

— Ah, meu amigo, infelizmente não temos todas as respostas sobre esses assuntos... O caso de sua amiga é excepcional por várias razões. Como lhe disse, não é comum acontecer uma reencarnação tão rápida como se deu com ela.

— Não é comum?

— De jeito nenhum. Geralmente, leva anos, décadas ou até séculos para um espírito retornar à Terra em outro corpo. O caso de Camila foi uma exceção.

Jonas ficou em silêncio refletindo sobre as palavras do médico:

— Confesso-lhe que essa história de reencarnação me parece difícil de aceitar. Há algum caso rigorosamente pesquisado que tenha comprovado que isso existe mesmo?

Olavo sorriu ante o ceticismo de Jonas:

— Sim, com certeza. Como sou fascinado pelo tema, posso lhe falar horas a respeito de fatos comprovados. Inclusive, há um caso recente, investigado nos Estados Unidos, em que uma criança se lembra de ter tido uma vida anterior como piloto americano da Segunda Guerra Mundial. Ele teria sido abatido pelos japoneses em 13 de março de 1945. O menino se chama James Leininger. Hoje, ele é um adolescente e mora com os pais, Andrea e Bruce, no estado de Luisiana. As lembranças da vida passada começaram a aparecer na memória do menino desde muito cedo. Quando passou a se expressar melhor, ele identificou sua reencarnação: o tenente James McCready Houston, abatido aos vinte e um anos na batalha de Iwo Jima. O menino citou nomes de companheiros de tropa e de um navio que atuava naquela batalha.

— Que coisa incrível!

— De fato! Esse caso, amplamente pesquisado, está narrado no livro *A volta. A incrível e real história da reencarnação de James Houston Jr.*, escrito pelos próprios pais de James, com a ajuda de Ken Gross.

— Olha, para ser muito franco, só acredito porque é o senhor quem está me contando.

— Jonas, há depoimentos gravados e registrados a respeito desse caso, inclusive com fotografias das pessoas e dos lugares envolvidos.

Sem deixar de olhar para o médico, Jonas balançou a cabeça, pensativo. Ainda não estava inteiramente convencido:

— Desculpe-me insistir, Olavo, mas há outros casos relatados além desse? Ou a história de James também é uma exceção?

— Não é exceção, meu caro. Há muitos outros casos com essas mesmas características. Citei esse porque, além de ser relativamente recente, foi bastante pesquisado e documentado. Mas poderia citar o de Jenny Cockell, por exemplo, que também foi muito pesquisado e documentado.

— O que aconteceu com ela?

— Jenny, que ainda vive, é uma dona de casa inglesa, nascida em 1953. Desde a infância, ela tinha repetidos sonhos com uma mulher agonizante chamada Mary. Jenny sabia que ela, ao morrer na década de 1930, estava desesperada por ter deixado oito filhos nas mãos de um pai alcoólatra, irresponsável e agressivo. Jenny também tinha lembranças enquanto estava acordada. Lembranças tão detalhadas que a fizeram até desenhar um mapa do vilarejo, da rua e da fachada do chalé onde Mary morara com o marido e os filhos.

— O senhor disse que essa moça também tinha lembranças quando estava acordada? — Jonas lembrou-se de algumas perguntas e observações estranhas que Camila fizera.

— Isso mesmo. Mas, para resumir a história, devo dizer que Jenny foi até ao vilarejo irlandês e, com a ajuda de moradores locais, conseguiu confirmar a autenticidade de suas lembranças, chegando a obter o nome, a data de nascimento dos filhos de Mary e, por fim, os endereços. Veja que incrível: ela conseguiu reunir todos que estavam vivos. Eles ficaram totalmente surpresos com o fato de Jenny, tão jovem e sem conhecê-los, conhecer de forma tão precisa e detalhada a vida familiar deles e sobretudo da falecida Mary.

— Que coisa impressionante!

— Jenny também contou sua experiência em um livro chamado *Minha vida em outra vida*, que depois foi transformado num filme com o mesmo título.

— Vejo que este assunto é levado muito a sério.

— Atualmente, sim. Figuras ilustres da ciência têm se interessado e pesquisado o tema. O respeitável doutor Ian Stevenson, ex-diretor do Departamento de Psiquiatria da Escola de Medicina da Universidade de Virgínia, dedicou-se durante quarenta anos a pesquisar lembranças espontâneas de vidas passadas de inúmeras crianças. Suas pesquisas tiveram início em 1960, e quando Stevenson morreu em 2007, ele já havia investigado e documentado quase três mil casos.

— E ele admitia a possibilidade de uma reencarnação quase imediata, como parece ter sido o caso de Camila?

— Sim, mas temos uma referência mais forte que a palavra de Stevenson. Em *O Livro dos Espíritos*, essencial para os seguidores da doutrina espírita, Allan Kardec, autor do livro e decodificador da doutrina, admite, no capítulo 6, em resposta à pergunta de número 223, que a alma reencarna após a separação do corpo "às vezes, imediatamente, mas na maioria das vezes depois de intervalos mais ou menos longos"[3]. Em resumo, a volta imediata é rara, mas acontece em alguns casos. Essa questão também é explanada a partir da questão 344, em que é abordada a ligação do espírito após o momento da concepção.

— Imagino que essa seja uma opinião de peso.

— Com certeza.

Jonas continuava pensativo:

— Eu fico imaginando por que será que essa exceção foi aberta para Cecília.

Olavo voltou a recostar-se na poltrona e cruzou as mãos sobre o abdome. Tinha um sorriso desafiador nos lábios:

— Posso arriscar um palpite?

---

3 - KARDEC, Allan. *O Livro dos Espíritos*. São Paulo : LAKE, 2009, p.127.

— Claro.

— Não conheço todos os critérios que levam as entidades superiores a estabelecer a cronologia de uma reencarnação, mas eu imagino que a reencarnação quase imediata de Cecília só aconteceu porque vocês se amavam muito. Aliás, penso até que se trata de uma história de amor que vem de outras vidas. Como dizem os espíritas, Cecília, ou vocês dois tiveram esse merecimento e, quem quer que administre essa dinâmica, deu permissão para que vocês pudessem continuar juntos. Esta é a única explicação que consigo encontrar, mas sei que meus colegas médicos certamente rejeitariam essa hipótese com ironia.

— Se entendi bem, o senhor está me dizendo que foi nosso amor que causou isso? Que fez essa exceção ser aberta?

Com gestos lentos, Olavo balançou a cabeça afirmativamente em silêncio.

Tudo o que Jonas não queria naquele momento era chorar diante do médico que acabara de conhecer, mas foi o que fez. De forma irresistível, compulsiva e forte.

Capítulo 14

À noite, Jonas ligou para Cíntia, sua filha. Depois da conversa que tivera com Olavo, sua cabeça ficara rodopiando. As explicações de Amarildo já lhe tinham sido úteis, mas as de Olavo pareceram fazer mais sentido a Jonas, embora fossem mais difíceis de aceitar. O fato, no entanto, era que Jonas não sabia mais em quem e no que acreditar. Precisava ouvir uma opinião neutra, de alguém que não tentaria influenciá-lo. Foi assim que decidiu ligar para a filha.

O rosto de Cíntia apareceu nítido no *tablet*. Jonas não se cansava de admirar aquelas máquinas infernais, como costumava dizer, referindo-se aos avanços da tecnologia virtual.

— Oi, pai! Que surpresa!

— Ué?! Mas nós nos falamos sempre!

— Sim, mas sou eu quem sempre liga.

— Tanto faz, não é, minha filha?

— Está bem, não vamos discutir sobre isso! Está tudo bem com o senhor?

"Engraçado...", pensou Jonas. "Minha filha me trata de 'senhor' e a travessa da Camila só usa o 'você'!".

— Está tudo bem, sim. Você pode falar agora?

— Para o senhor, sempre posso. Fale, papai.

— Falar o quê? — brincou.

— Ué, o senhor não vai me dizer que ligou para mim porque sentiu saudades.

— Não poderia?

— Claro que sim! Eu até ficaria muito feliz em ouvir isso, mas sei que não ligou por isso.

— Você está certa. Há outra razão para esta ligação.

— Eu sabia! Não é só o senhor que percebe essas coisas! — era uma clara referência à conversa que tiveram durante o almoço, quando ela fora a São Paulo para visitá-lo. — Do que se trata o assunto, pai?

Jonas já decidira que iria usar de uma inocente mentira para tocar no assunto:

— É o seguinte, filha, estou escrevendo um artigo sobre um tema meio estranho para mim, então queria ouvir sua opinião antes de dar continuidade ao trabalho.

— Que bom que voltou a escrever, pai! Fico muito feliz. Agora só falta voltar a tocar piano.

— Isso é outra história. Não mude de assunto.

— Está bem, desculpe. Qual é o tema?

Jonas pigarreou, desviou o olhar por uns instantes e respondeu meio desconcertado:

— Reencarnação.

Cíntia mostrou-se surpresa:

— O quê? Reencarnação? Eu ouvi direito?

— Foi o que eu lhe disse. O que você sabe sobre isso?

— Pai, não estou acreditando. Por que cargas d'água o senhor estaria escrevendo sobre esse assunto?

Jonas mostrou-se impaciente. Já esperava por uma reação como aquela:

— Minha filha, isso não vem ao caso. O que eu preciso saber neste momento é se você conhece um pouco o assunto ou não.

— Já vou lhe responder, pai, mas antes quero lhe fazer uma pergunta... Mas não quero que o senhor se aborreça comigo por isso. Tudo bem?

— Claro, pode falar.

— Aquela moça que foi ao concerto com o senhor tem alguma coisa a ver com esse novo interesse do senhor?

Jonas foi pego de surpresa. Não imaginava que Cíntia soubesse de sua ida ao concerto com Camila. Ele acabara de descobrir que sua filha era mais esperta do que ele imaginava. Num pensamento de rebeldia, teve vontade de responder: "Sim, tem tudo a ver! Acho que ela é a reencarnação de sua mãe!", mas sabia que essa resposta iria provocar um caos.

— Pois me permita responder-lhe com outra pergunta: como você ficou sabendo disso?

— Ora, papai, quem consegue fazer alguma coisa escondida hoje em dia? Nos dias de hoje, a privacidade das pessoas não existe mais. Principalmente quando se trata de uma pessoa conhecida como o senhor.

— Exagero seu. Não sou mais tão conhecido assim.

— Bom, conhecido ou não, o fato é que o senhor foi visto no concerto acompanhado de uma jovem.

— E quem me viu lá ligou depressa para lhe contar?

— Claro! Todo mundo quer saber quem era a mocinha que acompanhava o pianista.

— "*Todo mundo*" é generalização, filha. Você é psicóloga e sabe disso. Talvez duas ou três fofoqueiras querem saber. Mas que mania desse pessoal de se meter na vida dos outros!

Cíntia sorriu:

— Não precisa ficar bravo, pai. Não dei a menor importância a isso. Imaginei logo que seria a filha de alguma ex-aluna do passado ou mesmo de alguma vizinha do seu condomínio. Não maldei nada, até porque me disseram que vocês estavam bem-comportados.

— Além do mais, quem quer fazer alguma coisa "errada", como as fofoqueiras pensaram, não escolheria um concerto para isso. Concorda?

— Certíssimo. Como lhe disse, não vi nada de errado nisso. Eu mesma detesto ir ao teatro ou ao cinema sozinha.

Ainda bem que você reagiu dessa maneira. Só para sua informação, a jovem que me acompanhou ao concerto tem idade de ser minha neta. Espero que tenham lhe dito isso também.

— Disseram, e por isso fiquei tranquila. Jefferson, no entanto, teve outra reação.

Jonas não gostou de saber que o assunto chegara até seu filho:

— Você achou relevante contar isso para ele?

— Tão pouco relevante que comentei sobre isso como comentaria sobre o clima ou o resultado de um jogo de futebol. Não achei que ele fosse levar o caso tão a sério.

— E levou?

— Bem, ele não gostou. Achou que isso daria margem à fofocas.

— Bem, ele que pense o que quiser.

— O senhor ficou chateado porque eu falei com ele sobre o assunto?

— De jeito nenhum. Mas, conhecendo-o como conheço, ele não enxergará a coisa de forma tão natural quanto você.

— Me desculpe se fui indiscreta, pai.

— Nem pense mais nisso. Não é nenhum segredo de Estado. Mas, voltando ao início de nossa conversa, acho que você está me enrolando e fugindo do assunto. Depois, se quiser, podemos até voltar a falar sobre essa moça, mas agora quero saber se você conhece ou não o tema da reencarnação.

— Mas é claro que sim, papai. Todo espírita conhece.

Desta vez, foi Jonas quem ficou surpreso:

— Você é espírita?

— Nossa! Faz tempo, pai!

— Como eu nunca soube disso?

— Porque aí em casa nós não falávamos sobre espiritualidade, lembra? Era proibido. Somente pude ler e falar sobre o assunto depois que fui morar com meus avós.

— Realmente, eu não gostava de discutir esses temas, porque eram muito polêmicos e porque sei que a conversa iria se transformar em debate. Mas daí a dizer que era proibido...

— Não era uma proibição explícita, pai, mas não éramos estimulados a falar a respeito.

— Não era bem assim. Você está exagerando.

— Bem, não vamos discutir isso agora, pois não vem ao caso. O que o senhor quer saber sobre reencarnação?

— A primeira coisa que quero saber é o seguinte: isso existe mesmo ou é mais um engodo místico?

Cíntia caiu na gargalhada:

— Desculpe, pai, não quis desqualificar sua pergunta. Mas é que para nós, espíritas, a reencarnação é uma coisa tão óbvia que sua dúvida me pareceu sem sentido — Cíntia se recompôs, pois percebera que o pai ficara aborrecido. — Enfim, existe, sim.

— Não se esqueça de que não sou espírita, filha. Logo, tenho o direito de perguntar qualquer coisa. Não sou obrigado a saber de tudo.

— Lógico, pai, me desculpe. É que eu fui pega de surpresa. Sim, a reencarnação é um dos pilares da doutrina espírita. Nós acreditamos que há vida após a morte e que os espíritos, depois de algum tempo, voltam à Terra para viver novas histórias e trabalhar em seus pontos fracos.

— Em quanto tempo se dá essa volta?

— Não entendi.

— O que quero saber é: em quanto tempo os espíritos voltam à Terra depois da morte?

— Isso varia em função de uma série de circunstâncias. Geralmente, demora anos. O mais comum é um intervalo entre cinquenta e cem anos.

Jonas se surpreendeu:

— Puxa vida, sempre demora tudo isso?

— Quase sempre. Mas, em casos especiais, pode levar bem menos tempo. Alguns levam apenas alguns meses ou poucos anos para voltar.

Jonas respirou fundo antes de fazer a pergunta crucial, e Cíntia adiantou-se:

— Posso saber por que o senhor está interessado nisso?

— Já lhe disse que estou escrevendo um artigo a respeito do assunto.

— Mas o senhor sempre escreveu artigos sobre sua área, sobre música. Por que alguém lhe pediria para escrever um artigo sobre reencarnação?

— Não sei, mas pediram.

— Estranho, não? Quem lhe pediu?

— Você não conhece.

— Olhe, tome cuidado, viu? Esse assunto ainda é polêmico, e de repente, mesmo sem querer, o senhor pode ficar no centro de um debate fora de sua área de atuação. Inclusive, o senhor pode até ganhar alguns inimigos preconceituosos que abominam o espiritismo.

— Já pensei em tudo isso e talvez nem escreva o artigo. De qualquer modo, mesmo que não escreva, achei o assunto muito interessante e queria saber mais sobre ele.

— Ah, bom, isso é outra história. Posso lhe indicar alguns bons livros sobre o assunto. Vou mandar a relação por e-mail.

— Ótimo. Eu lhe agradeço.

— Satisfiz sua curiosidade, pai?

— Acho que sim. Fiquei surpreso ao saber que você é espírita e que entende tanto do assunto.

— Ah, não é bem assim, pai. Sou aprendiz. Ainda tenho muito a aprender. Todos nós temos.

— Isso é verdade. Mas me diga mais uma coisa...

— Fale, pai.

Jonas sentiu um frio na barriga quando fez a pergunta:

— Sua mãe vai reencarnar?

— Óbvio, pai. Não se sabe quando, como quem e onde. Pode até ser que ela reencarne em outro país.

— Ela pode reencarnar na mesma cidade, na mesma rua?

— Claro, pode reencarnar até na mesma família. Tudo depende de motivos, merecimentos e decisões superiores.

— Quem decide isso?

— Nós, espíritas, chamamos de entidades superiores ou simplesmente de Deus. Mas aí vamos entrar num terreno no qual certamente o senhor vai questionar várias coisas, e não sei se estou preparada para responder a todas as suas questões.

— Não precisa se preocupar com isso, minha filha, já estou satisfeito. Foi uma conversa muito esclarecedora.

— Que bom, pai. E aproveitando a deixa, queria saber se não ficou mesmo nenhum ressentimento daquelas nossas conversas de quando estive aí.

— Ora, filha, na minha idade há coisas mais interessantes para ocupar minha mente e meu coração do que ressentimentos.

— Muito bem. Gostei de ouvir.

— Mas, falando em ressentimentos, voltemos a falar de seu irmão. Como vão as coisas entre você e ele?

— Não mudou nada, papai. Sinto muito. O senhor conhece seu filho. Jefferson nasceu turrão e continua turrão, arrogante e mal-humorado. E eu sou o oposto. Então, não há meios de a gente se entender.

— Acho isso uma pena. Tenho certeza de que sua mãe ficaria muito triste se estivesse viva.

— Eu sei, papai. E justamente por isso, eu telefono para ele quase toda semana, tentando me aproximar, mas não tenho tido sucesso. Parece que Jefferson prefere manter distância de mim. Não sei por que isso acontece.

— Bem, não há nada que possamos fazer sobre isso. Vamos dar tempo ao tempo e esperar que um dia as coisas mudem.

— Também espero. Eu até gosto dele, mas nossos santos não se "batem"...

— Bem, filha, agora preciso desligar. Foi muito bom conversar com você.

— Com o senhor também. Boa noite, papai. Eu te amo.

"Boa menina, a Cíntia. Não entendo por que ainda não se casou...", Jonas pensou tão logo desligou o *tablet*. Seu pensamento seguinte foi melancólico: excetuando sua filha, há muito tempo ninguém lhe dizia "eu te amo". Cecília fora a última pessoa a dizer-lhe que o amava.

Capítulo 15

Menos de duas horas depois que Jonas falara com sua filha, Jefferson ligou para o pai pelo *tablet*. Diferente da risonha Cíntia, o semblante de Jefferson era o de um homem sério, que parecia sempre estar em uma reunião de trabalho. Apesar de taciturno, era muito educado, o que desfazia a má impressão que costumava causar nos outros devido à sua expressão quase sempre sisuda. Sua voz soava quase sempre metálica:

— Oi, pai. Tudo bem?

— Tudo muito bem, filho.

Jefferson foi direto ao assunto, sem nenhum preâmbulo:

— Cíntia me disse que o senhor está interessado em reencarnação. Isso é verdade? — agora, suas feições sérias ganharam certa ironia.

Intimamente aborrecido pela indiscrição da filha, Jonas decidiu que o melhor seria não fugir do assunto. Procurando, então, aparentar naturalidade, respondeu:

— É verdade, sim.

— O que está acontecendo, pai? Com quem o senhor tem conversado? Parece que tem gente fazendo sua cabeça — pelo modo como falava, Jefferson parecia um pai severo cobrando explicações do filho.

— Do jeito que você fala, filho, até parece que na minha idade alguém ainda consegue fazer minha cabeça.

— Não quis dizer isso, pai, mas é no mínimo curioso que, de uma hora para outra, o senhor comece a se interessar por um assunto que nunca o atraiu na vida e que é completamente diferente de sua especialidade: a música. Algo muito forte deve estar despertando esse interesse.

Jonas estava decidido a não se deixar aborrecer:

— Essas coisas acontecem, filho. Tudo muda na vida da gente.

— Ok, pai, mas me responda com sinceridade: aquela moça que o senhor levou ao concerto tem alguma coisa a ver com isso?

Jonas teve vontade de responder: "Tem tudo a ver!", mas sabia que essa resposta iria causar um reboliço enorme. Por isso, preferiu lhe dar uma resposta menos explosiva:

— Se você quer mesmo saber, filho, ninguém me influenciou na escolha desse tema, muito menos a moça que me acompanhou ao concerto. Acho apenas que nunca é tarde para aprender coisas novas, não? Realmente, nunca me interessei por esse assunto, mas agora surgiu a oportunidade e eu resolvi aprender um pouco mais a respeito.

— Posso saber que oportunidade foi essa?

Jonas desconversou:

— Eu fico realmente surpreso com o impacto que este assunto está causando em vocês. Eu poderia estar interessado em culinária, floricultura, pintura, qualquer outra coisa que nunca pratiquei na vida. Será que vocês ficariam tão impressionados, se o tema fosse outro?

— Não, claro que não. O senhor citou passatempos que milhares de pessoas praticam. São atividades normais.

— E reencarnação é uma coisa anormal?

— Não quis dizer isso, pai. Mas religião, doutrina, cultos, temas místicos, essas coisas nunca lhe interessaram. Por que isso agora?

— Talvez, com a idade, a gente comece a pensar que em breve irá para um lugar desconhecido, para outra dimensão. Aí nasce a vontade de querer conhecer mais sobre essa... essa viagem final.

— Ah, bom. Agora faz mais sentido seu interesse. Mas, por que o senhor está pensando nessa "viagem final"? O senhor está com algum problema de saúde?

— Não, filho. Fique tranquilo. Encare esse assunto por outro prisma. Pense que é saudável para um homem de sessenta anos se interessar por um assunto novo, diferente dos que o acompanharam durante toda a sua vida. Essa curiosidade nos ajuda a preencher o tempo e a manter os neurônios funcionando.

— Concordo plenamente. Apenas pensei, e acho que a Cíntia também pensou, que o senhor tivesse se convertido a alguma dessas doutrinas místicas.

— Não é o caso, filho, mas, pelo visto, você não acredita em reencarnação.

— Não acredito. Para mim, quando uma pessoa morre, simplesmente tudo acaba.

— Há pessoas que pensam de maneira diferente, Jefferson. Sua irmã, por exemplo! Você sabia que ela é espirita?

— Cíntia? Ela é espírita? Não sabia, mas isso não me surpreende. Ela sempre teve umas tendências esquisitas, uns interesses bizarros. Vai ver que foi por isso que nunca se casou.

— Ué?! O que tem uma coisa tem a ver com a outra?

— Ora, pai, muitos homens não curtem essas coisas de espíritos. Devem pensar que a garota que curte é esquisita...

— Mas isso é puro preconceito.

— Pode ser, pai, mas existem homens que pensam assim. Eu mesmo considero esses assuntos pura perda de tempo, mas se agrada a Cíntia...

— A propósito, como vai a relação de vocês?

— Do mesmo jeito, sem nenhuma mudança. Ele tem o jeito dela, eu tenho o meu, e não nos entendemos.

— Acho uma pena essa falta de carinho entre vocês.

— Cada um toca a vida à sua maneira, não é, pai?

— Pode até ser, mas nunca conseguirei compreender esse desentendimento entre vocês.

— É melhor deixar as coisas como estão.

— Mas me diga, filho, você me ligou só para falar sobre meu interesse pela reencarnação?

— Confesso que sim. Cíntia e eu nos preocupamos com o senhor, pai. Então, quando alguma coisa esquisita parece estar acontecendo, nós tentamos descobrir que coisa é essa e se podemos ajudá-lo.

— E por acaso está acontecendo alguma coisa esquisita comigo?

— Bem, de certa maneira, sim.

— É, pode ser. Acho que estou ficando esquisito com a idade.

Jonas teve a sensação de que Jefferson se mostrava até um pouco frustrado por não ter conseguido irritá-lo:

— O legal é que o senhor não perde o bom humor.

— Não mesmo. Por isso, nem tente me irritar.

— Que é isso, pai? Isso nunca me passaria pela cabeça. Gostamos de ver o senhor alegre e bem-disposto.

— Pois, então, pode ir dormir tranquilo. Estou alegre e bem-disposto.

Depois que Jonas encerrou a chamada, ficou pensando: “Cíntia não perdeu tempo! Tão logo falou comigo foi fofocar para o irmão!”.

Contrariado e com a testa franzida, Jefferson desligou o *tablet*. Em que que seu pai estaria se metendo agora? Admitia, intimamente, que não tinha muita paciência com o velho e questionava-se por que o pai insistia em morar sozinho em São Paulo, quando poderia muito bem viver com ele, em Manaus, ou mesmo com Cíntia, em Florianópolis.

No passado, Jonas fora um artista famoso e respeitado, mas, desde que ficara viúvo, o filho tinha a impressão de que ele abdicara da vida. Além disso, tivera depressão, um AVC, não atuava mais como pianista e agora se limitava a dar preocupação aos filhos. Era um homem teimoso, que não aceitava conselhos.

A esposa de Jefferson lhe dizia que parasse de se preocupar com a saúde do pai, alegando que ele não era mais criança e que devia saber o que era melhor para sua vida. E agora com a história da reencarnação, Jefferson achava que o pai estava enlouquecendo.

Jefferson ainda pensava que se Cíntia, que era psicóloga, não conseguira demover Jonas de suas ideias, não seria um engenheiro que o faria. A carreira que eles haviam escolhido ilustrava bem a diferença de personalidade de ambos. Jefferson se achava mais maduro, mais racional, mais inteligente que a irmã, a quem considerava sonhadora, instável e até piegas. Aprendera a ser assim e gostava do jeito que era, mesmo sabendo que desagradava aos outros sua falta de emotividade e sentimentalismos.

Jonas não os deixara quando crianças? Onde estava o sentimentalismo dele? Sim, depois entendera as razões, mas não as justificava. Poderiam ter enfrentado tudo juntos. Mas Jefferson não guardava rancor de nada nem de ninguém. Depois de adulto, também fizera suas escolhas e se sentia bem com elas. Apenas achava que, como filho, tinha o dever de saber como o pai estava. Não havia dúvida de que o velho sabia se cuidar, embora despertasse às vezes preocupações nos filhos, sobretudo no que dizia respeito à sua saúde.

E agora surgia a história de reencarnação. Jefferson pensava que se o pai estivesse se dedicando ao estudo da espiritualidade e se isso o fizesse mais feliz, que ele fosse em frente. Embora achasse que Jonas devesse retomar as atividades de pianista, no que era muito bom.

Jefferson pensou em ligar para Cíntia para lhe dar um retorno sobre sua conversa com o pai, mas concluiu que não era algo relevante naquele momento. Além disso, não estava com paciência para ouvir as baboseiras emocionais da irmã.

Por fim, pegou o jornal e pôs-se a ler. Assim ganharia mais.

No dia seguinte, um pouco antes do almoço, Jonas foi até uma livraria do shopping perto de sua casa e adquiriu três livros sobre reencarnação, inclusive *A Volta*, a obra citada por Olavo.

No restaurante, Giovanni notou a pilha de livros sobre a mesa. Jonas tirara-os da sacola para analisar melhor a capa e o texto na quarta capa.

Na primeira ida à mesa, o italiano relutou em perguntar, mas não resistiu na segunda vez:

— O senhor vai ler tudo isso?

— Pretendo. Se o sono deixar.

— Eu também adoro ler antes de dormir, mas não consigo passar de uma página.

— Faça como eu: leia na sala, sentado no sofá. Fica mais difícil de pegar no sono. Se você cochilar, o livro cairá no chão acordando-o.

— Ah... mas é tão gostoso ficar recostado nos travesseiros...

— Mas assim não dá, Giovanni! Ou você lê ou dorme.

— E isso tudo aí é sobre música?

— Prepare-se para uma surpresa: tudo isso aqui é sobre reencarnação. Já ouviu falar sobre o assunto?

Giovanni ficou um tempo parado, calado, olhando fixamente para Jonas. Depois, bem devagar, sentou-se na cadeira diante do amigo:

— Reencarnação, é?

Jonas estava com vontade de rir da cara de espanto do italiano:

— É.

Giovanni olhou para os lados como se fosse revelar um grande segredo a Jonas:

— Posso falar uma coisa para o senhor? Mas que fique entre nós.

— Claro, meu amigo.

— Eu acredito e minha mulher também. Inclusive, sou a reencarnação de um general romano.

Jonas fez força para não rir:

— Um general romano? Não me diga. Como você descobriu isso?

— Eu não descobri. Me disseram num centro espírita. Eu fui muito mau na outra vida. Venci várias batalhas e fazia os prisioneiros passarem fome. Por isso, hoje eu vivo de fazer comida para os outros. Para pagar as maldades que cometi na outra vida.

— E você acredita nisso, Giovanni?

— Bem, foi o que me disseram no centro espírita. O senhor não acha isso possível?

Jonas teve vontade de dizer que achava aquilo uma bobagem, mas não queria magoar o amigo:

— Não sei ainda. Primeiro, tenho que ler tudo isso para poder ter algum conhecimento para opinar sobre o assunto.

— Então está bem. Depois que o senhor ler tudo isso, me dê sua opinião. Ela será muito importante para mim.

— Combinado.

Enquanto o italiano se afastava, Jonas ficou pensando que uma coisa que parecia tão séria para os crédulos não poderia ser interpretada de forma tão simplista. O que sabia ele do assunto? Nada. Então, o melhor era ficar de boca fechada — pelo menos por enquanto. Abriria a boca agora só para comer.

Camila não telefonou na parte da tarde, o que deixou Jonas um tanto frustrado.

Quando ele se deitou naquela noite, pôs-se, pela primeira vez, a pensar na hipótese de Camila ser mesmo a reencarnação de sua Cecília. Seria por isso que ele gostara tanto dela desde o início, mesmo sendo ela mais jovem e tão diferente dele? A moça era irreverente, impulsiva, ingênua e agressivamente sincera, e mesmo assim Jonas gostava do jeito dela.

Havia algo que ele precisava admitir para si mesmo, ainda que isso o deixasse meio contrariado. Nos primeiros contatos que tivera com Camila, Jonas pensara nela apenas como uma jovem amiga, mas aparentemente Amarildo tinha suas razões para enxergar outras motivações naquela amizade.

Por que pensar nessa possibilidade incomodava Jonas? Talvez, se Camila tivesse mais de trinta anos, seria mais fácil para ele, quem sabe, desenvolver algumas fantasias a respeito. Mas, ao lembrar-se de que ela só tinha dezoito anos...

Uma das coisas que mais intrigava Jonas era o fato de Camila não se parecer em nada com Cecília. Nem fisicamente nem em sua maneira de ser. Cecília era também alegre e divertida, mas, na maior parte das vezes, era muito equilibrada, discreta e levava a vida muito a sério. Para tornar-se uma exímia violinista, Cecília dedicara muitas horas ininterruptas de estudos e ensaios para isso. Ela preocupava-se com o trabalho e fazia planos para o futuro.

Já Camila, como a maioria das jovens, parecia mais descomprometida com a vida. Não chegava a ser irresponsável, mas era mais atirada, mais arrojada, mais impulsiva que Cecília.

De corpo, eram bem diferentes, mas ambas eram muito bonitas. Mas, quem disse que em uma reencarnação a pessoa tem que ser a cópia física da outra? Camila tinha recordações bem vivas da vida passada, e isso aparentemente era bom motivo para caracterizar uma reencarnação.

Uma pergunta começou a povoar sua mente: o que aconteceria se ele dissesse a Camila que ela era a reencarnação de sua ex-mulher? Provavelmente, ela não acreditaria nele e poderia até pensar que Jonas estaria insinuando que alguma coisa mais íntima deveria acontecer entre eles. Camila certamente se ofenderia, e ele perderia sua amizade. Ou não? E se ela estivesse disposta a considerar essa hipótese? Afinal, os jovens de hoje são tão ousados e aventureiros.

Com tantas interrogações em sua mente, Jonas estava ficando confuso outra vez. Ele concluiu que, por ora, era melhor deixar de lado aquele assunto de reencarnação, até se informar melhor sobre esse universo. Talvez os livros que comprara pudessem ajudá-lo nisso.

Jonas também achava que o melhor era deixar Camila fora daquela história, afinal Clotilde fora bastante enfática quando lhe dissera que a jovem jamais poderia saber desse assunto. Amarildo também pensava assim.

Mas, se ele, Jonas, passasse a acreditar nessa versão, como seria o relacionamento com Camila dali para a frente? Mesmo agora, ainda sem ter uma opinião formada a respeito, ele já olhava Camila com mais carinho. A verdade era que ele não podia esconder de si mesmo que gostava muito da companhia da jovem e que sentia sua falta, quando ela não estava por perto. Tivera mais uma prova naquela tarde quando o telefone não tocou, deixando-o inicialmente frustrado e depois irritado.

Que raios isso significava?

Capítulo 16

No dia seguinte, Jonas acordou com uma ideia louca. Não podia mais negar que, por alguma razão, estava sentindo falta de Camila, como sentiria de uma companheira que tornasse suas horas mais divertidas e interessantes.

A ideia consistia em convidá-la a acompanhá-lo ao supermercado. Como tinha o costume de almoçar todos os dias no restaurante do Giovanni, sentia falta de comer em casa. Por que, então, não fazer algo em casa, pelo menos uma vez? Pareceu-lhe uma boa ideia.

E já que ele não sabia cozinhar, não tinha empregada e seus filhos moravam longe, que mal haveria em convidar sua amiga Camila para acompanhá-lo às compras e, se ela soubesse e quisesse, poderia até cozinhar para ele como uma cortesia. Não haveria mal algum nisso — Jonas acreditava. Afinal, os bons amigos não fazem isso uns com os outros? Ou será que ele estaria forçando a barra com essa proposta? Essa ideia não passava de um pretexto para revê-la? Além disso, havia um receio adicional por parte de Jonas: o que ela poderia pensar? Apesar de tantas questões, ele precisava tomar uma decisão.

Depois de refletir, a emoção venceu a razão. Jonas ligou para o celular de Camila, para evitar que Clotilde atendesse:

— Camila?

— Quem é?

— Jonas. Você pode falar agora?

Camila pareceu surpresa e sinceramente feliz em ouvi-lo:

— Oooooi, Jonas! Posso sim! Há quanto tempo a gente não se fala?! Esta é a primeira vez que você liga para mim pelo celular, sabia? Que emocionante!

Ele ficou um tanto desconcertado com a alegria de Camila e talvez por isso respondeu com uma pequena mentira:

— É a primeira vez? Nem tinha percebido.

— Você ainda está bravo comigo?

— Bravo com você? De onde você tirou essa ideia?

— Ah, pensei que estivesse. Nunca mais me ligou. Achei até que já tinha enjoado de mim. Nem tive coragem de procurá-lo mais.

— Olha só quem está falando! Você também nunca mais apareceu.

— É, mas eu moro do outro lado do mundo, não é? E eu não tenho táxi à minha disposição nem dinheiro para isso.

— Tem razão, Camila. Estou brincando. Mas, se você quer mesmo saber de uma verdade, eu não enjoei de você.

— Que bom! Fico feliz! Tirou um peso do meu coração. Mas a que devo a honra dessa ligação ilustre no meu celular?

Jonas percebeu que estava suando frio:

— Bem... liguei para lhe fazer um convite.

— Oba! Outro concerto?

— Agora você me deixou sem graça. Não, não se trata de um novo concerto. É algo menos nobre.

— Como assim?

— Acho que você vai rir de mim.

— Agora quero saber que convite é esse.

Jonas estava um pouco embaraçado para fazer a proposta:

— Sabe o que é? Estou enjoado da comida do Giovanni e pensei que seria uma boa ideia almoçar aqui em casa.

— Legal! Acho ótima a ideia! Você está me convidando para almoçar em sua casa?

— Também. Mas antes... — ele se deteve por um minuto, porque estava se sentindo um tanto ridículo. Camila insistiu:

— Antes...?

— Eu nem sei se deveria lhe pedir isso, mas, como amanhã é sábado, gostaria que você viesse até aqui para me acompanhar até o supermercado. Sou um desastre nesse assunto — ele estava ansioso para saber a reação dela.

— Que legal, Jonas! Claro que vou. Adoro ir ao supermercado! Que horas devo estar aí?

Ele ficou aliviado:

— A hora que for boa para você.

— Pode escolher.

— Sei lá, tipo dez, onze horas da manhã.

— Então às dez horas.

— Mas tem mais uma coisa...

— Pode falar, Jonas. Já vi que você resolveu me explorar! — ela estava entusiasmada. — O que mais você quer que eu faça?

— Você sabe cozinhar?

— Cozinhar? Claro que sei! Bem, quero dizer... o trivial. O feijão com arroz, não aqueles pratos chiques dos restaurantes. Talvez uns ovos fritos com arroz.

— Pronto, já é o suficiente. Mas confesso que estou envergonhado.

— Ué, por quê?

— Pelo que você falou há pouco. Que a estou explorando e abusando de sua amizade. Além de me ajudar nas compras, ainda pedi que você cozinhasse para mim. Isso é exploração.

— Eu estava brincando com você, Jonas. Isso não é exploração. É uma forma de lhe retribuir os convites para o concerto e o jantar. Além do mais, esse programa vai ser muito legal! Estou feliz com seu convite. Farei isso com muito prazer!

— Será que a Clotilde não vai se importar?

— Ah, eu não preciso contar tudo da minha vida para ela, não é? Vou dizer que estou pensando em fazer aulas de piano com você e que iremos conversar a respeito.

— Hmmm, não sei se é legal... Não gosto de mentiras.

— Ora, "véio", deixe disso! Será uma mentirinha de nada. Não vai prejudicar ninguém.

Jonas tinha quase certeza de que, em toda a sua vida, ninguém jamais o tratara por "véio". No entanto, ele gostara da abordagem. Parecera-lhe íntimo:

— Então está bem, "véio" — ele retribuiu o tratamento, para brincar com Camila, fazendo-a soltar a risada que ele considerava maravilhosa. — Até amanhã às dez horas.

— Até amanhã e obrigada pelo convite.

— Eu que a agradeço por aceitar meu convite.

Depois que desligou o telefone, Jonas ficou com muitas dúvidas sobre se agira bem em fazer aquele convite a Camila. Na verdade, estava mais preocupado com o que as pessoas, particularmente seus filhos e Clotilde, pensariam e diriam a respeito disso.

Jonas gostava da companhia de Camila. Sentia falta de uma pessoa divertida em sua vida que o ajudasse a enfrentar a solidão, e Camila parecia-lhe ideal para isso. Ela parecia também gostar dele e de sua companhia. Então, por que haveria problema em almoçarem juntos? E, além de tudo, Camila já era maior de idade.

Por alguma razão, ocorreu-lhe que, em nenhum momento daquela conversa, passara pela sua cabeça as teorias sobre reencarnação. E daí se Camila fosse a reencarnação de Cecília? Tanto melhor, pois já se conheciam de outras eras.

E se, por causa disso, os sentimentos de Jonas crescessem, e ele passasse a gostar cada vez mais dela? Onde isso iria parar? E se ele se apaixonasse por ela?

Jonas riu de si mesmo. Estava ficando ridículo! Por que uma jovem linda como Camila namoraria um viúvo sessentão? Na certa, a afeição da jovem por ele era proveniente da falta que ela devia sentir da figura de um pai. Provavelmente era isso e nada mais. Cíntia, como boa psicóloga, certamente diria que tudo isso não passava de uma transferência, de um complexo de Édipo ou coisa semelhante. E que ele deveria parar com essas fantasias que poderiam se tornar perigosas.

Ele ainda se debatia com essas questões éticas e morais, quando o telefone tocou. Jonas ficou feliz ao reconhecer a voz alegre de Camila:

— Oi, Jonas!

— Oi, Camila! Ligou-me para dizer que desistiu?

— De jeito nenhum! Liguei para lhe dizer que já falei com a Clô.

Jonas se sentiu pego em flagrante pela velha senhora. Era ele quem deveria ter falado com a mãe de criação da jovem.

— Fiz isso porque, como já o conheço um pouquinho, eu tinha certeza de que você ficaria mais tranquilo se ela soubesse.

— E aí? O que ela achou? — ele lutava para esconder a ansiedade de saber qual teria sido a reação de Clotilde.

— Tudo bem. Eu contei uma pequena mentira a ela. Falei que você não estava passando muito bem e que, como seus filhos moram longe, achei melhor lhe fazer uma visita amanhã para ver se você precisava de alguma coisa. Ela achou ótima a minha ideia. Clô também gosta de você, por isso ficou preocupada.

"Essa menina é mesmo terrivelmente esperta e inteligente!", ele pensou antes de responder.

— Que bom, Camila! Fico realmente mais tranquilo. Você fez o que eu, na verdade, deveria ter feito. Ainda bem que ela concordou.

— Não teria motivos para não concordar, Jonas. Ela acha que você é o máximo! Bem, estarei aí amanhã às dez horas para irmos ao supermercado.

Jonas teve a impressão de que Camila estava orgulhosa da missão.

— Mas, antes que eu me esqueça, fique aí na sua casa esperando o táxi chegar.

— Que é isso, Jonas! Não precisa. Pare de gastar dinheiro. Estou acostumada a andar de ônibus.

— Mas não para tão longe. Espere o Josias.

— Mas, Jonas...

— Camila, isto não é uma negociação; é uma decisão.

— Ei!

— O que foi?

— Quando foi que você me disse isso antes? Essa mesma frase?

— Que frase?

— "Isto não é uma negociação; é uma decisão".

— Que eu me lembre, acredito que nunca lhe disse isso antes.

— Gozado... Quando você falou, tive a impressão de que estávamos repetindo uma situação que já aconteceu. Fiquei até tonta.

"Será que ela está tendo um *déjà-vu*?", pensou. E então se lembrou da história da reencarnação.

— Não me lembro de já ter falado isso para você, Camila. Em todo caso, é uma expressão comum entre amigos.

— É, deve ser isso. Bem, até amanhã.

— E espere o Josias, viu? Ele deve chegar aí por volta das nove horas.

— Já sei, já sei! Beijinho — e desligou.

"Beijinho!". Ela mandara um beijinho para ele! Ela nunca tinha feito isso antes! Jonas estava emocionado, parecendo um adolescente que é beijado pela primeira vez pela namorada.

Sentiu-se um velho ridículo.

Que raios estava acontecendo com ele?

Na manhã seguinte, o toque do interfone soou como um acorde melodioso para Jonas, pois ele sabia que era Camila quem estava na portaria.

Trazida por Josias, Camila chegou um pouco antes das dez da manhã. Vestia um jeans azul claro, um suéter rosa, com bordados de flores na parte da frente, e calçava um tênis branco. Desta vez, não trazia sua mochila, mas apenas uma bolsa.

Quando Jonas abriu a porta, Camila ficou parada, com um sorriso maroto:

— Chequei cedo demais?

— Na hora certa. Já estava à sua espera.

Aliviada, a jovem entrou no apartamento e parou no meio da sala.

Depois que fechou a porta, Jonas voltou-se cauteloso e em silêncio para Camila. Ela percebeu o gesto e disse sorrindo:

— Pode relaxar, Jonas. Não vou desmaiar de novo.

— Ah, que bom. Eu estava com receio!

— Mãos à obra, então? Antes de mais nada, precisamos fazer uma lista do que devemos comprar, concorda? Assim, não correremos o risco de nos esquecer de alguma coisa.

Jonas pôs as mãos nos quadris e balançou a cabeça, como se estivesse se recriminando:

— Veja você o que é falta de experiência! Acredita que eu nem tinha pensado nisso?

— É natural. Você quase nunca ia ao supermercado. Sua mulher sempre ia sozinha fazer as compras.

Novamente, Jonas se surpreendeu com mais uma observação estranha de Camila. Parecia que os mistérios começariam cedo naquele dia:

— Como você sabe disso?

— Como sei? — Camila pareceu um pouco confusa, mas logo encontrou uma explicação para o que dissera. — Ora! Bem se vê que você não tem experiência nisso, senão não teria me chamado. Portanto, deduzi que era sua mulher quem fazia as compras.

Ele se contentou com essa explicação:

— É, faz sentido. Então, vamos fazer a tal lista? — e pegou uma caneta e um caderno de anotações.

Os dois, então, se puseram a anotar tudo o que seria necessário para um almoço. Por diversas vezes, Jonas se surpreendeu ao perceber que Camila se adiantava nos itens e citava alimentos muito particulares que ele apreciava. Jonas, por fim, decidiu parar de ficar perguntando: "Como você sabe que eu gosto disso?". Certamente, inteligente como era, ela teria uma resposta adequada para cada pergunta.

— Não vá esquecer o boné — e, antes que Jonas pudesse questioná-la a respeito de como ela sabia que ele sempre usava um boné quando saía, Camila completou. — O sol está muito forte lá fora.

Na verdade, ainda que não o admitisse explicitamente, Jonas já estava começando a se acostumar com a ideia de que Camila era mesmo a reencarnação de Cecília, por mais que seu lado racional rejeitasse essa teoria. Por isso, as manifestações da jovem em relação a fatos do seu passado já não o surpreendiam tanto como antes.

Havia um lado de Jonas que, de certa forma, gostava dessas "adivinhações", porque o faziam sentir novamente a presença de sua falecida esposa. Mas, ao mesmo tempo, sua outra metade o recriminava: "Mas o que está acontecendo comigo? Estou agindo como se aceitasse essa teoria absurda. Será que estou querendo me enganar?".

Capítulo 17

O supermercado ficava a três quadras do prédio. Camila seguia ao lado de Jonas, segurando no seu braço. Ela mostrou uma faceta insuspeitada, revelando-se uma consumidora econômica e consciente: escolhia as marcas dos produtos com critério, comparava preços, conferia prazos de validade e era absolutamente exigente com a qualidade e o estado das frutas, verduras e dos legumes. Da maneira como ela se comportava, em nada se parecia com aquela jovem travessa, irreverente e algo inconsequente que ele conhecera.

Na hora de passar as compras no caixa, Camila conferia os preços dos itens um a um, à medida que a atendente registrava os produtos na máquina.

Quando saíram do supermercado, Camila concordou a contragosto que Jonas levasse os pacotes. Já na rua, a jovem readquiriu o perfil anterior, voltando a ser a moça alegre e divertida que ele conhecera.

Em casa, enquanto preparavam o almoço, Jonas novamente se surpreendeu com as habilidades de Camila na cozinha. No fundo, ele se divertia vendo-a de avental e concentrada naqueles afazeres. Sentia-se feliz observando aquela cena e, mesmo que não o quisesse, a lembrança de Cecília teimava em vir à sua mente com frequência. Algumas vezes, como nas trucagens de alguns filmes, as duas imagens se sobrepunham, dando-lhe a sensação de que avistava uma miragem.

Enquanto a comida terminava de ser cozida, decidiram sentar-se na sala e ficar conversando sobre amenidades. Jonas tinha vontade de fazer-lhe muitas perguntas sobre Cecília, para verificar até que ponto Camila, de fato, sabia da vida do casal. No entanto, pensou melhor e desistiu. Achou que isso não levaria a nada e que o momento não era propício. Além do mais, tudo estava correndo tão bem que não valia a pena correr o risco de estragar aquela tranquilidade.

Então, Jonas teve uma ideia, que poderia ser boa ou não. Ele logo descobriria.

— Já volto.

Jonas levantou-se e foi buscar o violino que pertencera à Cecília e que ela tocara tão talentosamente durante anos. Ele voltou à sala e colocou-o sobre o colo de Camila, que se surpreendeu com aquele gesto inesperado:

— Ei, o que é isso?

— Vamos lá, toque alguma coisa para mim — Jonas tinha uma remota esperança de que Camila pegaria o instrumento e dele tirasse acordes de "Meditação de Thais" ou "Clair de Lune".

Jonas brincou com a surpresa dela:

— Isso é um violino, ora! Nunca viu um? Havia muitos no concerto. Pegue este e toque algo para mim, por favor — e sentou-se diante dela, cruzando as pernas.

Camila o olhou e depois voltou o olhar para o instrumento. Com o semblante sério e calmamente, ela levantou-se, pegou o arco com uma das mãos, o violino com a outra e o posicionou no ombro. Concentrando-se como se fosse iniciar a execução da música, olhou Jonas diretamente nos olhos.

Com a respiração suspensa, Jonas sentia que seu coração estava prestes a parar, tal era sua expectativa. Então, Camila começou a movimentar o braço para cima e para baixo, segurando o arco.

Que coisa horrível! Aquilo simplesmente não era música! Jonas não saberia dizer se conseguira disfarçar sua decepção de forma convincente ou não. Sons desconjuntados e desafinados soaram pela sala. E, logo atrás deles, uma escandalosa gargalhada de Camila:

— Você é louco, Jonas? Como quer que eu toque alguma coisa, se esta é a primeira vez que pego num violino de verdade?

Apesar de sua frustração, Jonas, no fundo, se culpava por tentar algo que era obviamente uma utópica fantasia. O que ele esperava? Um milagre? Uma mágica? Uma ação sobrenatural? A demonstração clara de um fenômeno de reencarnação?

Jonas levantou-se um pouco irritado consigo mesmo e tirou o violino das mãos de Camila:

— Desculpe, Camila. Foi uma brincadeira de mau gosto.

Ela notou o desconforto de Jonas:

— Você esperava mesmo que eu conseguiria tocar uma música, Jonas? Você sabe que eu não sei tocar.

Ele resmungou, enquanto guardava o violino no estojo:

— Esqueça isso, Camila. Já lhe disse que foi uma brincadeira de mau gosto.

Camila levantou-se alegre:

— Então, vamos almoçar?!

Ele retornou à sala, esforçando-se para retomar a alegria anterior:

— Boa ideia, garota! Essa caminhada para o supermercado me abriu o apetite.

— Pois então faça o favor de sentar-se à mesa, pois vou lhe servir.

— De jeito nenhum! Além de fazer a comida, ainda vai me servir?

— Pois é, meu caro, neste restaurante o serviço é completo. Melhor que o do Giovanni!

Divertido, Jonas sentou-se à cabeceira, enquanto Camila colocava com agilidade os pratos, talheres e copos sobre a mesa. Depois, ela sentou-se na outra extremidade.

Nova surpresa para Jonas: a comida estava deliciosa.

— Menina, onde você aprendeu a cozinhar tão bem?

— Você está falando sério? Está bom mesmo?

— Uma maravilha! Onde você aprendeu a fazer essas coisas?

— Clotilde me ensinou algumas coisas, e as outras, eu preparo por intuição.

— Parabéns, Camila! Está ótimo! Clotilde e sua intuição são cozinheiras de primeira!

Por alguns momentos, dedicaram-se a saborear a comida. Depois, Jonas quebrou o silêncio:

— Posso lhe fazer uma pergunta, que não tem nada a ver com esta deliciosa refeição?

Camila respondeu bem-humorada:

— Claro! Aqui, o cliente manda!

— Às vezes, você diz ou me pergunta coisas que me fazem lembrar de minha vida com Cecília. Na maioria das vezes, são coisas que só eu e ela sabíamos. De onde você tira essas ideias?

Camila demorou para responder e continuou comendo. Depois, pôs os talheres sobre a toalha e ao lado do prato, olhou para Jonas e respondeu com sinceridade:

— Quer saber a verdade, Jonas? Não sei. Essas coisas me vêm à cabeça, e eu simplesmente falo. Reconheço que é um negócio muito curioso. São situações ou informações que me dão a impressão de que já as vivi em outro tempo ou em outro lugar. Ou, então, são simplesmente ideias bobas. No entanto, não sei lhe dizer de onde tudo isso vem. Já lhe disse que tenho o mau hábito de falar ou perguntar o que me vem à cabeça, sem pensar melhor, e que quase sempre acabo falando um monte de bobagens.

— Não são bobagens. Na maioria das vezes, são coisas importantes e reais, que aconteceram de fato. O que me intriga, no entanto, é que você não poderia ter conhecimento desses fatos, porque nem havia nascido quando ocorreram. Você nem ao menos conheceu Cecília para saber algo sobre ela.

— Isso é verdade. É realmente muito esquisito. Você não acha isso muito estranho?

— Sempre achei, desde que a conheci. É como se você tivesse vivido naquele tempo, como se tivesse estado lá.

Camila riu com espontaneidade:

— O que não faz nenhum sentido, não é, Jonas? Eu não poderia ter estado lá, pois só tenho dezoito aninhos.

— Não faz nenhum sentido mesmo. Por isso, lhe fiz essa pergunta.

Camila tomou um longo gole de suco, antes de perguntar:

— Agora quem quer saber sou eu: essas perguntas ou essas coisas que falo o incomodam de alguma maneira?

Jonas achou melhor mentir, para não quebrar o clima tranquilo entre eles:

— Não, de forma nenhuma. Apenas me fazem lembrar do passado.

— Ainda bem. Mas aceita uma sugestão minha, Jonas? O melhor que você faz é não levar a sério tudo o que lhe digo ou pergunto. Sei que falo muita bobagem por causa da minha impulsividade.

— Certo, vou tentar. Bem, agora tenho uma questão importantíssima para lhe apresentar.

Camila olhou-o séria, com expectativa:

— Importantíssima?

— Sim. Eu quero saber quem vai lavar os pratos.

Camila se levantou rapidamente:

— Eu, né? Isso é tarefa de mulher!

Ele também se levantou:

— De jeito nenhum, Camila! Hoje em dia, não é mais assim. O machismo já era. Deixe que eu lavo.

— Não, senhor — e ela começou a retirar rapidamente os pratos, copos e talheres da mesa.

— Eu insisto.

— Então vamos fazer assim: meio a meio. Eu lavo, e você enxuga.

— Combinado. Parece mais justo.

Foi uma tarefa que fizeram com muita descontração. Jonas não pôde deixar de lembrar de quando vivia com Cecília.

Após lavarem a louça, Jonas pediu licença a Camila para tirar seu costumeiro cochilo após o almoço:

— Espero que você não se aborreça, Camila, mas vou me deitar um pouco. Sei que isso é coisa de velho, mas é um hábito antigo. Além disso, estou um pouco cansado. Não estava acostumado a fazer compras.

— Quem disse que isso é coisa de velho? Nos fins de semana, eu também tiro minha soneca depois do almoço.

— Fico mais aliviado em saber. Fique à vontade. Pegue qualquer um dos livros para ler, assista à TV ou a algum dos meus DVDs. Enfim, faça o que quiser. Você sabe ligar o aparelho?

— Claro que sei, Jonas. Tenho um igualzinho em casa.

A soneca após o almoço era um costume quase sagrado para Jonas. Mas, desta vez, ele não conseguiu conciliar o sono. Estava emocional e mentalmente inquieto, sentindo-se até um pouco febril.

Aquelas conversas com Camila o perturbaram enormemente. Ele não aceitava a hipótese da reencarnação, mas seu racional não conseguia elaborar uma explicação para aquelas incríveis coincidências. Nesse conflito, ele somatizou a angústia, e seu corpo se ressentiu — daí a febre.

Vencido pelo esgotamento emocional, Jonas, por fim, sucumbiu a um breve, mas agitado cochilo. Ele não sabia dizer quanto tempo se passara desde que se deitara. Despertou com Camila de pé ao lado da cama, chamando-o baixinho:

— Jonas? Algum problema?

Ele levou algum tempo para recuperar a lucidez:

— O quê? O que houve?

— Não sei. Desculpe ter entrado no seu quarto, mas, mesmo estando na sala, percebi que você falou muito durante o sono e em certo momento começou a gemer. Pensei que estivesse tendo um pesadelo, então, vim acordá-lo. Pesadelos são ruins.

Jonas ergueu o corpo com algum esforço:

— Ah, obrigado. Você fez muito bem em me despertar. O problema é que sou muito teimoso. Sei que não é recomendado deitar, logo depois de comer muito.

— Você está bem? Está suando muito.

— Acho que sim.

Camila se aproximou mais e colocou uma das mãos sobre a testa de Jonas:

— Nossa, Jonas! Você está ardendo em febre!

Ele mesmo pôs a mão na testa:

— Acho que um resfriado vai me pegar.

— Vou procurar um antitérmico para você.

— Não precisa se incomodar. Isso passa logo.

Mas Camila já tinha ido. E, sem que ele imaginasse como, a jovem sabia exatamente onde estavam guardados os medicamentos: em uma gaveta na estante da sala. Ela voltou de lá com um comprimido e um copo d'água:

— Tome, isto vai lhe fazer bem. É um antigripal e antipirético.

Obedecendo-a, ele tomou o comprimido. Ao devolver o copo, perguntou-lhe:

— Que horas são?

— Já passou das cinco da tarde.

Ele ficou surpreso:

— Mas já? Então devo ter dormido bastante! — e arriou o corpo na cama. Sentia cansaço e o corpo dolorido. — Ah, estou ficando velho...

Camila sorriu da brincadeira e sentou-se numa cadeira que estava perto da cama. Depois de algum tempo em silêncio, ela perguntou:

— Jonas, você se importa que eu durma aqui hoje?

Ele olhou para a jovem, quase chocado. Nunca pensaria numa coisa dessas:

— Dormir aqui? Você está brincando?

— Brincando por quê? Não vou deixar você aqui sozinho e com febre.

Ele fez um gesto de descaso com as mãos:

— Isso não é nada, Camila. Passa já.

— Clotilde sempre me diz que não devemos brincar com a saúde. Pode ser um resfriado simples, mas pode ser o começo de uma gripe que pode evoluir para uma pneumonia. Eu sei como são essas coisas.

— Nem fale nisso — depois da morte de Cecília, ele adquirira aversão à simples menção da doença que matara sua esposa. — Já lhe disse que não é nada, estou bem.

Camila retrucou sem hesitar:

— Mas eu não acredito. Vou ligar para Clotilde para avisar a ela que vou dormir aqui.

Jonas estava quase em pânico.

— Camila, isso é loucura!

— Qual é o problema, Jonas?

— O que Clotilde vai pensar de mim?

— Vai pensar que você não está bem de saúde. O que é verdade, aliás.

— Isso é o de menos. E se ela pensar que é um golpe meu para fazê-la dormir aqui?

Camila sorriu, divertida:

— Ué, com que intenção?

Às vezes, a ingenuidade dela o irritava:

— Com a intenção de me aproveitar de você!

Ela cruzou os braços sobre o peito e perguntou com aquela conhecida expressão travessa:

— E você pretende se aproveitar de mim, senhor Jonas?

Ele teve de rir da irreverência de Camila, mas acabou tossindo:

— É claro que não, sua boba!

— Então, não vejo problema algum. Além do mais, como você costuma dizer, isso não é uma negociação; é uma decisão — Camila levantou-se, foi até o telefone da sala, pegou o aparelho e discou. Depois de algum tempo, ele ouviu-a falar:

— Oi, Clô, sou eu. Olha, foi muito bom eu vir aqui. Jonas não está passando bem. Inclusive, está com febre — Camila fez uma pausa para ouvir a mãe de criação.

— Eu sei. Já dei a ele um antitérmico — nova pausa. — Também acho. Inclusive, estou pensando em dormir aqui hoje, se você concordar. Os filhos dele moram longe, e ele não tem parentes em São Paulo. O que você acha? — mais uma pausa. — Não, ele não se importa, mas disse que só permitirá que eu durma aqui se você concordar — depois de uma nova pausa, Camila abriu no rosto um largo sorriso. — Legal, vou dizer isso a ele. Ele vai ficar contente — ouviu de novo. — Ah, sim, se ele piorar, eu ligo para você, e aí o levamos a um pronto-socorro ou hospital — nova pausa. — Está bem. Amanhã cedo, eu ligo para você. Um beijo, Clô, e durma bem — sorridente, Camila voltou para perto da cama, sem se preocupar com a falsa cara de zangado de Jonas.

— Pronto! Tudo resolvido. Clotilde achou muito prudente que eu ficasse aqui, desde que você concordasse. Eu disse que você estava de acordo.

Jonas tentava mostrar-se indignado, mas, no fundo, tinha achado ótima a iniciativa de Camila:

— Mas, menina, você disse a Clô que eu estava de acordo?

Camila levantou a testa e perguntou com uma expressão cândida:

— E não está?

Fascinado com a espontaneidade da jovem, Jonas não sabia se devia mostrar-se ainda mais bravo ou sorrir. Optou por considerar que o mal já estava feito e balançou a cabeça sorrindo:

— Eu não acredito que isto esteja acontecendo...

— Pois está. E agora vamos fazer o seguinte: eu vou voltar para a sala para continuar a ler, e você vai tentar dormir mais um pouco.

Depois de algum tempo, Jonas acordou sentindo-se melhor. A febre baixara.

Enquanto Jonas assistia à TV, Camila fez uma sopa de legumes para servir-lhe. Depois do jantar, assistiram a uma comédia e, somente quando o sono ameaçava interromper a atenção de ambos, decidiram deitar-se.

Antes de Jonas entrar no quarto, Camila puxou-o pelo braço e lhe disse, com o dedo indicador em riste:

— Escute aqui, moço! Se você sentir alguma coisa durante a noite, faça o favor de me chamar! Combinado?

— Não vou discutir com minha enfermeira.

— Pelo menos seu juízo está perfeito!

Camila não perdia a oportunidade de demonstrar seu bom humor, e ele adorava isso.

Quando já estava deitado em sua cama, Jonas sentiu-se inquieto ao ouvir o som do chuveiro vindo do quarto de hóspedes. Não podia deixar de pensar que Camila estava tomando banho em seu apartamento e que isso, por mais que ele estivesse tentando resistir, estava lhe despertando inesperadas fantasias.

Eram sons absolutamente esquecidos por ele e pela casa, desde que Cecília se fora. No entanto, esses sons soavam-lhe de forma agradável, estimulante, como se o passado amado tivesse voltado.

Jonas, então, ficou curtindo aqueles ruídos até ser vencido pelo sono.

Capítulo 18

Como já acontecera em muitas outras madrugadas, Jonas acordou ouvindo os acordes do violino de Cecília. Imediatamente, reconheceu as notas inconfundíveis de "*Czardas*". Ele, então, deixou-se ficar de olhos fechados, curtindo a saudade em seu peito.

De repente, Jonas surpreendeu-se com uma breve interrupção da música por causa de uma tosse. Isto nunca acontecera antes. Um músico não permite que isso ocorra e para tanto é treinado a se controlar. Imagine se isso acontecesse em uma audição pública! Cecília era bastante profissional, e ele jamais vira isso acontecer com ela. Deixar-se interromper por uma tosse!

Em seguida, a audição continuou até o final da música. Depois de um curto intervalo, Jonas começou a ouvir a "Meditação de Thais". Nesse momento, seus olhos se encheram de lágrimas. Depois do "Adágio", era essa a composição que mais o emocionava quando tocada por Cecília.

Jonas estava espantado com o realismo dos acordes. Desta vez, não parecia um sonho. Os acordes eram muito presentes, muito próximos de si. No entanto, ele pensava que tudo obviamente não passava de uma ilusão: quem poderia estar tocando ali, àquela hora?

Ele decidiu beber um pouco d'água, mas sabia que a sede era apenas um pretexto para averiguar a origem do som. Se fosse um sonho, os acordes cessariam tão logo ele se levantasse.

Quando Jonas se levantou, ele notou que o som não cessara. Bem devagar, ele saiu do quarto e se dirigiu à sala, notando que o som ficava cada vez mais forte à medida que ele avançava. Agora, estava próximo à sala onde guardava os instrumentos e as partituras. Era de lá que vinha a melodia! Se era um sonho, Jonas pensava que não queria acordar. Ele avançou mais um pouco e, sem se mostrar, olhou para dentro da sala. Seu coração quase parou: era Camila quem tocava.

De olhos fechados, Camila parecia viajar ao som dos acordes, movimentando os braços e o corpo exatamente como fazem violinistas profissionais. Jonas ficou momentaneamente confuso e questionou-se: "Por que horas antes Camila negou que sabia tocar?".

Ele pensou nisso, mas não deu grande importância ao fato. Naquele momento, nada daquilo era relevante. Queria apenas apreciar a audição e imaginar sua Cecília se apresentando para ele.

Quando Camila concluiu a música, Jonas levou um susto: ela depositara cuidadosamente o violino sobre uma poltrona e irrompera num profundo choro. Era tão convulsivo, que ela mesma decidiu sentar-se para manter o equilíbrio.

Jonas não sabia o que fazer. Pensou em ajudá-la, mas concluiu que não seria muito conveniente mostrar-se e flagrar a jovem numa mentira, sobretudo naquele instante de vulnerabilidade. Ficou parado, apenas observando-a, mas com o coração partido por vê-la aos prantos, sem poder consolá-la.

Aos poucos, Camila foi se acalmando. A jovem passou as mãos nos olhos para enxugar as lágrimas e levantou-se. Como uma sonâmbula, dirigiu-se para o quarto de hóspedes, onde estava acomodada.

Jonas esperou algum tempo e, calculando que a jovem já teria voltado a dormir, entrou na sala e carinhosamente pegou o violino da falecida esposa, ainda aquecido pelo calor das mãos de Camila e impregnado pelo perfume da jovem.

Ele colocou o instrumento no ombro e fechou os olhos, imaginando Cecília segurando o violino e tocando-o, como tantas vezes a vira fazer. Depois, devagar, depositou o instrumento sobre o sofá.

Camila acordou primeiro e preparou o desjejum. Quando Jonas chegou à sala, tudo já estava disposto na mesa. Ela o cumprimentou com carinho:

— Está se sentindo melhor, Jonas?

— Estou novinho em folha. Até a febre passou. Menina, você é uma ótima enfermeira.

— O mérito é do remédio, não meu.

— De qualquer forma, dormi muito bem.

— Que bom!

Depois de uma pausa, Jonas decidiu dar uma cutucada nela.

— Inclusive, tive um sonho maravilhoso esta noite.

— Me conte! Adoro ouvir sonhos.

Os dois sentaram-se para tomar o café da manhã:

— Na verdade, apenas ouvi. Foi um sonho "auditivo".

— O que foi que você ouviu?

— Você não vai acreditar. Ouvi um concerto solo de um violino. Parecia Cecília tocando.

— Que legal, Jonas! Deve ter sido lindo.

— E foi mesmo. Parecia muito real. Era como se alguém tocasse aqui dentro de casa — Jonas disse isso olhando para Camila, para ver se notava alguma reação diferente na jovem. — E você? Não sonhou com nada?

— Eu? Nadinha. Dormi pesado, direto. Só acordei agora cedo.

Jonas não acreditava que ela estivesse mentindo. Mas, então, como explicar o solo de violino a que assistira na madrugada?

— Desculpe insistir, Camila, e a pergunta pode até parecer ridícula, mas você tem certeza de que não sabe mesmo tocar violino?

Ela brincou:

— Toco maravilhosamente! Você está tirando uma comigo, Jonas? Morro de vontade de aprender, acho lindo, mas nunca tive a oportunidade de frequentar uma escola de música. Ou me faltava tempo ou me faltava dinheiro.

— Então vou lhe fazer outra pergunta ridícula.

— Ahan! Está pegando minha mania, hein?

— Deve ser a convivência. Me diga: por acaso, você é sonâmbula?

— Sonâmbula, eu? — Camila soltou uma de suas estridentes e espontâneas risadas, que Jonas adorava ver e ouvir. — Desculpe a risada, mas achei engraçada a sua pergunta. Você está falando sério?

— Estou.

— Bom, se sou sonâmbula, Clotilde nunca me disse nada a respeito disso — depois de uma pausa, ela continuou: — Por que você me perguntou isso? Eu andei pela casa durante a noite?

Jonas achou melhor não entrar em detalhes e disfarçou:

— Não, não, só curiosidade. Quero dizer... Se você andou, eu não poderia saber, pois estava dormindo.

— Na verdade, eu sou o oposto de sonâmbula. Não chego a ter insônia, mas demoro muito tempo para dormir. Mas quando pego no sono...

— Cecília também era assim. Eu ia dormir, e ela ficava ensaiando, estudando até altas horas. Não largava o violino.

Camila ficou um tempo olhando séria para ele antes de comentar:

— Ela devia ser uma pessoa maravilhosa.

— E era mesmo.

— Mas você não gosta muito de falar dela, não é?

— Para falar a verdade, não gosto. Me traz recordações que me fazem sofrer de saudade.

Quando o telefone tocou, Jonas se apressou em atendê-lo. Não gostaria que um de seus filhos fosse surpreendido pela voz de Camila logo de manhã cedo. Era Clotilde.

— Seu Jonas?

— Como vai, Clotilde?

— O senhor está melhor?

— Muito melhor. Camila é uma ótima enfermeira. Devia estudar medicina e não psicologia. Ela me deu uns comprimidos que fizeram milagre! Estou novinho em folha! Se é que eu posso me expressar assim, na minha idade...

— Ora, seu Jonas, que é isso... Mas fico contente em saber que o senhor está melhor. Este verão está muito bravo. A gente fica bebendo coisas geladas para combater a sede, liga o ar-condicionado e o resultado é esse: gripe.

— É verdade, mas acho que a minha já foi embora. Na verdade, nem chegou a se instalar. Quero lhe agradecer por ter permitido que Camila dormisse aqui.

— O senhor merece. É gente do bem e de nossa confiança.

Muito obrigado, Clotilde. Se precisar de alguma coisa, pode contar comigo. Vou passar o telefone para ela.

Camila atendeu a ligação, apoiando-se nos ombros de Jonas com naturalidade, o que o fez corar:

— Oi, Clô, tudo bem?

— Tudo bem, minha filha. Conseguiu dormir?

— Consegui. Aqui é muito silencioso. Não ouvi nada. Jonas, no entanto, disse que ouviu sons de violino durante a madrugada.

— Como? Ele ouviu alguém tocando violino durante a noite?

— Ouviu. E, segundo ele me disse, isso acontece sempre. Esta noite, ele tornou a ouvir o som do violino e chegou a pensar que eu estivesse tocando. Imagine! Eu tocando violino! Quem me dera!

No mesmo instante, várias ideias passaram pela mente de Clotilde. Para ela, aquele fato tinha uma explicação óbvia, com a qual Jonas certamente não concordaria. Ela procurou disfarçar o nervosismo que aquela informação lhe causara:

— Quem dera! Escute, minha filha, quando você voltará para casa?

— Assim que acabar de tomar café.

— Está bem. Não quero que fique aí incomodando seu Jonas. Talvez ele prefira ficar sozinho.

— Está bem, Clô, mas tenho quase que certeza de que não o incomodo.

— Não seja convencida, menina! Como você pode saber disso?

— Ué, pela cara dele. Tenho a impressão de que ele me acha a pessoa mais inteligente e importante do mundo — Jonas, sorrindo, fez um sinal de "positivo" levantando o dedo polegar.

Clotilde, no entanto, não estava gostando da situação:

— Tome o café e volte para casa.

Depois que Camila desligou o telefone, Jonas brincou:

— Acho que estavam falando de mim.

— Não ligue! São bobagens da Clô.

Camila voltou a sentar-se e continuou tomando seu café. Depois, ficou olhando para Jonas e perguntou:

— Posso lhe fazer uma pergunta pessoal, Jonas?

— Claro, Camila. Eu já lhe fiz tantas...

— Sei que você era jovem quando enviuvou... Então, por que nunca se casou de novo?

Ele não hesitou na resposta:

— Simples: porque nunca encontrei outra mulher que pudesse ocupar o lugar de Cecília.

Camila olhou-o séria:

— Ela era tão especial assim?

— Era única. Ela era minha inspiração, minha motivação para o trabalho e para minha vida. Cecília era o ar que respiro. Quando ela se foi, senti que me faltava esse ar e pensei que morreria também. Não sei o que me segurou aqui. Talvez os filhos... não sei. Mesmo depois de tanto tempo, nunca deixei de amar Cecília. Ela ainda vive em mim — Jonas percebeu que Camila se emocionara com suas palavras, porque os olhos da jovem estavam cheios de lágrimas. Ele se assustou. — O que foi? Eu lhe disse alguma coisa que não devia?

Camila respondeu com a voz embargada:

— Não é isso, Jonas... É que foi tão lindo o que você falou. Fiquei emocionada. Nunca imaginei que pudesse existir um amor tão grande assim. Achei que um amor como esse só existisse em romances e filmes. Você falou com o coração, de uma maneira tão intensa, tão sincera... — Camila fez uma pausa. — Não me censure nem ria de mim, mas, por um momento, tive a sensação de que essas palavras foram ditas para mim. Sei que é bobagem minha, mas acreditei nessa fantasia e tive vontade de chorar de emoção.

— Desculpe, não queria que você ficasse triste.

— Não estou triste, Jonas. Estou feliz por Cecília. Onde quer que ela esteja, deve estar muito orgulhosa de você e da imensidão do seu amor.

— Agora você entende o porquê de eu não ter me casado novamente.

— Entendo. Acho que a Cecília que você guarda em suas lembranças substitui qualquer mulher que você colocar ao seu lado.

— É isso mesmo.

Camila continuou olhando-o, entre emocionada e orgulhosa. Depois, como se despertasse de seus pensamentos, levantou-se.

— Jonas, preciso ir embora. Ficamos conversando e nem vi o tempo passar. A pobre da Clô está sozinha e pode precisar de minha ajuda.

Ele também se levantou:

— É verdade, Camila. Estou sendo egoísta querendo que você fique mais tempo aqui. Quero que saiba que lhe sou muito grato por tudo o que você fez por mim.

— Ora, Jonas, foi um prazer. Me chame sempre que precisar.

— Vou me lembrar disso.

Camila se aproximou de Jonas e deu-lhe um beijo na face:

— Fique com Deus.

Timidamente, ele se permitiu um gesto de ousadia:

— Posso retribuir?

Sorrindo, Camila ofereceu-lhe a face, e Jonas a beijou suavemente. De repente, de forma inesperada, ambos se abraçaram emocionados e ficaram assim por algum tempo, sentindo o calor do corpo um do outro.

Quando se separaram, estavam com as faces rosadas, acaloradas. Nenhum dos dois sabia o que dizer naquele instante, mas ambos estavam discretamente ofegantes.

Camila já estava diante da porta do elevador, quando se voltou para Jonas, que estava parado ao lado da porta do apartamento.

— Esqueceu alguma coisa, Camila?

— Não, é que... Sabe essa minha mania de falar tudo o que penso?

— Sei. No que você pensou agora?

— É mais uma bobagem minha, mas preciso lhe dizer.

— Pois então diga!

— Foi muito bom dormir aqui, mas eu acordei com a sensação de que já havia dormido outras vezes neste apartamento. Quando me levantei e fui preparar o café da manhã, pareceu-me que eu já tinha feito isso outras vezes, neste mesmo lugar, para você.

— Bem, você sabe que isso não aconteceu antes.

— Eu sei, por isso mesmo disse que era bobagem minha. Mas foi uma sensação tão forte, tão intensa, que eu achei que precisava lhe contar...

— Estou lembrando que, desde que esteve aqui pela primeira vez, você tem tido essa sensação, não é?

— Sim. Você não acha isso muito estranho?

Jonas se descuidou e abriu uma brecha inoportuna:

— Eu tenho uma teoria a respeito.

— Ah, é? E só agora você me diz isso? Qual é sua teoria?

Jonas, de repente, caiu em si e percebeu que quase tocara no assunto da reencarnação. Então, tratou de desviar a conversa:

— Ah, não, senhora! Não vou falar disso agora, no momento em que você está saindo. É uma teoria complexa que precisa de mais tempo para ser explicada e discutida. Um dia desses, falaremos a respeito.

— Ah, isso não vale, Jonas! Vou ficar esperando com ansiedade por essa conversa. Você me deixou muito curiosa.

Camila percebeu que o elevador chegara e correu para ele. Fez um aceno da porta, lançou um beijinho para Jonas e se foi.

Jonas ficou um longo tempo olhando para o elevador. Sem notar, acariciou a porção de sua face onde Camila o beijara. Depois, em pensamento, repreendeu-se:

"O que está acontecendo comigo? Será que estou me apaixonando por essa menina? Era só o que me faltava! Na minha idade...", e fechou a porta, voltando para dentro do apartamento.

Podia até ser imaginação sua, mas estava sentindo o cheiro de Camila por todos os cantos da casa.

Capítulo 19

O apartamento pareceu-lhe absurdamente vazio depois que Camila foi embora. Tudo ficou muito quieto, muito silencioso. Mas esse silêncio não permaneceu por muito tempo.

O *tablet* deu sinal de que um dos filhos de Jonas o chamava. Mas assim, tão cedo? A imagem de Cíntia apareceu na telinha, mas desta vez ela não estava sorridente. Ela começou a falar em um tom de quem iria ralhar:

— Papai!

— Bom dia, minha filha.

— Deve ser um bom dia mesmo para o senhor.

— Ué, o que aconteceu? Você me parece brava.

— Claro que estou! Acho que dessa vez o senhor passou dos limites.

— Eu? O que eu fiz dessa vez?

— Que história é essa de ir ao supermercado com uma garota?

Jonas ficou surpreso com a rapidez com que as notícias corriam, independente das distâncias:

— Ah, a fofoca já chegou aí? Quem foi o pombo-correio dessa vez?

— Não interessa, papai. Tenho muitos e bons olheiros aí para cuidar do senhor. Que história é essa? Por acaso é a mesma moça com quem o senhor foi ao concerto?

— Ela mesma. Por quê?

Cíntia nunca se mostrara tão indignada antes:

— Papai, eu não acredito nisso! O senhor está namorando uma menina que tem idade para ser sua filha!

— Neta, minha filha. Camila tem idade para ser minha neta.

— E o senhor admite esse namoro?

— Não estou admitindo coisa nenhuma. Você é quem está com a maldade na mente. Camila — este é o nome da moça — é uma grande amiga. Eu a respeito muito, e ela a mim.

— Mas, papai, o que as pessoas vão dizer do senhor? Um homem de sessenta anos que tem uma "amiga" de dezoito, ou sei lá quantos anos essa moça tem.

— Você acertou em cheio, minha filha! Camila tem exatamente dezoito anos. E, quanto às pessoas, podem falar o que quiserem. Qualquer um pode inventar as mentiras que quiserem. Aos sessenta anos, eu não tenho mais tempo a perder com fofocas de pessoas que não sabem o que fazer com o tempo.

— Mas o senhor não tinha outra pessoa para levar ao supermercado? Tinha que ser essa menina?

— Quem eu poderia levar? Um dos meus filhos?

Cíntia percebeu ironia nas perguntas do pai:

— Não quis dizer isso. Mas uma garota, papai?

— Cíntia, deixe-me lhe contar uma coisa que é mais importante do que essas bobagens. Ontem, tive um princípio de resfriado e cheguei até a ter febre. Não tinha condições de sair nem para almoçar. Então, como eu já conhecia Camila do concerto, lhe pedi que, se pudesse, viesse me ajudar a fazer compras. E ela veio com a maior boa vontade. O que tem de errado nisso?

Címtia foi ferina:

— E o que ela lhe pediu em troca?

Nem essa provocação fez Jonas perder a calma:

— Por que você acha que tudo tem que ser feito à base de troca? Saiba que ela não me pediu nada, Cíntia. E tem mais: Camila não só me ajudou a fazer as compras, como também preparou o almoço, o jantar e o café da manhã.

Pelo tom de voz esganiçado da filha, Jonas pensou que Cíntia iria surtar do outro lado da linha:

— Café da manhã, papai?! Não acredito! O senhor está me dizendo que dormiu com ela?

— Não. Estou lhe dizendo que ela dormiu aqui, o que é diferente de Camila ter dormido comigo.

— Papai!!! — Cíntia quase gritou, e Jonas pensou que ela fosse ter um ataque. — O senhor está ficando louco?

Jonas mantinha-se perfeitamente calmo:

— Ah, minha filha. Agora, percebo que realmente não daria certo eu morar com você. Certamente, eu viveria enclausurado, preso, como se fosse um monge tibetano ou um velho senil, sem juízo e sem direito a ter amizades e vida própria.

— Mas amizades e vida própria desse jeito, papai? Se expondo à maledicência? A comentários maldosos?

— Cíntia, sou um sujeito de sessenta anos que vive só, não tem parentes por perto nem amigos íntimos. Conheci uma moça muito educada, que se tornou minha amiga. Não há em nossa relação nenhum interesse mesquinho ou malicioso nem da parte dela nem da minha. Ela tem me ajudado e é só isso. O problema para você é o fato de Camila ser jovem. Se fosse uma "coroa" como eu, estaria tudo bem! Não é isso?

— Pelo menos seria mais adequado.

— Cíntia, uma pessoa na minha idade não teria forças e energia para fazer o que Camila faz por ser jovem.

— Essa moça não tem pais?

— Acho que já lhe disse que ela é órfã, que não conheceu o pai e que a mãe morreu no parto. Camila foi criada pela amiga da mãe. Eu, inclusive, já conheci a Clotilde e sempre peço permissão a ela quando preciso da ajuda de Camila.

Cíntia pareceu ficar mais calma com essas informações:

— Pai, sempre confiei inteiramente em seu bom senso, mas essa história me parece muito estranha. Algo me diz que o senhor está sendo ingênuo e que em breve sofrerá uma grande decepção por estar tão envolvido com essa moça.

— Por que você não vem aqui e a conhece? Posso apresentá-la a você.

— Mas é claro que vou fazer isso. Preciso saber dessa história direitinho. E talvez eu convença o Jefferson a ir comigo.

— Eu sugiro que deixe o Jefferson em paz. Ele não tem nada a ver com isso.

— Claro que tem! Ele é seu filho, lembra?

— Acontece que eu não vou aguentar outro sermão. Já me basta o seu.

— Papai, preciso desligar. Se eu conseguir resolver uns problemas aqui e se achar passagem, talvez eu viaje para São Paulo hoje ainda.

— Tudo bem, mas venha tranquila, com um humor melhor e sem tantas minhocas na cabeça. Não acho que valha a pena você vir até aqui apenas por causa da história do supermercado. Prefiro acreditar que você está com saudade de mim e que virá a São Paulo para passar uns dias comigo.

— São as duas coisas, papai. As duas coisas. Te amo — e desligou.

Jonas já temia que esse tipo de reação fosse ocorrer, só não esperava que a notícia chegasse tão rápido à sua filha. "Fofoqueiros de plantão não faltam nesta vida!", pensou com alguma irritação. No entanto, ele não estava muito preocupado com isso. Quando seus filhos quiseram tocar suas vidas, fizeram tudo sem consultá-lo e foram para longe. Por que ele também não podia tomar decisões sobre sua vida sem consultar quem quer que fosse?

De qualquer modo, ele sabia que, com a chegada dos filhos, novos sermões, novas ironias e críticas aconteceriam. Pois que viessem! Ele estava preparado para a guerra.

Cíntia e Jefferson chegaram a São Paulo um dia após a conversa que Jonas tivera com a filha.

Ao chegarem à casa de Jonas, ambos mostravam preocupados com as novidades envolvendo o pai.

Depois de se cumprimentarem e deixarem as bagagens no quarto de hóspedes, Cíntia foi tomar um banho. Jefferson aproveitou o momento para sentar-se frente a frente com o pai para conversar. Estava visivelmente constrangido. Aparentando calma e tentando esconder sua ansiedade, ele perguntou:

— Pai, o que está acontecendo?

— Que eu saiba, nada de extraordinário está acontecendo. A menos que você esteja se referindo à minha amizade com uma jovem.

Jefferson parecia um policial interrogando um suspeito:

— Que jovem é essa, papai?

— Você vai conhecê-la. É uma moça muito inteligente e educada.

Jefferson olhou para os lados para verificar se Cíntia estava por perto. Era óbvio que ia tocar em algum assunto "proibido":

— Papai, o senhor tem ótima saúde e é natural que, de vez em quando, tenha certas necessidades fisiológicas. Eu entendo isso muito bem. Acontece que esse problema pode ser resolvido sem que o senhor tenha que correr certos riscos. Eu conheço um grupo de acompanhantes de confiança, meninas jovens e bonitas, todas daqui de São Paulo.

Jonas não se conteve mais e explodiu num riso estrepitoso. Jefferson, por sua vez, ficou muito surpreso, desconcertado e algo irritado com a reação do pai:

— Eu disse alguma coisa engraçada?

— Claro que disse! Você está me oferecendo os serviços de garotas de programa! — Jonas esperou passar a crise de riso e respondeu com paciência. — Sossegue, filho. Agradeço sua boa intenção, mas não preciso de intermediários para isso, se fosse o caso.

— Quer dizer que o senhor já se "entendeu" com essa moça?

— Eu já disse à sua irmã e vou dizer a você: Camila é minha amiga, não minha namorada ou amante. Nossa relação é de amizade sincera, sem outros interesses envolvidos.

O rapaz levantou-se com um gesto de descaso e impaciência:

— Isso não existe, papai! Nenhuma garota de dezoito anos se envolve com um homem de sessenta sem que haja algum interesse por trás disso. Ela pode não ter pedido nada ainda, mas vai pedir.

— Pois então ela deve ser uma exceção. Até agora, Camila não demonstrou nenhuma intenção de querer levar vantagem sobre mim. Ela nunca me pediu nada, absolutamente nada. Não sei se sua irmã já lhe contou, mas ela é órfã, mora com a mãe de criação, está estudando para fazer faculdade e trabalha numa biblioteca. De resto, parece muito ajuizada e tem me ajudado muito.

— Tudo isso a troco de...

— A troco de nada, já lhe disse. Camila nunca me pediu um tostão. Nunca insinuou nem tentou nada que não fosse oferecer sua amizade.

— Bem, pai, vejo que insistir em abrir seus olhos é pura perda de tempo. Afinal, o senhor não é mais criança e deve saber o que faz. Mas, de qualquer maneira, gostaríamos de conhecer essa moça.

— Não há nenhum problema quanto a isso. Vou ligar para ela agora. Direi que amanhã lhe faremos uma visita.

— O senhor não acha melhor pedir a ela que venha até aqui?

— O interesse é nosso, não é? Acho mais elegante irmos até lá.

— O senhor é quem sabe.

Durante o jantar, não tocaram mais no assunto, no entanto, era visível que havia certa tensão no ar por parte dos filhos de Jonas. Cíntia já externara seu pensamento ao pai, durante a conversa que tivera com ele antes de viajar para São Paulo.

Observando os dois irmãos quase sem se falarem à mesa, Jonas ficou imaginando como teria sido o encontro dos dois no aeroporto e durante o trajeto até sua casa. Teria sido em silêncio? Pelo visto, a relação entre eles não melhorara em nada.

Quando acabaram de jantar, Jonas ligou para Camila, mas foi Clotilde quem atendeu:

— Boa noite, Clotilde. É o Jonas.

— Boa noite, seu Jonas. O senhor está melhor?

— Já estou completamente recuperado, Clotilde.

— Ah, que bom! Graças a Deus! O senhor quer falar com Camila?

— Não precisa incomodá-la. Estou ligando, porque meus filhos, Cíntia e Jefferson, estão aqui em São Paulo e eu gostaria de levá-los até aí amanhã para que vocês pudessem conhecê-los. O que acha?

— Virem aqui? Mas, seu Jonas, nossa casa é muito humilde.

— Ora! O que é isso, Clotilde? Somos todos pessoas simples, e nenhum dos meus filhos repara nessas coisas. Na verdade, sua casa é muito confortável.

— O senhor está sendo educado, seu Jonas. Desculpe, mas, se o senhor não se importar, nós preferimos ir até aí. Gostaríamos muito de conhecer seus filhos.

— Você prefere assim?

— Eu prefiro, seu Jonas. Espero que o senhor não se aborreça, mas eu me sentiria melhor.

— Então, está bem. Amanhã, Josias irá buscá-las. Que horas está bem para vocês?

— Acho que por volta das dez horas, se o senhor estiver de acordo.

— Está combinado. Nos veremos amanhã — depois que desligou o telefone, Jonas voltou-se para os filhos: — Vocês ouviram, não foi? Amanhã, Camila e Clotilde virão aqui.

Jonas e os filhos passaram o resto da noite falando de amenidades e vendo TV.

Quando se levantaram para dormir, Jonas teve uma pequena contrariedade: Jefferson foi até a sala onde ficavam guardados os instrumentos musicais e voltou com o violino nas mãos:

— Pai, o que o senhor pretende fazer com essas coisas?

— Que coisas?

— Com este violino, o piano e as partituras. Este violino aqui, por exemplo, está envelhecendo. Qualquer hora dessas, vai receber a visita dos cupins e aí não servirá nem para lembrança.

Jonas aproximou-se de Jefferson, intimamente aborrecido com o descaso do filho com o instrumento que pertencera a Cecília, e tirou o violino de suas mãos quase com rispidez:

— Talvez você tenha esquecido, Jefferson, mas este violino pertenceu à sua mãe! Com ele, Cecília encantou multidões no Teatro Municipal e em outros palcos. Era muito respeitada pelo público e pela crítica, graças ao seu talento!

— Eu sei, pai, e isso me enche de orgulho. Mas hoje, para que ele serve? Seu piano é outro exemplo. Sei que o senhor era famoso e fez concertos incríveis pelo Brasil e no exterior, mas, desde que mamãe morreu, o senhor decidiu não tocar mais. Então, para que manter o piano? Ele está todo empoeirado. Qualquer dias desses também será atacado pelos cupins.

Jonas olhava para o filho tentando descobrir se ele falava sério ou se brincava. Por fim, ele percebeu que Jefferson falava sério.

— Entendo. E o que você sugere que eu faça?

— Que os venda, ora! E que faça isso enquanto eles ainda valem alguma coisa.

Revoltado, Jonas balançou a cabeça, sem se preocupar em disfarçar sua irritação:

— Eu só acredito que você me disse isso porque eu ouvi!

Jefferson parecia não ter entendido nem um pouco o impacto emocional do que sugerira:

— Falei alguma bobagem?

— Falou bobagens e foi insensível, Jefferson! Mas que ideias são essas? E o valor afetivo, não conta?

— Ora, pai, isso é sentimentalismo ultrapassado!

"Sentimentalismo ultrapassado! Aquilo já era demais", Jonas pensou. Contrariado, ele deu boa-noite ao filho e foi para seu quarto. Preferia ficar só a ouvir tamanhas bobagens.

Cíntia, por sua vez, acompanhou todo o diálogo com o olhar baixo, mas não se manifestou.

Capítulo 20

Na manha seguinte, as primeiras palavras que Jefferson dirigiu ao pai foram pedidos de desculpas pelo que dissera sobre vender os instrumentos. Cíntia o repreendera e o fizera reconhecer que fora muito insensível. Jonas respondeu com um vago "deixa pra lá, está tudo bem", porque não acreditava que o filho tivesse realmente mudado seu pensamento. Para ele, Jefferson só tentara ser gentil.

Depois de um café da manhã silencioso e tenso, os três foram para a sala de estar para conversar sobre a situação política do Brasil. De repente, o interfone tocou. Jonas sabia que Camila e Clotilde haviam chegado.

Jonas autorizou a entrada das duas mulheres e voltou à sua poltrona. Estava relativamente calmo, mas percebia que Cíntia e Jefferson estavam inquietos.

Quando a campainha do apartamento soou, Jonas se levantou para abri-la. As duas mulheres entraram timidamente na sala. Clotilde veio à frente de Camila, como se tentasse protegê-la.

No exato momento em que Cíntia e Jefferson se levantaram para cumprimentá-las, Camila empalideceu e, se não tivesse se apoiado em Clotilde, talvez suas pernas não a tivessem mantido de pé. Jonas foi rapidamente ao seu socorro:

— Camila, tudo bem? Está sentindo alguma coisa?

A moça não falava. Apenas olhava fixamente para Cíntia e Jefferson, alternadamente. Clotilde passou a mão no rosto da jovem suavemente:

— O que você tem, minha filha? Não quer se sentar um pouco?

Cíntia tomou a iniciativa:

— Vou pegar um pouco de água para ela.

— Venha sentar-se aqui, Camila — Jonas conduziu-a com cuidado a uma das poltronas. Jefferson acompanhava tudo, calado, com inequívoco olhar de desconfiança.

Cíntia trouxe-lhe a água e, antes de pegar o copo, Camila olhou-a agora de um jeito terno.

— Obrigada — bebeu calmamente e devolveu o copo a Cíntia. — Desculpem-me pelo vexame.

— Deve ter sido o calor. Lá fora está um forno — justificou Clotilde.

Jonas mostrou-se preocupado:

— Você está melhor, Camila?

— Sim, Jonas, o mal-estar já passou. Obrigada. Desculpem-me, reconheço que esta não foi a maneira mais elegante de me apresentar.

— Ora, Camila, isso acontece com qualquer um. Não se preocupe. O importante é que agora estamos todos bem e podemos fazer as apresentações. Aquele é meu filho Jefferson. Ele é engenheiro agrônomo e mora em Manaus. E esta é Cíntia. Ela é psicóloga e vive em Florianópolis — Jefferson e Cíntia fizeram leves gestos com a cabeça.

Jonas deu prosseguimento às apresentações:

— E esta senhora aqui é a Clotilde, mãe de criação de Camila, que é esta moça bonita aqui. Pronto.

Agora que todos já se conhecem, o plenário está aberto para perguntas — com essas palavras, Jonas tentou deixar o ambiente mais descontraído.

Jefferson pigarreou e mandou seu torpedo ferino:

— Quantos anos você tem, Camila?

— Dezoito.

— Papai nos contou que você está se preparando para fazer psicologia. É verdade? — foi Cíntia quem perguntou.

— Sim, se Deus quiser! Acho que psicologia e uma área belíssima. Como psicóloga, poderei ajudar muitas pessoas.

— É realmente uma área belíssima. Mas, por experiência própria e pelo que minhas colegas comentam, não diria que seja uma das áreas mais rentáveis.

Camila não se abalou com a observação de Cíntia:

— Posso estar enganada por ser muito jovem, mas sempre achei que o dinheiro não é tudo. O importante é a gente gostar do que faz.

— Isso é verdade — admitiu Cíntia.

Jefferson, no entanto, não perdeu a oportunidade de destilar algum veneno:

— Em termos, não é, minha irmã? Satisfação no trabalho não paga a conta do supermercado nem o aluguel da casa. E nem o salão de beleza, as lojas de grife, essas coisas.

— Não seja tão materialista, filho. Afinal, de que adianta uma pessoa exercer uma profissão altamente rentável e não ser feliz?

— Ora, pai, felicidade é algo relativo.

— Filho, não vamos filosofar nem abrir debates. Isto aqui é uma reunião de apresentação da Camila e da Clotilde a vocês.

Camila se manifestou:

— Desculpem, talvez eu esteja falando bobagem, mas tenho a sensação de que já conheço vocês dois.

Jefferson foi categórico:

— Isso é impossível, Camila. Eu nunca a vi antes. E faz muito tempo que me mudei de São Paulo.

— A mesma situação se aplica a mim — completou Cíntia.

— Como eu lhes disse, é apenas uma sensação. Uma sensação muito forte, no entanto. Foi o que me fez passar mal, quando entrei nesta sala e os vi. Foi como se eu tivesse reencontrado pessoas muito queridas. Por isso, o grande susto que levei.

Jefferson tentou ser espirituoso, mas não conseguiu disfarçar sua antipatia pela jovem:

— Puxa vida, Camila! Somos tão feios assim a ponto de assustá-la?

Novamente, Camila manteve a postura serena, respondendo com tranquilidade:

— Sei que o senhor está brincando, porque sabe que não foi isso que eu quis dizer. Como já lhes disse, eu senti que estava reencontrando pessoas queridas que há muito tempo não via.

Cíntia ponderou de maneira mais elegante:

— Será que papai não lhe mostrou algumas fotos nossas?

Jonas interveio:

— Eu acho que nem tenho fotos novas de vocês, Cíntia. E, se as tenho, nem sei por onde andam.

Clotilde achou que já era hora de colocar um ponto final naquela conversa:

— Não liguem para o que a Camila disse. Ela é muito espontânea, muito impulsiva, e costuma dizer tudo o que lhe vem à cabeça, mesmo que pareça não fazer sentido algum.

— Isso pode ser bom ou não... — alfinetou Jefferson.

Jonas interveio em defesa de Camila:

— Eu acho sempre bom. Não gosto de pessoas falsas, fingidas, que pensam demais no que vão dizer. Soam artificiais.

— E então, Camila, como foi a experiência de fazer compras com meu pai? — quis saber Cíntia.

— Muito legal. Ele é muito divertido.

— Meu pai é divertido? — Jefferson parecia surpreso com essa informação.

— Demais. Foi uma experiência muito legal. E o mais importante é que não nos esquecemos de nada do que era necessário.

Para satisfação de Jonas, Cíntia parecia genuinamente interessada em conhecer melhor a moça:

— E o concerto, Camila? Como foi? Você gostou?

O rosto da jovem se iluminou:

— Ah, se eu falar muito sobre o concerto, acho que choro — Jonas percebeu o ar de ironia do seu filho com a resposta de Camila. — Foi muito bonito, emocionante. Eu nunca tinha assistido a um concerto. Para mim, foi uma experiência mágica.

— E como vocês ficaram sabendo dele?

Jonas esclareceu:

— Foi o Giovanni, do restaurante, quem nos deu os ingressos. A esposa dele não estava bem de saúde e não pôde ir.

Jefferson pegou a deixa:

— Ah, então vocês já almoçaram juntos?

Jonas fez questão de chocá-lo:

— Não só almoçamos juntos no restaurante, como aqui em casa também, onde jantamos juntos e dormimos.

Jonas sentiu-se interiormente vingado com o impacto causado por sua frase. O silêncio foi absoluto após esse torpedo arrasador, confrontando o preconceito de Jefferson e os valores de Cíntia. O filho reagiu primeiro, perguntando em voz baixa:

— Desculpe, pai, não entendi.

— Quando voltamos do supermercado, Camila teve a gentileza de ficar e preparar o almoço. Depois, comecei a me sentir mal e ter febre. Ela me deu um antitérmico e pediu a Clotilde para pernoitar aqui e me fazer companhia, pois o resfriado poderia piorar. Ela ficou e ainda fez a gentileza de preparar uma gostosa sopa de legumes para o jantar.

— Então, ela dormiu aqui? — o filho insistiu.

— Sim, no quarto de hóspedes.

— Caramba! — ele deixou escapar.

Nesse momento, Camila dirigiu-se a ele:

— Jefferson, você melhorou de suas dores de coluna?

Os irmãos se entreolharam. Jefferson empalideceu. Estava estupefato com a pergunta de Camila:

— Minhas dores de coluna?

— Sim, elas continuam incomodando muito? Já decidiu se fará a cirurgia?

Aturdido e um pouco indignado, o rapaz voltou-se para Jonas:

— Pai, por acaso você comentou com Camila sobre meus problemas de saúde?

— Eu? Nós nem falamos de vocês. Até há poucos dias, ela nem sabia que eu tinha filhos.

Jefferson virou-se para a jovem, tentando ser educado:

— Desculpe, Camila, mas como você sabe disso?

Ela franziu a testa, como se não soubesse do que ele estava falando:

— Disso?

— Sim, das minhas dores de coluna e da possibilidade de eu ter de fazer uma cirurgia.

Camila pareceu surpresa com a informação:

— Você tem problemas de coluna?

Ele pareceu aborrecer-se com a pergunta da jovem:

— Camila, você acabou de me perguntar isso.

A jovem respondeu de maneira serena, mas firme:

— Desculpe, Jefferson, devo ter falado qualquer outra coisa, e você provavelmente entendeu isso. Nada sei sobre suas dores de coluna. Como poderia saber, se o conheci hoje? E acho até que seria indelicadeza de minha parte lhe fazer uma pergunta tão pessoal como essa.

Cíntia, que considerara aquele diálogo muito estranho, aproximou-se e sentou-se ao lado da moça. Em seguida, perguntou com carinho na voz:

— Camila, posso lhe fazer uma pergunta pessoal?

— Claro, Cíntia.

— Você é médium? É espírita?

— Eu? — ela se surpreendeu com a pergunta.

Durante todos esses diálogos, Clotilde se mantivera calada, apenas observando as expressões de cada um dos presentes na sala. Certamente, ela tentava tirar suas próprias conclusões do que estava acontecendo ali. No entanto, diante da pergunta direta de Cíntia, ela decidiu se manifestar:

— Desculpe, dona Cíntia, mas Camila não segue nenhuma religião ou doutrina. Ela nada sabe sobre espiritismo e acho até que nem sabe o que é um médium. Eu sou espírita e gostaria de saber por que a senhora lhe perguntou isso.

— Ah, você é espírita? Que bom, Clotilde, também sou. Eu fiz essa pergunta porque, por um instante, tive a impressão de que Camila era médium.

A moça ficou curiosa:

— Médium? O que é isso, Clotilde?

— Em casa conversaremos sobre isso, minha filha. Eu lhe explicarei tudo direitinho.

Cíntia, no entanto, decidiu antecipar a explicação:

— Camila, de forma resumida, médium é uma pessoa extraordinariamente sensível, que tem uma forma muito especial de se comunicar e assim parece saber o que os outros pensam ou sentem. E, por meio disso, procura ajudar os outros.

— Assim como acontece com você e seus clientes?

Por ser espírita, Cíntia não se chocou, mas ficou muito interessada nessa habilidade da jovem:

— Isso mesmo. Mas como você sabe disso, Camila?

Em vez de responder, Camila continuou falando:

— Aliás, desde criança, você tem essa habilidade de saber o que as outras pessoas pensavam a seu respeito, não é verdade?

Definitivamente admirada, Cíntia olhou para as pessoas na sala e, sorrindo, voltou a perguntar:

— Sim, é verdade. Camila, desculpe-me perguntar isso de novo, mas como você sabe de tudo isso?

Camila olhou fixamente para Cíntia, ficou um pouco em silêncio, franziu a testa e respondeu, meio embaraçada:

— Bem, eu... eu não sei o que quis dizer. Desculpe, devo ter falado mais uma de minhas bobagens.

Cíntia pôs a mão no ombro de Camila carinhosamente:

— Não foi bobagem o que você falou, Camila. Eu realmente tenho esse dom, se é que posso chamá-lo assim. Na maioria das vezes em que estou atendendo meus clientes no consultório, costumo "captar" o pensamento e os sentimentos das pessoas, sem que elas precisem me falar algo.

— Eu acho isso incrível. Deve ajudá-la muito em seu trabalho.

— Ajuda, sim. Agora mesmo, por exemplo... — Cíntia interrompeu o que ia dizer, com receio de ser mal interpretada.

Jonas incentivou-a a prosseguir:

— Continue, filha. O que você ia dizer?

— Pode ser bobagem minha, mas sinto que entre eu e Camila há um laço muito profundo. Senti isso desde que ela chegou.

Jefferson levantou-se indignado:

— Lá vem você com suas fantasias místicas!

Jonas lançou para o filho um olhar de repreensão:

— Não ligue para seu irmão, minha filha. Você já sabe como ele é. Continue o que você estava dizendo.

— Não sei explicar, papai, mas deve ser a mesma sensação que Camila disse ter tido quando entrou aqui e nos viu pela primeira vez. É como se eu a conhecesse de longa data.

Jefferson não se conformava com o rumo que aquela conversa estava tomando:

— Vocês estão pirando! Acabamos de conhecer a Camila e a dona Clotilde, não é isso?

Procurando manter a humildade, Clotilde respondeu-lhe:

— Desculpe, moço, mas as coisas da vida nem sempre são tão simples.

Jefferson balançou a cabeça e saiu da sala resmungando:

— Bom, já vi que sou minoria aqui.

Jonas decidiu colocar um ponto final no tema:

— Pessoal, o tempo está passando. Penso que já podemos começar a planejar o almoço. O que acham?

Clotilde levantou-se e se aproximou de Jonas:

— Desculpe, seu Jonas, mas eu e a Camila temos algumas coisas para fazer em casa. Por isso, lamentamos muito, mas não poderemos ficar para o almoço.

Jonas não escondeu sua decepção:

— Puxa vida, Clotilde! Eu contava com a presença de vocês.

Camila deu força a Clotilde:

— Fica para outra oportunidade, Jonas.

Jonas não insistiu, porque percebeu que a decisão de Clotilde tinha relação com a falta de cortesia de Jefferson. Certamente, o clima do almoço seria pesado, e ela queria evitar isso.

Cíntia e o irmão, que voltara amuado para a sala, levantaram-se e se despediram das visitantes. Gentil como sempre, Jonas acompanhou-as até a porta do elevador.

Antes de sair, Camila parou e voltou-se para Cíntia e Jefferson, dizendo com voz suave:

— Vocês cresceram e se tornaram pessoas muito inteligentes e bonitas. Fico feliz.

Os irmãos não souberam o que responder. Jonas, também sem palavras, alternava o olhar entre os filhos e Camila.

As duas mulheres se retiraram com a mesma calma com que haviam chegado. Depois que fechou a porta, Jonas voltou-se para os filhos com as mãos na cintura:

— Acho que a recepção de vocês às minhas amigas não foi das mais calorosas, estou certo? Você principalmente, Jefferson. Penso que boas maneiras não fazem mal a ninguém!

— Papai, como o senhor queria que eu agisse? Essa moça não passa de uma farsante!

— Uma farsante? — Jonas estava chocado com as palavras do filho.

Como das vezes anteriores, em que presenciava uma discussão entre Jonas e Jefferson, Cíntia manteve-se de cabeça baixa, sem nada dizer. Sua passividade às vezes irritava seu pai.

— Claro! Camila se faz de bobinha e ingênua e finge entrar em confusão mental só para jogar iscas e impressionar os incautos.

— Mas que raio de iscas você está falando, filho?

— Esse negócio de dizer que já nos conhecia há um longo tempo, coisas assim. Isso é conversa pra boi dormir, papai.

— Como você explica o fato de ela saber de suas dores de coluna?

— Ora, papai, você deve ter comentado isso com ela em algum momento e não se lembra.

Finalmente, Cíntia decidiu intervir, dirigindo-se ao irmão:

— E quanto a mim? E as coisas que ela disse a meu respeito?

— Ora, minha irmã, você é psicóloga! Não me diga que vai cair nessa conversa! Todas as pessoas sempre acham que sabem o que os outros estão pensando. O que ela disse foi o óbvio.

— E essa frase final de que vocês cresceram e se tornaram inteligentes e bonitos?

— Frase de efeito, papai! Pura frase de efeito! Agrada ao ego de qualquer um ouvir isso.

Jonas sentou-se, incrédulo:

— Então, na sua opinião, ela simulou o mal-estar quando chegou?

— Lógico! Foi uma entrada de impacto, para chamar a nossa atenção. Como se diz no popular, ela "foi chegando e causando"! Tenho que admitir que nisso ela mandou muito bem.

Jonas ficou olhando o filho durante um longo tempo. Depois ironizou:

— Quem é você? O que fez com meu filho?

— Ora, pai, isso não é hora de brincadeira.

— Filho, eu estou me perguntando a partir de quando você se tornou uma pessoa tão incrédula, tão fria.

Cíntia respondeu pelo irmão:

— A partir da morte da mamãe. Ele não admite, mas sei que foi a partir disso que a mudança dele começou. E o fato de ter crescido longe do senhor também contribuiu para essa revolta.

— Vocês estão errados! Não sou revoltado, incrédulo ou frio! Sou apenas realista.

— Então me responda, Jefferson... De acordo com o seu realismo, com que intenções Camila faria toda essa encenação?

— Ora, muito simples! Apenas para causar boa impressão nos filhos do amigo dela.

— E conseguiu?

— A mim ela não enganou! Continuo dizendo que Camila não passa de uma garota esperta e inteligente, em busca de uma forma de escapar de sua vida humilde.

— É isso o que você pensa dela?

— Me desculpe, papai, mas é o que eu penso. E ainda acho que há algum interesse oculto nessa amizade com o senhor.

Jonas desviou o olhar para Cíntia, que voltara a calar-se:

— Você também pensa isso, Cíntia?

— Não sou tão radical quanto meu irmão, pai. Gostei da Camila. Ela parece ser uma pessoa simples, sincera. E vou mais longe: acho que ela tem uma forte mediunidade.

Jefferson não deixava passar uma oportunidade de desqualificar a espiritualidade da irmã:

— Ah, lá vem você com essas coisas de espiritismo!

— Jefferson, nós o ouvimos externar suas opiniões em silêncio, sem interrompê-lo. Agora, é a vez de sua irmã falar.

— Deixa ele, pai. Eu não ligo. Como eu dizia, acho que Camila tem uma sensibilidade fora do comum. Não sei como ela obteve as informações sobre nós, mas não acredito que estivesse fingindo ou tentando nos enganar. Tudo indica que ela tem alguma capacidade paranormal, que ela ainda não sabe controlar direito. Por isso fala coisas aparentemente sem sentido e em momentos nem sempre adequados.

— Isso é mau para ela?

— Não chega a ser um problema, pai. É tudo uma questão de aprender a administrar esse dom.

— Que bom ouvir você falar essas coisas, minha filha. Para mim, sua teoria faz muito mais sentido que a racionalidade exagerada do seu irmão.

— Bom, isso não vem ao caso. O que eu gostaria de saber, e acredito que a Cíntia também queira saber, é: o que o senhor pretende fazer com essa moça? O senhor pretende continuar saindo com ela e deixá-la dormir aqui?

— Filho, não sei se você percebe isso, mas a maneira como você fala é muito insultuosa e desrespeitosa, como se Camila fosse uma garota de programa à minha disposição.

— Desculpe, não foi minha intenção.

— Pois bem, minha resposta é a seguinte: eu não tenho que lhe dar satisfações de minha vida pessoal, afetiva ou sexual. Não vou ficar prestando contas a vocês cada vez que sair com Camila ou que a deixar dormir aqui.

— Papai, não levando esse jeito grosseiro do Jefferson falar a sério, o que de fato nos importa é o seu bem-estar, sua saúde, sua felicidade e, sobretudo, sua segurança. Não me pareceu que Camila e Clotilde oferecem perigo ao senhor. Posso estar enganada, mas tive a impressão de que são pessoas de bem.

— E são mesmo.

— E quanto à sua vida afetiva e sexual, isso não me diz respeito. O senhor não é mais um adolescente. Quero apenas que o senhor se cuide, tome as cautelas naturais que qualquer pessoa deve tomar neste mundo atribulado e seja feliz.

De certa forma, as palavras de Cíntia deixaram Jonas emocionado:

— Gostei do que disse, filha. Agradeço sua compreensão. E você, Jefferson, o que me diz?

— Bem, o mundo não é assim tão cor-de-rosa como minha irmã pinta, mas, no geral, ela está certa. O senhor deve saber o que faz.

Cíntia interrompeu a conversa dos dois:

— Posso lhe fazer uma pergunta mais íntima, papai? Promete não se aborrecer?

— Pode perguntar o que quiser, minha filha. Você já ganhou muitos pontos comigo, devido às suas considerações sobre Camila.

— É o seguinte... — e fez uma longa pausa, talvez medindo o peso do que iria perguntar ao pai. — E se o senhor se apaixonar por ela?

Ao contrário do que Cíntia imaginara, Jonas não se abalou com a pergunta:

— Bem, não é essa a minha intenção.

— Sim, mas o amor não obedece a intenções. Ele tem vida própria e simplesmente acontece.

Nova surpresa. Jonas até brincou com essa possibilidade:

— Se isso acontecer, minha filha, "que seja infinito enquanto dure"! Não foi assim que o poeta falou?

— Tudo bem, mas não se esqueça de que ela é muito mais jovem que o senhor e que, a qualquer momento, Camila poderá se sentir atraída por alguém mais jovem.

— Bem, se isso também acontecesse, além de curtir uma dor de cotovelo, eu não poderia fazer nada.

— Mas o senhor poderia sofrer com isso.

— Minha filha, se nós ficássemos pensando em tudo que pode acontecer de bom ou de ruim na vida, não daríamos um passo à frente. Há risco até em atravessar uma rua.

— Isso é verdade...

— Mas vamos mudar de assunto. Estamos desviando a conversa para o campo das hipóteses e fantasias.

Jefferson, que tinha se mantido alheio a esse diálogo, propôs:

— Bem, acho que podemos ir almoçar, não?

— Boa ideia — na verdade, Jonas sentiu-se aliviado com essa sugestão, pois, assim, Camila deixaria de ser o foco das atenções.

Capítulo 21

Cíntia e Jefferson voltaram para suas cidades no dia seguinte.

Jonas não gostava de admitir, mas sentiu-se aliviado quando se viu só. Amava seus filhos, mas achava que depois que Cíntia e Jefferson se tornaram adultos e adquiriram ideias próprias, muitas vezes até preconceituosas, o diálogo e a convivência com eles ficaram mais complexos e tensos.

Ele tinha certeza de que era amado pelos filhos, mas sentia que esse amor envolvia controle, vigilância e cobranças. E isso não era nada agradável para um sujeito de sessenta anos. Jonas estava feliz em saber que os filhos estavam bem, mas não se sentia confortável com algumas de suas opiniões.

Jonas deixou a sala na penumbra, recostou-se em sua poltrona favorita e, pela primeira vez, pensou seriamente no que Cíntia lhe perguntara: e se ele se apaixonasse por Camila?

Isso não lhe ocorrera seriamente até então. Gostava muito da presença da jovem e sentia que, apesar da diferença de idade, havia uma profunda sintonia entre eles. Nunca, no entanto, lhe passara pela cabeça essa história de amor. Mas, e se acontecesse?

Jonas acreditava que aquela era uma hipótese muito pouco provável de acontecer, pois para ele uma linda jovem de dezoito anos jamais iria se apaixonar por um homem de sessenta. Logo, era perda de tempo pensar nisso.

"Mas, e se acontecesse?" — essa era a pergunta que não calava em sua mente. Com essas inquietações, Jonas não conseguia relaxar.

Ele levantou-se, acendeu as luzes, pegou um dos livros sobre reencarnação na estante e tentou ler mais um pouco. Desde que os comprara, vinha lendo-os em doses homeopáticas, isto é, devorava poucas páginas por vez. Sempre algo acontecia e o interrompia. Talvez essa demora na leitura se devesse à sua falta de interesse pelo tema. Estava achando tudo muito subjetivo, e isso não contribuía em nada para fazê-lo aceitar a teoria.

Jonas parou um pouco e ficou refletindo sobre as implicações da reencarnação, supondo que esse fenômeno realmente existisse. Estava tão imerso em seus pensamentos que o toque estridente do telefone quase o fez pular da poltrona. Do outro da linha, a voz carinhosa de Camila chegou até ele como um bálsamo reconfortante:

— Jonas?

— Camila? É você?

— Sou eu. Seus filhos ainda estão aí?

— Não, já foram. O que você tem? Sua voz parece triste.

A voz dela parecia a de uma criança carente:

— Eles não gostaram de mim.

Jonas sabia que, pelo menos da parte do Jefferson, isso era verdade, mas tentou disfarçar:

— Menina, quem meteu isso na sua cabeça?

— Eu sei, eu percebi, Jonas. Eles não gostaram de mim.

— E é por isso que você está assim?

— Como eles não gostaram de mim, acho que poderão atrapalhar nossa amizade... E eu não gostaria que isso acontecesse.

— Ah, Deus! O que eu faço com você, garota? Agora, sim, você está falando bobagem.

— Não estou.

— Está, sim, e vou lhe dizer por que está. Em primeiro lugar, Cíntia adorou conhecê-la.

— Você só está me dizendo isso para me consolar.

— Eu não mentiria para você, Camila. Cíntia a adorou e acha até que você tem capacidades... Qual foi mesmo a palavra que ela usou? Paranormais. Ela a achou muito inteligente e sensível.

— E seu filho? Eu sei que ele não gostou de mim.

— Não ligue para ele, Camila. Jefferson não gosta de ninguém. Nem dele mesmo ele gosta! É um mal-humorado crônico.

— Ele tem mesmo jeito de bravo.

— Sempre foi assim. Por isso, ele e a irmã não se entendem. Mas a maior bobagem que você falou até agora foi sobre o medo de meus filhos atrapalharem nossa amizade.

— Ora, isso pode acontecer! Alguns filhos influenciam os pais.

— Não é meu caso, Camila. Eu sou dono da minha vida. Agora, ouça bem o que vou lhe dizer: não há nada neste mundo que atrapalhe nossa amizade. Ela vai ser para sempre.

A voz dela pareceu um pouco mais alegre e esperançosa:

— Jonas, você está falando sério?

— Só não vou jurar, porque isso não fica bem na minha idade.

Ela deixou que a alegria explodisse:

— Jonas, eu adoro você! Sabia?!

Ele engasgou. Não acreditou no que ouvira:

— O que foi que você disse?

— Que adoro você. Eu estava triste até agora. Bastou falar alguns minutinhos com você e já sou outra pessoa! Como você consegue fazer isso comigo?

Jonas respirou fundo e encheu-se de coragem para dizer:

— É porque eu também te adoro! — em vez de uma exclamação de alegria, o silêncio se fez do outro lado da linha. — Camila, você está aí?

Ele percebeu que a jovem chorava quando respondeu:

— Estou aqui, sim, Jonas.

— Mas você está chorando!

— É porque você me emociona. Isso que você disse foi lindo. Fiquei muito feliz.

— Mas se todas as vezes que eu disser que te adoro você chorar, eu prefiro não vou dizer mais.

— Nem pense em fazer isso, Jonas! Quero que diga sempre, mais vezes, quantas vezes tiver vontade. Eu chorei de felicidade e vou chorar sempre que ouvir você dizer isso. Você não diz sempre que quer me ver feliz?

— Sempre.

— Então diga sempre. E, para começar, diga agora de novo.

— Agora? — ele estava perplexo.

— Sim.

Ele não tinha certeza se deveria se sentir um adolescente apaixonado ou um velho ridículo. Mas disse, por fim:

— Eu te adoro, Camila. Muito.

Desta vez, ela deixou escapar uma sonora risada de alegria e felicidade. E ficou cantarolando, desvairada:

— Eu também, eu também, eu também!
— Ei, pare um pouco!
— Vou ficar cantando isso o resto do dia!
— Escute, tive uma ideia.
— Oba! Sempre gosto de suas ideias. Qual foi dessa vez?
— Será que a Clô aceitaria jantar fora conosco, para desfazer a má impressão do encontro com meus filhos?
Camila respondeu rápido:
— Ela, não sei, mas eu aceito o convite!
— Eu sei que você aceita, mas acho legal levarmos ela.
— Vou perguntar a ela — Camila deixou o telefone por alguns minutos e depois retornou. — Ela disse que teria muito prazer em jantar conosco, mas acha que não precisa nos acompanhar. Ela disse que basta irmos nós dois.
Jonas duvidou que Camila tivesse feito a pergunta a Clotilde e ficou pensando se isso não seria mais uma travessura da jovem para ficarem a sós:
— Camila, você perguntou mesmo?
— Claro que sim!
— Ela respondeu isso mesmo ou você está aprontando?
— Jonas, você não acredita em mim? Você quer ouvir da boca dela?
— Não precisa, estou brincando.
— Ah, bom. Já ia ficar brava com você.
— Não precisa. Então eu te pego aí por volta das nove horas.
— Nove horas? Não pode vir mais cedo?
— Por quê? É muito tarde para você?
— Nada disso, seu bobo. É que eu queria vê-lo antes.

— Ah, entendi. Chegarei o mais cedo possível.

Jonas percebeu que cada vez que conversava com Camila, sentia que recebia uma enorme carga de carinho e energia. E ele estava gostando muito disso.

Quando Jonas chegou à casa de Camila, foi Clotilde quem lhe abriu a porta, pois a jovem ainda estava se aprontando para sair.

— Tudo bem, Clotilde?

— Tudo, seu Jonas. Camila ainda está se arrumando. Agora deu para ser vaidosa.

Intimamente, Jonas sentiu uma pontada de orgulho, pois sabia que a amizade deles tinha algo a ver com isso:

— É a idade, Clotilde.

— Deve ser. Mas, por favor, sente-se. Eu preciso dividir uma coisa importante com o senhor.

Um pouco preocupado com a fisionomia de Clotilde, Jonas sentou-se numa das poltronas da sala:

— Pois não, Clotilde.

— Acredito que o senhor tenha achado estranho eu concordar com a saída de Camila com o senhor para jantar a esta hora da noite, não é verdade?

— Bem, confesso que foi uma agradável surpresa. Para falar a verdade, eu não contava com isso.

— Tenho meus motivos. Percebi que seus filhos, principalmente o rapaz... como ele se chama mesmo?

— Jefferson.

— Ele mesmo. Eu notei que ele mostrou muita hostilidade em relação a Camila. Claro que ele procurou ser educado, mas estava visivelmente contrariado com sua amizade com minha filha.

Jonas pensou no filho com aborrecimento:

— Não fique chateada com Jefferson, Clotilde. Ele é assim desde jovem. Não sei a quem esse rapaz puxou.

— Não precisa se justificar, seu Jonas. Eu entendo essas coisas. Nem os frutos de uma mesma árvore são iguais e têm o mesmo sabor. Mas não era sobre isso que eu queria falar com o senhor.

— Fique à vontade, Clotilde.

— É que, durante a conversa com seus filhos, eu percebi que Camila deixou escapar algumas frases que denunciavam aquela situação sobre a qual conversamos.

— De que ela é a reencarnação de Cecília?

— Isso mesmo. Andei pensando muito a respeito. Se é isso mesmo que está acontecendo, ninguém pode interferir numa decisão que foi tomada por entidades superiores.

— Bem, você entende mais desse assunto do que eu.

— Eu senti que seu filho fará de tudo para atrapalhar a amizade entre você e Camila, e isso não seria bom para ninguém. Se sua esposa voltou como Camila, deve haver um bom motivo para isso. E a nós, seu Jonas, só cabe ajudar que esse reencontro aconteça.

— Eu lhe confesso que não sei o que dizer.

— Eu também confesso ao senhor que, no começo da amizade de vocês, eu não queria que esse reencontro acontecesse, porque achava que isso poderia atrapalhar a vida de Camila. Ela é jovem e deve se preocupar apenas com os estudos e com o trabalho.

— Claro, mas pode ter certeza de que eu jamais faria algo para atrapalhá-la. Ela deve, sim, continuar estudando e trabalhando. Camila precisa pensar no futuro.

— Eu sei que o senhor deseja o melhor para ela, mas eu também já fui jovem e sei que o amor transforma a cabeça das pessoas.

— E o que fez a senhora mudar de ideia e aceitar nossa amizade?

Clotilde ficou um tempo olhando para as próprias mãos e depois falou emocionada:

— Durante todo esse tempo de convivência, eu nunca tinha visto minha filha tão feliz como agora. Ela está assim desde que conheceu o senhor. Acredito que isso é resultado direto desse reencontro. E se assim é, nem eu nem ninguém poderão impedir ou atrapalhar isso.

— Eu fico feliz por ouvi-la falar assim.

— Não estou dizendo isso para agradá-lo. Sei que o senhor não compartilha da minha crença, mas agora eu tenho certeza de que Camila é a reencarnação da sua finada esposa.

— Como eu já lhe disse, Clotilde, entendo pouco desse assunto. Na verdade, sei muito pouco sobre isso. Tenho lido a respeito, tenho procurado me informar com pessoas esclarecidas, mas muitas dúvidas ainda persistem. No entanto, devo lhe confessar que muitas coisas que Camila diz e faz me deixam realmente muito intrigado. Coisas que, pela lógica, ela não saberia, como muitas afirmações e perguntas que ela fez para meus filhos.

— Eu percebi. E tive a impressão de que sua filha recebeu essas manifestações de Camila com mais tranquilidade.

— Provavelmente isso se deve ao fato de ela ser espírita.

— Então, ela deve ter desconfiado de alguma coisa, a partir do que Camila comentou sobre eles.

— Creio que sim. Depois que vocês saíram, Cíntia não cogitou a hipótese de reencarnação, mas ficou achando que Camila é médium.

— Diante do que lhe expliquei agora, o senhor entende por que dei meu consentimento para que este jantar acontecesse e fiz questão de que ficassem a sós? Vocês precisam conversar muito e se conhecer melhor.

— Eu só tenho a lhe agradecer, Clotilde. E quero tranquilizá-la quanto à amizade que tenho por Camila.

— Se ela é mesmo a reencarnação de sua esposa, como eu acredito que seja, e sabendo o quanto o senhor amou sua mulher, tenho certeza de que o senhor nunca faria nada que magoasse ou aborrecesse Camila, pois seria o mesmo que magoar sua falecida esposa.

— Pode ter absoluta certeza disso, Clotilde. Mas, já que estamos falando sobre este assunto, eu queria lhe perguntar uma coisa...

— Pois pergunte.

— A senhora acha mesmo que não devemos falar com Camila sobre nossa teoria?

Clotilde confirmou, balançando a cabeça de olhos fechados:

— De nada adiantaria, seu Jonas. Pode ter certeza. Ninguém se lembra das vidas passadas, e é assim que deve ser. Essa é a Lei. Se o senhor disser a Camila que ela é a reencarnação de sua esposa, ela vai achar que isso é um elogio, uma maneira de dizer que ela é tão especial quanto Cecília foi para o senhor.

— Mas, e essas lembranças que ela tem com frequência? Como lidar com isso?

— Para Camila, como ela mesma costuma dizer, são apenas bobagens impulsivas, e acredito que é melhor que ela continue pensando assim. Nós sabemos que podem ser fragmentos da vida anterior de Camila. Fragmentos que podem estar vindo à tona por causa das vivências que ela está tendo com o senhor, com a casa onde provavelmente morou, com a rua e até com seus filhos.

— E até onde vai isso, Clotilde? Receio que ela possa vir a ter um estresse emocional.

— Acho que o senhor não vai gostar do que vou lhe dizer, seu Jonas, mas acredito que ela se lembrará de mais coisas e que essas lembranças virão com maior intensidade. Digo-lhe isso porque, segundo minha fé, o espírito de Cecília voltou para reviver com o senhor a bela história de amor que tiveram.

Ao ouvir essas palavras, Jonas ficou preocupado com o rumo que as coisas poderiam tomar:

— Que dizer que eu e Camila...

— Veja bem: ela não sabe quem o senhor é. A única coisa que Camila sabe é que o senhor aparecia nos sonhos dela e que ela se sente atraída de uma maneira forte por tudo que lhe diz respeito.

Clotilde fez uma breve pausa e continuou:

— Então, se o senhor se convencer de que ela é mesmo a reencarnação de sua esposa...

Clotilde esperava que, depois do que explicara, Jonas chegasse à conclusão por conta própria, mas ele fez questão de fazê-la continuar a falar:

— Então...?

Clotilde falou com uma segurança que impressionou Jonas:

— O reencontro de vocês será inevitável.

— Apesar de nossa diferença de idade?

— A idade é dos corpos, seu Jonas. Os espíritos desconhecem isso. Eles se preocupam com a essência, e essência não tem idade.

— E agora? O que devo fazer?

— Nada. Deixe as coisas acontecerem, se o senhor estiver preparado para isso.

Camila descera as escadas sem que eles percebessem e ficara curiosa ao ouvir a observação de Clotilde,:

— Preparado para quê, Clô?

Pega de surpresa, Clotilde procurou disfarçar:

— Ahn? Para o jantar, minha filha. Falávamos sobre o jantar.

Camila não percebeu que Clotilde lhe dera uma desculpa:

— Você não quer ir mesmo, Clô?

— Melhor não. Estou um pouco cansada. Vão vocês e divirtam-se.

— Mas nada de ficar acordada me esperando. Jantar elegante sempre demora, viu?

Jonas sorriu, achando ótima aquela advertência.

— Pode ficar tranquila, Clotilde. Modéstia à parte, Camila está em boas mãos.

— Eu sei, seu Jonas. Divirtam-se.

— Terei muito cuidado. Principalmente sendo eu o responsável por uma jovem tão bonita e elegante.

Camila não escondeu sua vaidade, mas disfarçou:

— É você quem está dizendo, Jonas!

Clotilde apenas sorria.

Capítulo 22

Como considerava aquele um jantar especial, Jonas planejara tudo. Antes de sair de casa, pesquisou nos guias da cidade algumas sugestões e escolheu um dos melhores restaurantes de São Paulo. Na verdade, o mais romântico, com música ao vivo. Reservara uma mesa discretamente posicionada e fizera questão de que colocassem nela rosas e velas perfumadas acesas.

Quando chegaram ao restaurante, Camila ficou deslumbrada. Nunca imaginara frequentar um lugar como aquele. Ela simplesmente não acreditava no que estava vendo e vivendo.

— Jonas, você providenciou tudo isso?

— Sim, exclusivamente para você, Camila.

— Mas você deve ter gastado uma fortuna!

— E para que serve o dinheiro?

O jantar foi um sonho para Camila. Tudo estava perfeito. Enquanto saboreavam a comida, acompanhavam uma pequena banda que tocava sucessos românticos de várias épocas.

Como Camila concordara em tomar um pouco de vinho, Jonas escolheu um que fosse bem suave. Comeram devagar, fazendo comentários sobre as músicas que conheciam. Depois, sem motivo aparente, ela calou-se:

— Posso saber por que você ficou tão calada de repente? Em que está pensando?

Camila estava com as faces rosadas, certamente por causa do vinho, e respondeu séria:

— Se eu responder à sua pergunta, vou acabar falando alguma bobagem.

— Pois então, fale. Saiba que adoro ouvir suas bobagens.

— Jonas, não é possível que eu não tenha lhe conhecido antes. Eu me sinto tão... tão perto, tão íntima de você... Eu não sei explicar. Inclusive, isso nao aconteceu com nenhum dos namorados que tive. E você nem meu namorado é.

— Camila, acredite em mim: certos acontecimentos não precisam ser explicados, apenas vivenciados.

— Mas é muito estranho, Jonas! Eu me pego lembrando de muitas coisas suas. De coisas que eu não poderia saber. Como pode isso?

— Não sei. O que sei é que algumas pessoas têm esse dom.

— Será isso?

— Se não for, convenhamos que é uma boa explicação. Apenas curta os momentos em que estiver em minha companhia. Além disso, veja o lado positivo desse seu dom: quanto mais coisas você souber a meu respeito, tanto melhor para a nossa amizade.

— Eu sei, mas é que... — Camila deteve-se, mas ele insistiu:

— Continue.

— É que eu me sinto tão próxima de você que não consigo aceitar o fato de que logo teremos que nos despedir. Não consigo aceitar que temos que ir cada um para seu lado. É como se eu sentisse que deveria estar com você o tempo todo. É como... como se sua casa fosse minha casa e eu devesse ir para lá a cada vez que saímos.

— Então, minha cara, a solução é ficarmos juntos tanto quanto possível.

— É... mas chegará um momento em que teremos de nos separar, ir para direções diferentes.

Jonas pensou um pouco, olhou para a taça de vinho, tomou um grande gole e disparou:

— Quer dormir comigo hoje de novo? — percebendo que a pergunta, da maneira como fora feita, tinha outro sentido, Jonas apressou-se em corrigir-se. — Quero dizer... quer dormir em minha casa hoje?

Camila não titubeou para responder:

— Por mim, eu iria sem pensar duas vezes, mas penso na Clô, em deixá-la sozinha.

— Tem razão.

Depois que acabaram de jantar, Jonas e Camila ficaram curtindo, em silêncio, a música que tocava no ambiente. Ele pigarreou para chamar a atenção da jovem e decidiu abrir seu coração de uma vez por todas:

— Camila, vou aproveitar que bebi um pouco de vinho para lhe confessar uma coisa que, em circunstâncias normais, eu não teria coragem de lhe dizer.

Ela se mostrou curiosa:

— Ai, meu Deus! O que é desta vez?

— Você promete que não ficará brava comigo?

— Jonas! Você sabe que não há nada neste mundo que me faça ficar brava com você.

— Nem vai rir de mim?

— Eu? Rir de você? Nunca!

— Bem...

Jonas estava visivelmente inseguro, mas ela o incentivou:

— Vamos, lá, homem! Coragem!

Ele começou a falar olhando para a taça de vinho e só voltou a olhar para Camila quando concluiu a frase:

— Sei que isso é absurdo, mas eu... eu acho que estou me apaixonando por você.

Camila o ouviu com a feição séria e não fez nenhum comentário. Aos poucos, seus olhos foram deixando aparecer algumas lágrimas. Por um breve instante, ele teve receio de tê-la magoado, mas a resposta da jovem o tranquilizou:

— Jonas, essa foi a coisa mais bonita que ouvi em toda a minha vida — suavemente, ela pegou a mão dele e a beijou. — Posso me sentar ao seu lado?

Ele levantou-se e colocou uma das cadeiras vazias ao lado da sua. Camila sentou-se nela e delicadamente recostou a cabeça no ombro de Jonas. Segurando suas mãos, ela fechou os olhos.

Jonas não sabia o que pensar nem o que dizer. Simplesmente aguardou, até que ela o chamou baixinho:

— Jonas...

— Hum?

Sem abrir os olhos, ela continuou:

— Tenho certeza de que, neste instante, em todo o mundo, não há outra mulher mais feliz do que eu.

Instintivamente, sem pensar — se tivesse pensado, não o teria feito —, ele inclinou o rosto e beijou docemente os lábios de Camila, que suavemente correspondeu ao beijo.

— Jonas...

— Hum?

Camila ergueu o corpo para encará-lo:

— Pensei que não seria possível ficar mais feliz do que já estava...

A voz dele estava rouca pela emoção:

— E o que descobriu?

— Que agora, com esse beijo, você me fez sentir mais feliz ainda. Eu acho que vou explodir de tanta felicidade!

Jonas lutou contra todos os seus instintos e desejos para não abraçar Camila fortemente e a cobrir de beijos ali mesmo.

Desse instante em diante, os dois continuaram curtindo as músicas em silêncio, apenas se beijando e se acariciando de vez em quando. Mas algo muito forte dentro de cada um deles estava crescendo e ficando difícil de controlar.

No estacionamento, Josias dormia dentro do carro. Foi preciso Jonas bater de leve várias vezes no vidro da janela para que ele despertasse e, apressado, abrisse as portas do veículo.

— Desculpe, senhor Jonas. Acabei cochilando.

— Fez muito bem, Josias! Mas é você quem deve nos desculpar, pois demoramos mais do que o previsto.

— Nada disso. Diversão é assim mesmo. Devemos curtir, sem nos preocupar com a hora.

— Obrigado, Josias. Vamos deixar a moça em casa.

Durante todo o trajeto, sem que Josias percebesse, o casal manteve-se de mãos dadas.

Quando chegaram à casa de Camila, Jonas a acompanhou até a porta. Ela entrou e logo voltou:

— Jonas, Clô já está dormindo. Entre um pouquinho.

Jonas entendeu a intenção de Camila e rapidamente olhou para Josias, sinalizando que iria entrar. Mal ele fechou a porta atrás de si, Camila jogou-se em seus braços e, desta vez, o beijo foi apaixonado, intenso e demorado.

O desejo de Jonas era intenso. Ele, então, perguntou com voz ofegante:

— Você tem certeza de que não quer ir dormir comigo?

Camila acariciou a face dele como se tentasse consolá-lo:

— Eu quero, mas não posso, Jonas. Não posso deixar Clotilde sozinha.

Ele fingiu que ralhava:

— Desta vez passa, hein?

Camila respondeu, agora com sedução na voz:

— Vamos planejar isso direitinho, está bem?

Beijaram-se longamente outra vez, e ele saiu, temendo não conseguir controlar o desejo. Ele ficou olhando-o pela porta entreaberta.

— Vamos pra casa, Josias.

Jonas não tinha certeza se o motorista percebera alguma mudança no relacionamento do casal, mas concluiu que, dentro de mais alguns dias, iria convidá-lo para almoçar e lhe contaria tudo. Afinal, se as coisas continuassem avançando daquela maneira, Josias ainda os levaria a muitos lugares, por isso seria melhor que soubesse logo da história.

Ao chegar ao apartamento, Jonas parecia um adolescente. Ele começou a cantarolar dentro do elevador e assim continuou enquanto tomava banho e se preparava para dormir.

Naquela noite, o sono demorara a chegar. Jonas estava muito eufórico com tudo o que ocorrera. A maciez dos lábios de Camila não lhe saía da mente.

Em certo momento, pensou em Cecília. Estaria traindo sua memória? Não, claro que não. Primeiro, porque ela não existia mais. Segundo, porque havia fortes indícios de que Camila fosse a reencarnação de Cecília. Clotilde acreditava nessa possibilidade, e Jonas começava a achar que talvez ela estivesse certa, pois, ao abraçar Camila, sentira que o cheiro e o calor do corpo da jovem lhe pareceram algo já conhecido e sentido. Jonas não sentira naquele contato nenhum desconforto ou falta de jeito, como muitas vezes acontece quando um casal se beija ou se abraça pela primeira vez. Tudo ocorrera naturalmente.

Sim, Jonas estava apaixonado. Agora podia admitir. E já que Camila não se importava com a questão da idade, por que ele haveria de se importar?

Ele controlou-se para não telefonar para a jovem. Já era muito tarde e, mesmo que ela estivesse acordada, poderia despertar Clotilde.

Foi pensando em Camila que Jonas finalmente conseguiu dormir.

Capítulo 23

Jonas acordou na manhã seguinte sentindo uma espécie de remorso. Teria agido corretamente com Camila? Afinal, ela só tinha dezoito anos. Será que ele fizera uso de sua experiência de homem maduro para seduzi-la? Teria ele insistido para que a jovem bebesse vinho, já com segundas intenções? Não. Tinha certeza de que não fizera isso.

Na verdade, ninguém seduzira ninguém. Até onde se lembrava, as coisas tinham acontecido naturalmente. Obviamente, Jonas sabia que fora ele quem tomara a iniciativa de declarar seu amor. Tinha de fazê-lo para acabar de uma vez por todas com possíveis mal-entendidos.

Aproveitando-se da euforia que o vinho proporciona, Jonas tomara coragem para declarar a Camila que estava apaixonado. Sim, fora um risco. Sabia muito bem que tudo poderia acabar ali. Bastaria que a jovem lhe dissesse que tudo era um equívoco, que ele estava enganado e que ela gostava dele apenas como amigo, para que tudo acabasse. Teria sido o final do sonho e possivelmente até da amizade entre eles. Mas, felizmente, não foi isso que aconteceu. Camila também admitiu estar apaixonada por ele e demonstrou isso por meio de um carinhoso abraço e de um beijo. Não havia equívocos: ambos estavam apaixonados um pelo outro.

Mas, mesmo chegando a essa conclusão, Jonas não tinha coragem de ligar para ela. Ele, inclusive, esperava que Camila ligasse logo cedo, no entanto, para sua frustração, o aparelho não tocou a manhã inteira.

Camila telefonou para Jonas logo após o almoço, mas, para sua surpresa, a voz da jovem não estava muito alegre:

— Oi, Jonas.

— Oi, Camila. Tudo bem?

— Mais ou menos.

— O que aconteceu?

A voz dela estava fraquinha:

— Não sei se agi certo ontem...

— Como assim? O que houve de errado?

Jonas sentiu-se inseguro. Será que Camila lhe diria que tudo fora culpa do vinho? Ele aguardou ansioso a resposta da jovem:

— Não sei, Jonas... Acho que fui muito impulsiva.

— Continuo não entendendo, Camila. Aonde você quer chegar?

— Você é um homem importante, inteligente, famoso, rico, e eu sou apenas uma garota que ainda nem tem faculdade.

— E daí?

— Eu não tinha o direito de fazer o que fiz.

— E o que foi você fez?

— Você sabe...

— Não, não sei. Me diga só uma coisa que você tenha feito de errado ontem.

— Ora, Jonas, você foi apenas gentil comigo... Eu me precipitei.

Ele não queria que sua voz soasse brava, mas queria que ela percebesse que estava dizendo uma bobagem:

— Camila, parece que o efeito do vinho que você bebeu ontem à noite, e que bebeu muito pouco, por sinal, está fazendo efeito agora. Você não está dizendo coisa com coisa.

— Não tente me consolar, Jonas.

— Mas consolar de quê, criatura? Juro que não sei do que você está falando.

— Você sabe que eu não tinha o direito de agir daquela maneira, como uma garota apaixonada.

Jonas resolveu usar outra estratégia:

— Está bem, já entendi tudo. Não precisa dizer mais nada.

Camila ficou curiosa e preocupada:

— Você entendeu o quê?

— Não precisa dizer nada, Camila. Você está arrependida de ter se envolvido com um "coroa" e está procurando uma desculpa para acabar com tudo.

Camila quase gritou ao telefone:

— O quê? Você ficou louco?

— Não é isso que você está tentando me dizer?

— Pare com isso, Jonas! Não é nada disso!

Ele continuou castigando-a:

— Tudo bem, eu entendo perfeitamente. Eu tenho sessenta anos, e você é uma jovem bonita de dezoito anos. E vários rapazes "saradões" devem estar de olho em você.

Camila ameaçava chorar:

— Jonas, se você não parar de falar essas coisas horríveis, eu vou desligar!

— Ué?! Mas não foi o que você acabou de dizer?

Camila ficou brava e respondeu energicamente:

— Não distorça minhas palavras, Jonas! Não ponha na minha boca palavras que são suas! Eu não disse nem insinuei nenhuma dessas coisas horríveis que você falou. Eu nunca me importei com sua idade — de repente, Camila começou a chorar copiosamente.

Jonas concluiu que já falara o suficiente. Então, amaciou a voz:

— Camila, não chore. Me desculpe. Eu não entendi o que você havia me dito e fiquei imaginando coisas. Fiquei com medo de perdê-la.

— Me perder? Jonas, você é louco! Eu acordei com medo de ter feito bobagens ontem. Tive medo de você ter ficado bravo comigo e de nunca mais querer me ver.

Jonas ficou enternecido:

— Camila, sua tonta, eu passei a madrugada inteira pensando em você e querendo vê-la de novo. Aliás, eu quero vê-la agora, neste momento.

— Você está falando sério?

— Como nunca em minha vida. Tudo o que eu lhe disse hoje foi consciente. E repetiria tudo isso quantas vezes você quisesse. Eu acho que não vou mais conseguir viver sem você perto de mim.

— Jonas, você está falando sério mesmo?

— Claro que estou! Camila, eu te amo!

Ela pareceu engasgar e perder a respiração por alguns segundos:

— O que foi que você disse?

— O que você ouviu: eu te amo, sua bobinha.

Camila praticamente gritou:

— Jonas, eu também te amo!

Ele brincou, fingindo não ter entendido. Na verdade, ele queria deliciar-se outra vez ouvindo aquilo:

— O que você disse?

— Eu também te amo, seu chato.

— Então, me prometa que nunca mais dirá as coisas que você disse. Você não vai me perder.

— E você, me prometa que não repetirá mais as coisas feias que falou de mim.

Calmo e emocionado, Jonas falou:

— Camila, me escute com atenção. Há vinte anos, não namoro ninguém. Achei que nem mesmo sabia mais o que era amar. Você me provou que eu estava enganado. O que estamos vivendo agora é algo maravilhoso, mas tudo é muito novo para nós dois. Então, é natural que a gente sinta um insegurança, medo e fantasie sobre algumas coisas. Precisamos ter calma. Precisamos confiar um no outro e falar sempre o que estivermos sentindo e pensando. Não podemos deixar que entre nós ocorra mal-entendidos como este. Você me entendeu?

Camila também estava emocionada:

— Jonas, cada vez que você fala assim, eu me apaixono mais. Você diz coisas tão bonitas, tão verdadeiras. Que bom que eu o encontrei. Não consigo me imaginar com outra pessoa.

Jonas estava com muita vontade de falar sobre reencarnação, mas não tinha certeza se era a hora certa:

— Camila, algum coisa nos aproximou. Não sei se isso se chama destino ou se tem outro nome. Mas eu também estou muito feliz por ter encontrado você.

— Sabe o que me preocupa, Jonas?

— O quê, minha querida?

— O que seus filhos dirão quando souberem de nossa relação.

— Eu também me preocupo com o que Clotilde achará de tudo isso.

— O que faremos?

— Ainda não sei, mas tenho certeza de que ninguém nos afastará. O que sentimos um pelo outro é mais forte que todos eles juntos.

— Que bom ouvir isso de você. Eu me sinto mais forte para lutar.

— Agora me diga uma coisa: você está mais calma?

— Não só mais calma, como também muito feliz.

— Outra coisa que quero saber: quando vou ver você?

— Preciso preparar o espírito de Clô. Ela ainda não sabe de nada sobre nós e pode achar estranho a gente ficar saindo toda hora.

— Tem razão, mas tome cuidado com o que você vai dizer. Talvez seja melhor nós dois falarmos com ela.

— E dizer o quê?

— Ué! Vou pedi-la em namoro.

— Jonas, você está falando sério?

— Seríssimo! Acredito que o primeiro passo que devamos dar é falar com a Clô. Daí, poderemos sair sem maiores preocupações.

Ela pensou um pouco:

— Acho que você está certo. Quando você quer fazer isso?

— Bem, tenho que me preparar. Não pode ser assim, de uma hora para outra.

— E quanto aos seus filhos?

— Deles cuido eu. Terei a mesma conversa com eles, só que, desta vez, não pedirei permissão para nada. Vou apenas comunicá-los sobre nosso relacionamento.

— Nossa, Jonas... Eles vão ficar muito bravos comigo.

— Com o tempo, eles se acostumarão.

— Gente, quanta coisa maravilhosa está acontecendo na minha vida!

— Você está feliz?

— Muito! Se você estivesse perto de mim, eu o cobriria de beijos!

— Pois eu faria a mesma coisa!

— Preciso desligar, Jonas. A Clô já está voltando do supermercado.

— Está bem. Vou pensar em tudo o que falamos e depois ligarei para você para conversarmos.

— Combinado. Te amo.

— Também te amo.

Jonas pensou: "Pronto, agora não há mais como retroceder".

Após desligar o telefone, Jonas foi até o quarto dos instrumentos e parou diante de uma grande foto de Cecília, na qual ela segurava seu violino. Com muita sinceridade no coração, ele falou:

— Quem me visse agora conversando com uma fotografia diria que enlouqueci, mas preciso falar com você e não sei como fazê-lo. Espero que, onde quer que você esteja, possa me ouvir. Minha querida, você sabe o quanto eu a amei. Você foi o primeiro e grande amor da minha vida. Eu conheci Camila e pretendo ficar com ela. Essa moça tem muitas atitudes e muitos comportamentos que me fazem lembrar de você. Disseram-me que ela é você reencarnada. Nada sei sobre isso, Cecília, mas sei que gosto dela e sinto que estou me apaixonando.

Jonas fez uma breve pausa e depois continuou:

— Às vezes, sinto que a estou traindo, mas, ao mesmo tempo, penso que se você tivesse a chance de falar comigo antes de morrer teria me dito para retomar minha vida, inclusive com outra mulher. Sei disso, porque você sempre desejou que eu fosse feliz... Mas agora, eu preciso ter certeza disso, minha querida. Preciso saber que não a estou magoando e que tenho sua aprovação. Não sei se você pode me dar um sinal, mas eu gostaria que isso fosse possível. Sempre a terei em meu coração, Cecília, mas você sabe que estou sozinho. Nossos filhos cresceram e se afastaram de mim, e eu preciso de uma companhia. Por favor, querida, me perdoe, me entenda e, se puder, me dê algum sinal no momento que julgar apropriado.

Jonas fechou os olhos e ficou esperando algum tipo de manifestação ou sinal do espírito de sua falecida mulher. Esperou algum tempo, mas nada aconteceu. Ele sorriu, conformado. Com certeza, não era assim que as coisas funcionavam nesse assunto.

Só depois pensou que, se Camila fosse realmente a reencarnação de Cecília, ela não poderia mesmo lhe dar algum sinal, a não ser por meio da própria Camila. "Ah, Deus, como isso é complicado", pensou.

Jonas levantou-se e foi tirar seu habitual cochilo. Naquele dia, não voltariam a se falar, o que de certa forma seria bom, pois ele tinha muito em que pensar.

No dia seguinte, quando terminou seu almoço, Jonas surpreendeu-se ao ver que Giovanni veio sentar-se à sua mesa. Ele olhou para amigo e ficou à espera do que ele lhe iria dizer. O velho italiano debruçou-se na mesa e falou quase num cochicho:

— E então? Como vai ser na quinta-feira?

Jonas não entendeu:

— Quinta-feira? Não sei. O que vai acontecer na quinta-feira?

— Senhor Jonas, não me diga que não está se lembrando!

— Não estou me lembrando do quê, criatura?

— Do seu aniversário, homem de Deus! Como alguém pode não se lembrar do próprio aniversário?

Jonas abanou as mãos:

— Ora, meu amigo, essas coisas são para os jovens.

— O senhor fala como se sessenta anos fossem cem... Me desculpe, seu Jonas, mas essa data não pode passar em branco! Dona Cecília fazia questão de comemorar todo ano.

— É verdade, Giovanni. Eu nem me lembrava mais disso. Ela mesma se encarregava de fazer um bolo.

— E tinha festa? Eu, pelo menos, nunca fui convidado.

— Nunca houve festa, Giovanni. O bolo era para nós dois. Era uma forma que ela encontrava de me homenagear. Depois, saíamos para jantar fora, à luz de velas, com música ao vivo. Essa era a nossa festa.

— Pois, então, o senhor precisa fazer essa festa.

— Mas com quem, meu amigo? Meus filhos moram longe e não podem ficar gastando dinheiro com passagem de avião.

A ideia partiu do italiano:

— E por que o senhor não vai jantar com sua amiga?

— Com minha amiga? — Jonas ficou olhando para Giovanni por alguns segundos. Até que a ideia não era má.

— É uma boa sugestão, Giovanni.

— Viu só? Sou esperto!

— Bom, vou ver se ela aceita e se pode.

— Claro que ela vai aceitar. Naquele dia em que almoçaram aqui, percebi que ela gosta muito do senhor, só pelo olhar que ela lhe dirigia.

— Vamos ver — e ficou balançando a cabeça, olhando para o italiano. Mas que boa ideia ele tivera!

Antes das seis da tarde, Jonas ligou para Camila. Ele sabia que ela chegava em casa após o trabalho nesse horário.

— Camila?

— Oi, *amore*?

Ele ainda não se habituara com essas manifestações afetivas, que lhe faziam tanto bem e que era constantes no tempo em que vivia com Cecília. Por isso, cada vez que Jonas ouvia essas manifestações de carinho, pedia a Camila que as repetisse:

— O que você disse?

— *Amore*. Aprendi essa palavra em italiano. Sabe o que significa?

— Claro que sei, menina. Mas você está falando perto de Clotilde?

— Não, senhor, não sou tão boba assim. Ela está lá fora, no jardim.

— Então, escute, *amore*...

Camila soltou sua famosa risada estridente, para alegria de Jonas:

— Desculpe tê-lo interrompido, mas adorei ouvir isso. Mas continue.

— Quero lhe fazer um convite, Camila.

— Mais um? Oba!

— Quero que me acompanhe em um jantar especial nesta quinta-feira.

— Na quinta? Jantar especial comigo? Estou dentro, claro! O que vamos comemorar?

— Por enquanto, é segredo. Não posso dizer nada. Só posso antecipar que é um motivo muito especial.

— Mas hoje é terça! Está em cima da hora! Só terei dois dias para me preparar para um jantar tão especial?

— Não se preocupe com isso. Eu disse que era especial por causa da data, não do local.

— E o que tem essa data de tão especial?

— Já lhe disse que é surpresa. Você aceita?

— Lógico que aceito! Não precisa nem ser um jantar. Pode ser um cafezinho simples. Ao seu lado, tudo será sempre especial.

Jonas sempre se surpreendia com a espontaneidade dela:

— Eu sei, querida, mas a data merece um jantar.

— Mas eu preciso dizer a Clô qual é o motivo do jantar.

— Tem razão, eu não tinha pensado nisso. Então não vai dar para esperar. Pode dizer a ela que é um jantar para comemorar meu aniversário.

Surpresa e alegre, ela deu uma gritinho:

— Jonas! Será seu aniversário? Verdade?

— Digamos que sim.

— Não me venha com essa história: será ou não seu aniversário?

— Você é mesmo impossível! Sim, garota, será! Ficarei um aninho mais velho.

— Que legal, Jonas! Seus filhos também virão?

— Não, Camila. Acho que eles nem se lembram da data. Logo, será um jantar só para nós dois.

— Só nós dois?

— Só. Preferia que houvesse mais alguém?

— De jeito nenhum, bobo. Só nós dois será ótimo — de repente, ela exclamou: — Meu Deus!

Jonas se assustou:

— O que foi?

— Preciso arranjar uma roupa decente para ir! Não posso ir com qualquer roupa. Tenho que ir ao salão fazer cabelo, ir à manicure...

— Pode parar! Nem pense nisso! Vá do mesmo jeito que você costuma ir quando saímos.

— Sem essa, Jonas, de jeito nenhum! Homem não entende mesmo dessas coisas. Deixe comigo.

— Mas eu não quero que você gaste nada.

— Já lhe disse que deixe comigo.

— Bem... depois me diga se a Clô concordou.

— Tá bom. Um beijo, *amore* — e desligou sem dar a Jonas tempo de retribuir. Mesmo assim, ele ficou sorrindo, de orelha a orelha.

Capítulo 24

Na noite de quarta-feira, Cíntia e Jefferson ligaram para Jonas. Eles deram os parabéns antecipados ao pai e desculparam-se por não poderem ir a São Paulo devido a compromissos de trabalho. No fundo, Jonas deu graças a Deus que eles não iriam visitá-lo, pois assim comemoraria a data a sós com Camila, que já lhe repassara o "de acordo" de Clotilde. Certamente, ela não imaginava que se tratava de um jantar a dois. A mãe de criação da jovem devia imaginar que Jonas iria oferecer uma recepção para muitos amigos.

No almoço de quinta, Giovanni fez questão de servir a Jonas um prato especialmente preparado para celebrar a data. No final, os garçons trouxeram-lhe um pequeno bolo, e, todos em volta de sua mesa cantaram discretamente o "Parabéns pra você". Jonas não gostava dessas demonstrações, mas não reclamou. Estava muito feliz para deixar que alguma coisa o aborrecesse,

Após o almoço, ele passou o resto da tarde preparando-se para o jantar: tomou banho, fez o cabelo e a barba e levou um tempo enorme para se decidir com que roupa iria ao encontro. Riu, ao pensar que ele mesmo dissera a Camila para não se preocupar com essas coisas.

Horas depois, quando entrou no táxi, Josias fez um comentário divertido:

— Gastou o perfume todo, hein, seu Jonas?

— Estou indo para um jantar importante e me disseram que nessas ocasiões a gente deve ir cheiroso.

— Pois o senhor está seguindo essa regra direitinho.

— Você acha que exagerei?

— Não, pelo amor de Deus! É que o senhor não tem o costume de se perfumar, então fiz a brincadeira. Mas está ótimo. — Vamos para a Lapa, doutor?

— Ué! Como você descobriu?

Um sorriso malicioso foi a resposta.

O percurso foi feito em silêncio, entrecortado apenas por leves e breves comentários sobre política, esporte e o tempo.

Quando chegaram à casa de Camila, Clotilde atendeu à porta, abrindo os braços:

— Meus parabéns, seu Jonas! Que o senhor tenha muitos outros aniversários com saúde, dinheiro e paz.

— Obrigado, Clotilde! Mas você não se aprontou ainda?

— Ah, seu Jonas, essas festas não são mais para mim! Eu me canso muito depressa. E sei que seus amigos vão querer comemorar a noite toda. Prefiro que o senhor leve a minha menina, que está precisando mesmo se divertir. Está estudando e trabalhando muito.

— Será um prazer, mas sentiremos sua falta.

— E além disso...

— Sim?

— Não podemos nos esquecer de que, se nossa teoria estiver certa — e eu tenho certeza de que está —, ela ficará muito feliz ao seu lado.

— Muito obrigado, Clotilde. Embora eu não esteja ainda completamente convencido de sua hipótese, fico comovido com sua fé e convicção.

— As almas não enganam a gente, seu Jonas. E por meio da Camila, acredito que dona Cecília já deu muitos sinais de que está entre nós.

A voz alegre de Camila interrompeu a conversa:

— Cheguei! — Jonas olhou para a escada e viu Camila. Ela estava deslumbrante num belíssimo vestido vermelho, discretamente decotado, que muito se parecia com um que Cecília tivera. Só podia ser coincidência.

Camila deu um giro e perguntou, alegre:

— Que tal?

— Tenho certeza de que todos os homens da festa ficarão com inveja de mim diante da beleza e elegância de minha acompanhante.

— Clô, você acha que eu aguento com a bajulação desse homem?

— Ora, minha filha! Seu Jonas é um cavalheiro e sabe ser gentil.

— Desse jeito, ele me faz acreditar que estou bonita mesmo!

— Mas acontece que você está, Camila! Tanto que não só os homens ficarão com inveja, como as mulheres também.

— Ah, chega de exagero, Jonas! Já estou ficando encabulada.

Clotilde encarregou-se de despachar o casal:

— Divirtam-se. Aniversário só acontece uma vez por ano.

Camila fez a recomendação de sempre para a mãe de criação:

— Olha, Clô, não fique olhando para o relógio. Essas festas demoram. Não me espere para dormir.

— Sabendo que você está com seu Jonas, fico tranquila.

— Viu só, Clô? Você também sabe ser gentil.

No elegante restaurante japonês onde Jonas fizera as reservas, havia salas privadas para os clientes que quisessem ficar a sós. Camila divertiu-se muito em se acomodar em um tatame, em vez de sentar-se em cadeiras comuns, e esforçou-se para aprender a manusear os *hashis*.

Jonas a convidou a sentar-se ao seu lado, pois isso facilitaria a troca de carinhos, beijos e palavras românticas. Certamente, com a privacidade que desfrutavam, o saquê deixava-os ainda mais desinibidos.

A certo momento, ele perguntou ao ouvido de Camila:

— Para onde iremos depois daqui?

— Você sabe que sempre comemoramos seu aniversário em casa, depois do jantar, não é mesmo? Não é porque não fiz um bolo que deixaremos de cumprir a tradição.

Jonas interrompeu um gesto que estava fazendo para pensar no que ouvira. Ou no que pensara que ouvira. Teria sido efeito da bebida? Ela dissera aquilo mesmo?

— O que foi mesmo que você disse?

Camila sorriu com as faces rosadas:

— Eu disse alguma coisa? Se disse, não me lembro. Ah, deve ser efeito do saquê. Só lembro que você me perguntou alguma coisa. O que foi?

— Eu perguntei para onde iremos depois daqui?

Camila o olhou e ruborizou, pois havia entendido as intenções dele. Ela respondeu mais maliciosa ainda:

— Estou em suas mãos, meu senhor. Faça de mim o que quiser. Hoje é seu aniversário e tem direito de pedir qualquer presente.

Nesse momento, Jonas ruborizou, mas não perdeu a oportunidade:

— Gostei da resposta. Só espero que não se arrependa disso que acabou de me dizer.

Ela respondeu com um sorriso sensual.

Jonas pediu a Josias que os levasse para seu apartamento. O motorista ia fazer algum comentário, mas desistiu.

No banco de trás do táxi, o casal esforçou-se para não dar continuidade à troca de carícias e beijos, mas, discretamente, estavam novamente de mãos dadas.

Depois que desceu do táxi, Jonas deu a volta, foi até a janela do motorista e falou baixinho para Josias:

— Meu amigo, você está convidado a almoçar amanhã comigo no restaurante do Giovanni. Às treze horas em ponto, combinado?

O motorista ficou surpreso:

— Almoçar com o senhor no restaurante? Mas, seu Jonas...

— Não aceito recusas nem perguntas. Até amanhã, às treze horas. Não se atrase — e saiu deixando Josias boquiaberto.

Depois de saírem do táxi, Jonas e Camila passaram pela portaria de forma muito bem-comportada. O mesmo comportamento foi mantido dentro do elevador, pois eles sabiam que havia câmeras de segurança ali.

Mas, quando entraram no apartamento e fecharam a porta, voltaram a se abraçar de forma intensa e apaixonada.

Quando falou, a voz de Camila estava sussurrante e diferente:

— Agora, meu querido, vou lhe dar o meu presente de todos os anos.

Mesmo envolvido pela intensa paixão do momento, Jonas teve lucidez suficiente para achar estranha aquela declaração de Camila. Só podia ser efeito da bebida. Aquela frase não fazia o menor sentido: aquele era o primeiro aniversário dele que os dois passavam juntos. Por que ela dissera aquilo? Que lhe daria o presente de todos os anos?

Naquele momento, no entanto, ele tinha outras prioridades e não teve vontade de retrucar nada. Camila continuou a falar gesticulando de forma bastante sensual:

— Espere um pouco. Só venha quando eu o chamar, certo?

— Certo, *amore*.

Camila o beijou mais uma vez e entrou no quarto onde Jonas dormia. Ele estava muito empolgado com a forma como as coisas estavam caminhando, mas sentia que estava tenso. E não era para menos. Afinal, ele era um sujeito de mais de sessenta anos, que estava prestes a se deitar com uma jovem de dezoito!

A voz de Camila chegou até ele:

— *Amore*, já estou à sua espera.

Lentamente, contendo a enorme ansiedade, ele se dirigiu ao quarto.

A julgar pelas roupas de Camila, que estavam a um canto sobre uma cadeira, a jovem já havia se despido inteiramente e estava deitada na cama, coberta apenas pelo fino lençol branco. Camila sorria entre tímida e maliciosa, com o dedo indicador entre os dentes.

Jonas engoliu em seco. Não acreditava que aquilo estava acontecendo de verdade! Sua voz saiu rouca pelo desejo:

— *Amore*, agora é você quem vai me esperar um pouco — e entrou no banheiro, onde se despiu e se preparou para sua primeira noite de amor com Camila.

Ao voltar, Jonas apagou a luz central do quarto e deixou acesas apenas duas luzinhas azuladas das arandelas. Lentamente, ele sentou-se na cama e debruçou-se sobre ela. Camila cheirava a jasmim, rosas e a todos os jardins do Paraíso.

Ela passou os braços em volta do pescoço de Jonas e puxou-o devagar para si, para o beijo que daria início ao grande reencontro.

Dizem que, quando almas iluminadas se reencontram, a Terra é coberta por uma festa luminosa de estrelas, cometas e asteroides no céu, invisível a olho nu. Só as almas envolvidas sentem essa vibração dos astros. Elas a sentem sob a forma de êxtase, amor, paixão, alegria, harmonia e todos os sentimentos bons, positivos e maravilhosos de que o coração do ser humano é capaz de abrigar.

Foi assim, com festa no céu, que a primeira noite de amor de Jonas com Camila — ou a enésima dele com Cecília — aconteceu.

Jonas acordou muito cedo e ficou um longo tempo contemplando feliz o corpo nu de Camila ao seu lado. Ela ainda dormia com um sorriso nos lábios, os cabelos revoltos cobrindo-lhe parte do rosto.

Tudo correra muito bem. Fora uma noite maravilhosa. Olhando para o rosto suave e adormecido de Camila, ele ficou pensando no que havia se passado durante grande parte da noite.

Em alguns momentos, ele ficara intrigado ao perceber que, quando estava de olhos fechados, sentia que era Cecília quem estava ao seu lado. Os movimentos do corpo, o cheiro, os gestos, as carícias, os gemidos, as palavras apaixonadas — tudo era exatamente igual aos de sua falecida esposa. Sentia com todas as fibras e músculos do seu corpo que era como se estivesse com Cecília. No entanto, ele tinha plena consciência de que estava com Camila e com o pensamento focado nela. Em nenhum momento, dividiu-se pensando em outra mulher que não fosse seu *amore*.

Ela abriu os olhos e espreguiçou-se languidamente:

— Jonas! O que você fez, seu danado? — ela se fingia de brava, encolhendo-se para tentar cobrir algumas partes do corpo. — Estou nua na frente de um cavalheiro!

— Então vou tratar de cobri-la! — e, excitado, deitou-se sobre ela.

E tudo recomeçou. Se houve outra festa no céu, ninguém jamais saberá, pois já era dia.

Depois de algum tempo, com o fogo da paixão abrandado, começaram a conversar. Camila debruçara-se sobre o peito desnudo de Jonas, com o braço direito envolvendo-o.

De olhos fechados, ele tinha o braço esquerdo sob a cabeça e com o direito acariciava bem devagar os longos e sedosos cabelos de Camila, desalinhados e espalhados, metade sobre seu peito, metade sobre o travesseiro.

Jonas lembrou-se de que Camila passara a noite fora de casa e que não avisara Clotilde:

— Camila, você precisa ligar para Clotilde. Ela deve estar preocupada.

— Ih, é verdade! Esqueci esse detalhe. Já volto — e levantou-se para ir à sala telefonar. Da maneira como Camila segurava o lençol, o tecido cobria apenas a parte da frente do corpo da jovem, deixando suas nádegas alvas e roliças à mostra. Jonas sorriu divertido com o descuido dela.

Ele fechou os olhos e ficou se deliciando com as lembranças do que ocorrera durante a madrugada. Uma coisa não lhe saía do pensamento: se não soubesse que estava deitado com Camila, juraria que tinha passado a noite com Cecília.

Depois de alguns minutos, Camila retornou à cama, ainda com o lençol envolto no corpo:

— Pronto, tudo resolvido — e jogou-se na cama, aninhando-se nele.

— O que você disse a ela?

— Que a festa acabou tarde e que você, por precaução, achou melhor que eu dormisse aqui.

— E ela?

— Me deu uma bronquinha porque demorei a ligar. Só isso.

— Clotilde é uma pessoa maravilhosa.

— Com certeza.

— Venha, volte a deitar-se aqui.

Camila retomou a posição anterior e, depois de algum tempo, perguntou com voz cautelosa:

— E agora?

— Agora o quê?

— Você vai contar para as pessoas o que fizemos?

— Preciso contar tudo o que fizemos? — brincou ele, malicioso.

— Muito engraçadinho você. Estou lhe perguntando se comunicará a todos que estamos namorando.

— Para algumas pessoas, sim, contarei. Vou começar pelo Josias e pelo Giovanni.

— Por que contará a eles primeiro?

— Josias está nos conduzindo para cima e para baixo e não é bobo. Acho até que já desconfiou de alguma coisa.

— Será?

— Acho que sim. E contarei ao Giovanni também, porque ele nos verá almoçando em seu restaurante com muita frequência. E depois, os dois são meus amigos de longa data. Confio neles.

— Acho legal.

— Depois, falarei com Clotilde.

De um pulo, Camila sentou-se na cama:

— Você vai falar com a Clô?

— Eu, não! Nós juntos falaremos com Clotilde. Vou pedir você em noivado.

Com um novo salto, Camila ficou de joelhos na cama:

— Jonas, você vai me pedir em noivado? Está falando sério?

— Claro que estou. Ou será que você não aceita casar-se comigo?

— Você está me pedindo em casamento?! Foi isso o que eu entendi?

— O que você acha do meu pedido?

— Eu não acredito! Jonas do céu! Claro que quero me casar com você, seu bobo. É que eu não esperava que isso fosse acontecer assim tão cedo.

Divertido, ele resolveu provocá-la:

— Ah, é? Então, está bem. Vou aguardar um ou dois anos para pedi-la em casamento.

Brincando, ela avançou no pescoço dele com as duas mãos:

— Não, não faça isso! Não mude de ideia. Não seja bobo.

— Só se você me der um beijo bem gostoso.

E foi o que ela fez, com a maior disposição do mundo. Depois, os dois voltaram a se recostar nos travesseiros.

Com a voz mais calma, ele comentou:

— Depois de falar com Clotilde, falarei com meus filhos.

Camila ficou em silêncio por um momento:

— Já lhe disse que eles não vão gostar nem um pouco disso. Principalmente seu filho.

— Pois eu lhe digo que vou lamentar muito se eles não gostarem, mas minha decisão já está tomada.

Depois de um instante de silêncio, Camila perguntou cautelosa:

— Querido, você tem certeza de que quer isso mesmo?

— Isso mesmo o quê?

— Tem certeza de que quer se casar comigo?

— Casar, juntar, amigar, grudar, eu quero é tê-la perto de mim para sempre.

— Mas eu só tenho dezoito anos.

— E eu já tenho sessenta e um. Sou eu quem deve lhe perguntar: você, moça de dezoito, tem certeza de que quer mesmo se casar com um sujeito de sessenta e um anos?

— Seu bobo, nem me lembro de sua idade. Você é quem fica falando disso a toda hora.

— Mas agora foi você quem falou dos seus dezoito anos.

— Porque às vezes me acho muito imatura, muito inexperiente em relação a você.

Ele deu um sorriso malicioso:

— É... eu passei a noite vendo sua inexperiência...

Camila deu um tapinha carinhoso no ombro de Jonas, com ares de timidez:

— Eu não estava me referindo a isso, seu bobo.

Jonas acariciou o rosto de Camila:

— Todos nós somos inexperientes na vida, minha querida. Estamos sempre crescendo, aprendendo. Eu tenho aprendido muito com sua juventude, alegria e espontaneidade. Eu também não sei de tudo, ninguém sabe. Então, uniremos nossas inexperiências e seremos felizes.

Ela deitou-se sobre ele e um longo beijo encerrou aquele diálogo.

Capítulo 25

Jonas e Camila chegaram à casa da jovem no fim da tarde. Ele foi logo se desculpando:

— Clotilde, eu queria lhe explicar nosso atraso.

Ela o interrompeu:

— Ah, não se preocupe, seu Jonas. Camila me ligou e explicou tudo. Só achei que ela devia ter ligado mais cedo. Fiquei um pouco preocupada.

Camila defendeu-se:

— Mas, Clô, numa festa a gente não se lembra dessas coisas.

— Na sua idade, as pessoas não se lembram mesmo!

Jonas pigarreou e aproximou-se de Clotilde:

— Clotilde, na verdade, nós gostaríamos de falar com você sobre um assunto muito sério.

— Ai, meu Deus, o que houve?

— Calma, Clô, não houve nada.

Jonas acrescentou:

— Vai haver, mas está dependendo de você.

— De mim? Agora fiquei mais curiosa ainda! Vamos nos sentar.

Os três sentaram-se na sala, e Jonas, escolhendo bem as palavras, começou:

— Clotilde, acredito que o assunto do qual vou tratar não será uma completa surpresa para você.

— Então, vamos ouvir e decidir.

— Bem... — Jonas pigarreou outra vez e colocou sua mão sobre a de Camila. — Quero pedir sua permissão para eu e Camila ficarmos noivos.

Clotilde arregalou os olhos, mas não disse nada. Ela ficou pálida, levantou-se e foi até a cozinha.

Camila fez uma expressão travessa encolhendo os ombros. Depois, inclinou-se e sussurrou para Jonas:

— Ih, acho que Clô não esperava por essa...

— Talvez, não tenha sido uma completa surpresa.

Clotilde voltou com um copo d'água e sentou-se novamente. Bebeu um gole e falou com calma:

— O senhor tem razão, seu Jonas. Não foi uma completa surpresa.

Camila admirou-se:

— Clô, você não ficou chocada?

— Não, minha filha. Eu diria até que isso era inevitável.

— Como assim, Clô? Não estou entendendo. Você nunca me falou nada sobre isso.

— É uma história muito complicada, minha filha. Quem sabe um dia eu lhe conte essa história com detalhes?

— Mas, então, o que você acha do pedido de Jonas? Vai permitir nosso noivado, Clô?

— Claro que sim, minha filha. Na verdade, eu jamais poderia impedir. Isso está acima de mim.

— Você está falando por meio de enigmas, Clô. Continuo não entendendo nada do que você está dizendo.

— Quero lhes dizer que estava escrito desde cedo que vocês iriam se encontrar. Lembra-se dos seus sonhos quando criança? Aqueles sonhos eram um sinal.

— Um sinal de quê?

— De que vocês voltariam a se encontrar.

— Como "voltariam"?

Jonas achou melhor intervir. Aquela conversa estava seguindo um rumo inoportuno e confundindo Camila:

— Bem, minha gente, acho que esse não é bem o objetivo de nossa conversa. Então, Clotilde, contamos com sua bênção?

— Claro, seu Jonas. Faço muito gosto na união de vocês. O senhor é um bom homem, gente de bem.

— Obrigado, Clô! — e só então Camila ousou envolver a mão de Jonas entre as suas.

— Certamente, vocês já sabem que encontrarão algumas dificuldades por causa da diferença de idade, não é mesmo? Ainda existe muito preconceito a respeito.

— Já conversamos sobre isso, Clotilde. Essa diferença de idade não é problema nem para mim nem para Camila.

— Sim, Clô, eu nem lembro da idade dele.

— Quanto a vocês, eu não me preocupo. Eu me referia a outras pessoas, inclusive seus filhos, Jonas.

— Você está certa, Clotilde, mas nós já estamos decididos a enfrentar e resolver essas questões da melhor maneira possível. Falarei com meus filhos nos próximos dias. Mas, primeiro, queríamos pedir sua aprovação.

— Como disse, tem toda.

— Inclusive, tenho algo a lhe dizer. Este é um assunto que ainda nem tratei com Camila, mas sei que ela concordará comigo. Gostaria que você fosse morar conosco.

Num ímpeto, Camila abraçou Jonas, empolgada com a notícia:

— Ai, que legal, Jonas! Você ainda nem tinha falado comigo sobre isso, mas eu concordo inteiramente!

Clotilde pareceu não acreditar no que ouvira:

— O que foi que o senhor disse?

— Veja, Clotilde, não faz sentido você ficar sozinha nesta casa nem se separar de Camila, a quem criou com tanto carinho. Meu apartamento é grande o suficiente para acomodar nós três com conforto. Ficaremos muito felizes se você concordar com esta proposta. Claro que não precisa ser já. Vamos planejar tudo direitinho, e, quando Camila estiver pronta para se mudar, retomaremos esta conversa.

— Ah, Clô, aceite! Por favor! — e sentou-se no colo da mãe de criação, acariciando seu rosto.

— Mas, menina, eu fui pega de surpresa! Preciso pensar. Faz muitos anos que moro nesta casa, neste bairro. E depois, vou dar muito trabalho a vocês.

— Pelo contrário, Clotilde, você vai nos ajudar e muito. E quanto ao bairro, não se preocupe. Você vai gostar muito da Vila Mariana. Eu lhe garanto isso.

— Bem, prometo que pensarei nisso.

Jonas deu um sorriso maroto:

— Ótimo. Enquanto você pensa, vou arrumando seu quarto lá no apartamento.

Camila deixou escapar sua famosa gargalhada:

— Isso mesmo, Jonas! Mandou bem!

Clotilde não viu outra alternativa senão sorrir também:

— Vocês são mesmo impossíveis...

Depois de Jonas, quem primeiro chegou ao restaurante foi Josias, o taxista. Ele aproximou-se devagarinho, tirou o boné e ficou observando seu anfitrião:

— O que está fazendo aí parado, amigo? Pode se sentar.

Josias obedeceu. Estava meio sem jeito de estar à mesa com o "doutor" Jonas. Quase em seguida, Giovanni chegou. Ao contrário do outro, aproximou-se apressado e, sem maiores cerimônias, juntou-se aos dois. Ambos os convidados ficaram olhando para Jonas, à espera de que ele dissesse alguma coisa.

— Em primeiro lugar, devo lhes dizer que estou muito feliz em estar com vocês aqui.

— Nós também — os dois convidados responderam quase em coro.

— É o seguinte... — e pigarreou. — Antes, gostaria de preveni-los de que nao sei se vao gostar do que lhes direi.

Josias e Giovanni se entreolharam com alguma preocupação nos rostos. Jonas percebeu, mas continuou:

— Vocês sabem que, desde que Cecília se foi, eu não voltei a me casar nem a me relacionar com mulher alguma.

Os convidados apenas balançaram a cabeça.

— Mas o homem não foi feito para viver só. Foi por isso que Deus fez o homem e a mulher.

Só então Josias e Giovanni sorriram, descontraindo um pouco do que iria ser revelado.

— Eu convidei vocês para almoçar comigo para que soubessem de uma novidade — os dois agora olhavam Jonas sem piscar. — Eu vou me casar de novo.

Josias e Giovanni não mexeram um músculo sequer, pois levaram alguns segundos para entender o que Jonas dissera. Depois de se entreolharem, Giovanni, que parecia incrédulo, quebrou o silêncio:

— Casar-se de novo? O senhor disse que vai se casar de novo?

Josias tinha um leve sorriso no rosto. Aparentemente, já desconfiara de alguma coisa devido às constantes idas e vindas de Jonas com Camila.

Calmamente, Jonas respondeu:

— Isso mesmo, amigo.

— Mas, e dona Cecília? — o italiano parecia inconformado.

— Giovanni, Cecília, a quem continuo amando, morreu faz vinte anos e durante todo esse tempo me mantive fiel à memória dela. Mas eu acabei de fazer sessenta e um anos. Você não acha que tenho o direito de continuar vivendo?

O velho italiano estava embaraçado e confuso:

— Sim, acho, mas é que... Não sei, seu Jonas, mas acho que dona Cecília não vai gostar disso.

— Se ela estivesse viva, é claro que não iria gostar, Giovanni...

Josias assistia calado ao diálogo dos dois homens, mantendo ainda um discreto e enigmático sorriso nos lábios:

— E com quem o senhor vai se casar, seu Jonas? Podemos saber?

— Claro! Vou me casar com aquela jovem para quem você ofereceu os convites para o concerto, Giovanni.

— *Mamma mia*! O senhor vai se casar com aquela jovem?

Então, Josias se manifestou pela primeira vez:

— Desculpe, Giovanni, respeito seus sentimentos, mas qual é o problema? O senhor Jonas ainda é jovem.

— Sim, mas a menina... é uma menina!

Jonas explicou:

— Ela tem dezoito anos, Giovanni. Já é maior de idade.

— Então, seu Jonas, são mais de quarenta anos de diferença!

Jonas mantinha a calma:

— Você quer que eu liste aqui os nomes de celebridades e amigos que se casaram com mulheres e homens muito mais jovens ou muito mais velhos?

Josias completou:

— Eu mesmo tenho uns dez clientes nessa situação.

Giovanni olhou espantado para o taxista:

— Você está de acordo, Josias?

— Claro que estou, homem! Seu Jonas não pode continuar vivendo sozinho! Ele precisa de uma companheira. Acho até que demorou muito para tomar essa decisão.

— Mas tinha que arranjar logo uma menina de dezoito anos?

O taxista retrucou de pronto:

— E quem é que escolhe o amor, criatura?

— Josias, estou admirado e encantado com seu apoio — Jonas falou.

Giovanni fez questão de justificar sua posição:

— Veja, seu Jonas, não estou dizendo que sou contra. Eu apenas fui pego de surpresa, só isso.

— Eu sei, Giovanni. Muitos dos meus amigos também ficarão surpresos com essa notícia, mas a vida é minha e eu não posso vivê-la de acordo com as expectativas alheias. Concorda comigo?

— Sim, claro. E já sabe quando será a cerimônia?

— Ainda não. Vamos com calma. Isso não se faz da noite para o dia. Como eu lhes disse, vocês, além da mãe de criação de Camila, são as primeiras pessoas a quem estou revelando essa decisão.

— Puxa, muito obrigado pela confiança, seu Jonas.

— Agora, falarei com meus filhos.

— Seus filhos ainda não sabem?

— Não.

— Meu Deus, vai ser um quiproquó...

— Sei disso, mas o que importa é que minha noiva aceitou o pedido, e nós vamos nos casar, morar juntos, sei lá.

Os dois amigos ficaram pensativos, olhando para a toalha de mesa. Jonas percebeu o silêncio:

— Ei, posso saber no que vocês estão pensando?

O italiano perguntou numa voz quase suplicante:

— O senhor vai continuar almoçando aqui?

— Claro que sim! Camila vai continuar estudando pela manhã e trabalhando à tarde. Não vai ter tempo de fazer almoço para o marido.

Josias aproveitou a deixa:

— Isso quer dizer que também não vou perder meu cliente.

Gente, nada vai mudar em nossas relações. Eu vou apenas me casar. Só isso.

Giovanni entusiasmou-se:

— Então, vamos almoçar! Hoje, é por conta da casa.

— Agora gostei de ouvir.

E todos riram, mostrando que a ventania da surpresa havia passado.

Jonas tinha consciência de que sua decisão de voltar a se casar implicava grandes mudanças em seus hábitos, sua privacidade e até mesmo em sua vida. Morando sozinho há mais de vinte anos, agora iria compartilhar seu espaço com mais duas pessoas, certamente com costumes e hábitos diferentes dos seus. Mas o que haveria de fazer? Passar sozinho os anos que lhe restavam de vida?

Além de tudo, Jonas não se via mais vivendo sem Camila. Alguém poderia achar que isso decorria de um capricho, de um impulso inconsequente, mas ele sabia que não era assim. Alguma coisa muito forte o atraía para ela. Ele recusava-se ainda a pensar na hipótese da reencarnação, mas isso não importava. Deveria existir outro nome para isso: sintonia, identificação, simbiose, afinidade ou qualquer outro nome. O que importava era a força do sentimento, que era tão forte quanto aquele que sentira por Cecília.

Depois de muito pensar, Jonas decidiu falar primeiro com Cíntia. Achava-a mais compreensiva, mais sensível que Jefferson. De qualquer forma, decidiu falar com a filha por telefone, pois seria mais fácil do que ter de encará-la pelo *tablet*. Ademais, pela natureza do assunto, ela certamente iria querer conversar pessoalmente com o pai a respeito do assunto.

— Cíntia?

— Oi, pai, tudo bem? Não quis usar o *tablet* desta vez?

— Preferi variar. Tenho uma novidade para você.

— Meu Deus. Ultimamente, ando tendo pavor de suas novidades. Qual é a novidade desta vez?

Jonas achou melhor ser direto:

— Vou me casar.

Houve um silêncio do outro lado da linha:

— O que o senhor falou? Não ouvi direito.

— Você ouviu sim, filha. Eu disse que vou me casar.

— Papai, isso é uma brincadeira, certo?

— Errado. Estou falando sério.

— Papai, o senhor só pode estar brincando, não é possível. Casar-se a uma altura dessas?

— Que altura, Cíntia? Tenho só sessenta e um anos. Faz vinte anos que estou solteiro. Qual é o problema?

— Isso vai mudar toda a sua vida, papai.

— Eu sei, filha, mas já é hora de fazer mudanças. Aliás, já passou da hora.

— Papai, quem meteu essa ideia na sua cabeça?

— Minha filha, você acha que na minha idade alguém consegue meter uma ideia que eu não queira em minha cabeça?

— Posso saber quem é a noiva?

— Você já a conhece.

Cíntia foi exageradamente enfática:

— Ah, não! Pelo amor de Deus, pai! Não me diga que é a Camila, aquela garotinha.

— É ela mesma e vou quero deixar claro que ela não é uma garotinha. Camila tem dezoito anos.

— Definitivamente, o senhor está brincando comigo.

Talvez por já esperar aquela reação da filha, Jonas estava mantendo a calma durante a conversa:

— Você não gostou dela?

— Não se trata disso, papai! Camila parece ser uma boa moça. A questão é que ela é muito nova para o senhor.

— Bem, minha filha, liguei para lhe dar a notícia. Se você não acredita ou não concorda com meu casamento, já é outra história.

— Meu irmão já sabe disso?

— Vou ligar para ele ainda hoje.

— Eu não estou acreditando nisso...

— Eu estou usando a palavra "casamento", porque é o comum, mas, na verdade, ela virá morar aqui comigo inicialmente. Ela e a mãe de criação dela, a Clotilde. Depois, decidiremos se vamos nos casar oficialmente.

Quando falou com voz de desânimo, Cíntia parecia conformada:

— Bem, pelo visto o senhor já planejou tudo.

— Já. E eu gostaria muito de contar com o apoio de vocês.

— Papai, eu quero deixar uma coisa bem clara: nada tenho contra o senhor se casar de novo, mas com uma mulher do seu nível e com mais idade. Apenas isso.

— Minha filha, você sabe que em matéria de amor a gente não escolhe. Camila surgiu em minha vida, sem que eu a procurasse. Nós nos conhecemos, e hoje ela me faz feliz. Ponto.

— Tudo bem. Converse com Jefferson, e depois voltaremos a falar. Enquanto isso, ficarei pensando sobre sua decisão.

Capítulo 26

Como Jonas previra, Cíntia não perdera tempo para contar a novidade para o irmão. Foi só o tempo de Jonas ir tomar um pouco de água na cozinha e voltar para sua poltrona. Quando ligou para Jefferson, percebeu que a linha do telefone do filho estava ocupada. Jonas sorriu, adivinhando com quem ele estaria conversando. Resolveu esperar, pois, se suas previsões continuassem certas, Jefferson não esperaria o pai ligar e se anteciparia. E isso de fato aconteceu alguns minutos depois:

— Papai, que história é essa?

— Você vai perguntando as coisas assim? Sem um "boa-noite" nem nada?

— Não brinque, papai, pois o assunto é sério.

— Eu sei que é. Por isso, liguei para vocês.

— O senhor vai se casar com aquela garota que conhecemos aí na sua casa? É isso mesmo?

— Isso mesmo.

— Papai, o que o senhor viu nela? Sexo? Ninguém mais precisa casar hoje em dia para ter sexo.

— Eu sei disso, filho, mas não é essa a questão.

— E que outra questão existe, pai? O senhor não está vendo que isso não vai dar certo e que ela só quer se aproveitar do senhor?

Apesar dos maus modos de Jefferson, Jonas manteve a calma:

— Meu filho, vamos aproveitar a ocasião para deixar algumas coisas bem definidas aqui. Eu tomei a decisão de me casar com a Camila. Não vou explicar a você o que vi nela, pois isso é muito pessoal. O que eu espero de você, daqui para a frente, é mais respeito com aquela que será minha esposa. Eu sei que você pensa que ela é uma aproveitadora, uma garota de programa, sei lá mais o quê, mas não tenho como lhe provar o contrário. Então, vamos combinar assim: guarde suas opiniões para você. E outra coisa, o nome dela é Camila. Não é "garotinha", "menininha" ou coisas assim.

— Estou apenas exercendo meu papel de filho! De filho que ama o pai e que deseja protegê-lo.

— Proteger-me de quê, Jefferson? De fantasmas preconceituosos que você tem na mente? Por acaso, eu sou o primeiro homem a se casar com uma mulher muito mais nova?

— Não, pai, sei que não é. Mas os outros homens não são meu pai!

— Eu sei o que estou fazendo, filho. Acredite em mim. Agradeço muito a sua preocupação, mas gostaria que você e sua irmã entendessem que estou constituindo uma nova família e que nela se incluem vocês, Camila e Clotilde.

— Bem, eu tinha dito a Cíntia que iríamos até aí para discutir o assunto, mas vou ligar para ela desfazendo esse acordo. Percebo que não adiantará de nada uma visita nossa. Não vamos conseguir demovê-lo dessa ideia.

— Concordo. Se desejam vir até aqui com a intenção de me fazer mudar de ideia, é melhor pouparem o tempo e o dinheiro das passagens. Mas, se quiserem vir até São Paulo para nos cumprimentar e comemorar conosco, serão muitíssimo bem-vindos. Saiba que Camila e eu amamos vocês.

— Está bem, papai. Acho que não há mais nada a conversar sobre esse assunto. O senhor já tomou uma decisão.

— Já, filho.

— Eu só queria lhe dizer mais uma coisa, pai... Lembra que eu lhe perguntei o que Camila estava querendo em troca de todos os favores que vinha lhe fazendo?

— Se você vai me dizer que ela queria casar-se comigo em troca desses favores, é melhor que não diga. Primeiro, eu ficaria muito magoado e depois ficaria muito bravo com você.

— Está bem, papai. Boa noite.

Jonas já previra que a conversa com Jefferson não seria fácil, mas, mesmo assim, sentiu-se desconfortável. Uma conversa ríspida com o próprio filho nunca era algo agradável. Mas ele e Cíntia já estavam com suas vidas encaminhadas, e agora, depois de tanto tempo de solidão, Jonas sentia que tinha o direito de encaminhar sua vida também.

Pena que não pudesse contar aos filhos a hipótese da reencarnação. Se o fizesse, correria o risco de os dois resolverem interná-lo.

Na noite seguinte, Cíntia voltou a ligar para o pai, desta vez por meio do *tablet*.

— Pai?

— Oi, filha! Tudo bem?

— Tudo. Você está com uma cara boa.

— Deve ser a tal felicidade.

— Escute, pai, eu acho que fui muito rude ontem na nossa ligação, mas, compreenda... Eu fui pega de surpresa pela notícia. Me desculpe.

— Não se preocupe, filha. Eu entendo. Sua reação foi muito natural. Afinal, é uma grande mudança mesmo.

— Pois é, pai... E, na verdade, o que conta é sua felicidade. Não importa a idade de Camila, pois, se ela o faz feliz, é isso o que realmente importa. Reconheço que fui preconceituosa. Logo eu! Uma psicóloga. Saiba que vou torcer por vocês.

Ouvindo a filha falar daquela maneira, Jonas ficou emocionado e aliviado:

— Você não imagina como me sinto aliviado e feliz com essas suas palavras, minha filha. O que, vindo de você, não me surpreende. Certamente, seu irmão não concordaria com elas.

— Não se preocupe com Jefferson, papai. No momento, ele está revoltado, mas, daqui a alguns dias, ele terá pensado melhor e estará mais calmo.

— Assim espero.

— Pai, o senhor fará alguma solenidade? Se casará com ritual e tudo? Preciso saber com antecedência para me preparar.

— Acho que não. Camila e eu ainda não conversamos sobre isso, mas não acredito que ela queira. E eu não faço questão disso. Talvez, um dia desses, quando vocês vierem para São Paulo nos visitar, façamos um almoço ou um jantar comemorativo. Isso será suficiente para nós.

— Quando vocês passarão a morar juntos?

— A previsão é de que ela se mudará no próximo fim de semana. Ela e Clotilde virão de vez.

— De coração, papai, espero que tudo dê certo. Você merece ser feliz. Tenho certeza de que mamãe, onde quer que esteja, também está torcendo por você.

— Espero que sim. Não vou deixar de amá-la por causa de Camila. Aliás, para você que é espírita, posso dizer: eu estou esperando que, a qualquer momento, ela me dê um sinal de que está de acordo.

— Ah, que legal ouvir isso do senhor, papai! Vamos esperar! Quem sabe? Receba um beijo bem grande desta sua filha que o ama muito, viu?

Jonas sentiu um grande alívio no coração, acompanhado de uma enorme alegria. Que bom que sua filha pensara melhor e aceitara seu casamento. Não gostaria de começar uma nova família já tendo que administrar conflitos. Para completar sua satisfação, só faltava agora Jefferson se manifestar.

Conforme fora planejado, Camila e Clotilde instalaram-se no apartamento de Jonas no fim de semana seguinte. Clotilde decidiu alugar a casa onde morava, incluindo os móveis. Seria para ela e Camila um dinheiro a mais.

Os três passaram o sábado fazendo os arranjos para a acomodação das duas mulheres. Camila mostrava-se feliz e muito à vontade na nova casa, sugerindo ou alterando a posição dos móveis e quadros. Clotilde, por sua vez, mantinha-se reservada, limitando-se a fazer o que lhe pediam. Era natural, pois ela ainda não se sentia em casa e isso levaria algum tempo para acontecer.

Antes de a tarde findar, Jonas levou Camila e Clotilde para caminhar pelo bairro para que o conhecessem. Ambas estavam deslumbradas com o que viam e não foram poucas as vezes em que tiveram de parar para apreciar as vitrines. Por último, foram visitar o Shopping Metrô Santa Cruz. Depois de longas caminhadas, decidiram jantar pelo shopping mesmo. Foi como uma comemoração pela chegada das novas moradoras.

Por fim, voltaram para casa cansados, mas felizes.

Por mais que Jonas e Camila tivessem insistido, Clotilde não quis se instalar no quarto de hóspedes, dizendo que o cômodo deveria ser usado pelos visitantes ou nas ocasiões em que os filhos de Jonas viessem visitá-lo. Preferiu ficar no quarto dos fundos do apartamento, originalmente destinado às empregadas domésticas que pernoitassem no emprego. A exemplo do restante do apartamento, esse quarto tinha um tamanho bem razoável e acomodara Clotilde com conforto suficiente para que ela tivesse tranquilas noites de sono.

Jonas compreendera a escolha da mãe de criação de Camila, mas, no fundo, achou que ela quisera proporcionar mais privacidade ao novo casal.

Depois que todos, por fim, se acomodaram, nem o cansaço do passeio foi suficiente para impedir que o casal fizesse sua comemoração amorosa na primeira noite vivendo sob o mesmo teto.

"Sim... Clotilde tinha tomado uma sábia decisão ao escolher ficar no quarto dos fundos", concluiu Jonas diante da nada discreta comemoração do casal.

No domingo, Jonas procurou o síndico do condomínio e lhe comunicou formalmente que agora tinha uma companheira e que ela passaria a morar com ele no apartamento. Jonas ainda lhe pediu que transmitisse a informação aos empregados, principalmente aos da portaria e da segurança, para que não ocorressem mal-entendidos. O síndico aceitou o fato com naturalidade e comprometeu-se a repassar a informação à sua equipe.

Os dias seguintes transcorreram na mais perfeita harmonia e felicidade no apartamento de Jonas — e agora também de Camila. O casal se entendia e não parecia dar importância à grande diferença de idade que havia entre eles. Clotilde, sempre discreta, procurava deixá-los sempre bem à vontade.

Passada a primeira semana de vida em comum, Jonas e Camila começaram a fazer planos. De comum acordo e depois de algumas providências burocráticas, Camila deixou o colégio na Lapa e transferiu-se para outro mais próximo.

Algumas semanas depois, uma mudança inesperada aconteceu. Uma manhã, quando Jonas acordou, Camila estava imóvel, sentada na cama, e olhava pela janela, como se estivesse refletindo. Ele olhou para a jovem e passou as mãos carinhosamente por suas costas:

— Que foi, *amore*? Pensando na vida?

Camila o olhou com seriedade:

— Jonas, tomei uma decisão e não sei se você vai gostar.

Ele ergueu o corpo e aproximou-se dela:

— Ei, não me diga que vai me deixar tão cedo. Não gostou da experiência de casada?

— Não seja bobo, Jonas. Estou adorando estar com você.

— Então, o que lhe tirou o sono?

Camila se voltou e delicadamente o empurrou, fazendo-o deitar-se novamente. Debruçada sobre ele, ela disse:

— Andei pensando sobre meu futuro, Jonas.

— Ai, meu Deus. E que decisão foi essa?

Olhando-o bem nos olhos, como se quisesse sentir a reação dele, ela revelou:

— Não vou mais estudar psicologia.

Jonas se espantou:

— Que história é essa? Você sempre quis ser psicóloga. Por que essa mudança agora?

— Não sei explicar, mas vou estudar outra coisa.

— Que coisa, por exemplo?

— Música. Vou ser violinista.

Jonas engoliu em seco e ficou olhando para Camila, tentando descobrir se ela estava brincando ou falando sério:

— Violinista?

— É isso mesmo. Violinista. Decidi que quero ser uma grande violinista e que um dia tocarei para você.

Jonas continuava olhando sério para Camila:

— De onde você tirou essa ideia?

Ela voltou a sentar-se na cama:

— Não sei. Surgiu de repente e agora não paro mais de pensar nisso. Está decidido, Jonas. E como você mesmo diz, isto não é uma negociação; é uma decisão.

Jonas sentou-se também e ficou ao lado de Camila:

— Você tem certeza de que é isso mesmo que quer?

— Absoluta. Nunca estive tão certa, Jonas. Vou ser violinista.

No primeiro momento, Jonas achou estranha a decisão de Camila. Mas, ao lembrar-se da teoria de Clotilde sobre reencarnação, pensou melhor e concluiu que aquilo fazia todo o sentido. A partir dali, fez questão de demonstrar seu apoio à ideia de Camila, que repetia com frequência:

— Um dia, ainda tocarei violino só para você.

Com o passar dos dias, o casal adquirira o hábito de, um pouco antes do fim das tardes, descer para o jardim e ficar conversando amenidades entre beijos e carinhos, sentados num dos bancos de cimento ou caminhando entre as flores. No início, os demais moradores os observavam com curiosidade, mas logo se habituaram a eles.

Numa dessas tardes, a conversa foi particularmente interessante. Com as mãos de Jonas entre as suas, Camila comentou:

— Amor, eu quero lhe falar uma de minhas bobagens.

— Fale, pois já estou com saudade delas. Faz tempo que você não diz uma bobagem.

— Ultimamente, tenho tido sensações estranhas. Não são novas, mas agora estão surgindo com mais intensidade.

— Por exemplo?

— É difícil explicar. Algumas vezes, eu sinto como se já tivesse morado aqui com você. Acho até que já comentei isso com você.

Jonas lembrou-se novamente da hipótese da reencarnação.

— O que lhe dá essa sensação?

— Não é algo único, específico. É um conjunto de sensações e impressões. Quando faço uma coisa para você, quando lhe digo algo, tenho a impressão de que já fiz ou lhe disse aquilo um dia. Muitas vezes, você me leva para passear para me mostrar um lugar que você gostaria que eu conhecesse, mas, ao chegar lá, sinto como se já tivesse estado lá com você — e completou, para susto de Jonas. — É como se eu já tivesse vivido esta vida.

Jonas procurou disfarçar:

— Ora, querida, você sabe que isso não é possível.

— Eu sei, *amore*, mas é como eu me sinto nesses momentos.

— Isso acontece sempre?

— Não sempre, mas muitas vezes.

— E isso a preocupa ou incomoda?

Camila demorou para responder:

— Não se trata de me incomodar. É que... eu fico pensando se tenho algum problema psicológico ou neurológico. Sei lá.

— Que é isso, meu bem? Não pense nisso.

— Mas essas coisas não são normais, Jonas.

— Bem, se isso lhe deixar mais tranquila, poderemos ir a um psiquiatra para fazer uma consulta.

— Se você não se importar, eu gostaria. Pelo menos afastaria ideias bobas da minha cabeça.

— Está bem. Amanhã mesmo vou agendar uma consulta com um amigo meu. Mas, desde já, saiba que não há nada de errado com você. Iremos só por desencargo de consciência.

Camila deu um beijo na face de Jonas:

— Te adoro.

Capítulo 27

Quando, mais tarde, Camila foi tomar banho, Jonas aproveitou a oportunidade para falar a sós com Clotilde sobre a conversa que tivera com a jovem. A velha senhora mostrou preocupação:

— Ah, meu Deus, eu sabia que isso iria acontecer mais cedo ou mais tarde. Acho até que demorou.

— Ainda assim, você acha que não devo falar para ela sobre a possibilidade de reencarnação, Clotilde?

— Mas para quê, seu Jonas? Para que falar sobre isso, se nem o senhor acredita inteiramente nessa possibilidade? Isso não ajudaria em nada e só iria causar mais confusão na cabecinha de minha menina. Ela poderia até ficar com ciúmes, achando que o senhor só gosta dela, porque queria estar novamente com sua primeira esposa.

— Você bem sabe que não é isso, Clotilde.

— Eu sei, seu Jonas, mas Camila não sabe e pode entender errado. Isso pode, inclusive, estragar a harmonia que há entre vocês.

— Bem, quando o psiquiatra disser que não há nada de errado com ela, talvez Camila fique mais tranquila.

— Queira Deus.

Jonas escolheu levar Camila a outro médico. Preferiu proceder dessa forma, para ter a oportunidade de obter uma segunda opinião de alguém que não tivesse conhecimento prévio da situação.

O doutor Osório tinha quase setenta anos e era conhecido como um dos melhores psiquiatras de São Paulo. Ele escrevia ótimos artigos e sempre dava entrevistas na TV sobre saúde mental. Jonas só se lembrou dele, quando assistiu, por acaso, a uma dessas aparições.

Jonas lembrava-se de tê-lo conhecido, quando, ao lado de Cecília, compareceu a uma de suas palestras e depois a uma noite de autógrafos de um livro que ele acabara de lançar na época. Ali, tornaram-se amigos, e Jonas o presentou com vários convites para concertos. Com a evolução da amizade, as famílias se aproximaram, e Cecília foi convidada para ser madrinha de uma das filhas do médico. Mas, por alguma razão, talvez por causa das constantes viagens do casal, o contato com Osório fora interrompido por muitos anos.

Jonas tinha uma ótima impressão do médico, mas tinha receio de que, como ele conhecera Cecília, talvez sentisse algum desconforto em atender Camila. No entanto, se Osório sentira algum desconforto, pelo menos não demonstrara.

No dia da consulta, Osório recebeu o casal com muita simpatia. Ele não fez qualquer comentário sobre a diferença de idade entre eles nem tocou no nome de Cecília, exceto quando fez comentários sobre o início da amizade entre eles. Eram lembranças esparsas, pois já se passara muito tempo. Inclusive, Osório aparentemente nem sabia do falecimento de Cecília, pois não fizera referência ao fato. Ele deve ter imaginado que Jonas se separara e que Camila era sua segunda esposa.

Osório ouviu atentamente o relato de Camila. Depois, fez-lhe uma série de perguntas sobre sua saúde, seus hábitos alimentares, a qualidade do seu sono e seu estilo de vida. Fez um rápido exame, conferindo peso, altura, pressão arterial, pulsação, tireoide e fez algumas anotações. No final, voltaram à mesa do médico, que concluiu:

— Camila, aparentemente, não há nada de errado com você. Vou pedir que faça alguns exames laboratoriais e de imagem, para me certificar de que está tudo bem com você.

— E essas minhas sensações, doutor?

— Posso afirmar, quase com certeza, de que se trata de um fenômeno que chamamos de *déjà-vu*. Em palavras simples, posso dizer-lhe que esse fenômeno resulta de processos químicos que envolvem o funcionamento do cérebro e dos mecanismos da memória. Seria um determinado desarranjo neurológico, nada grave, mas que mexe com o conceito de tempo e faz com que você sinta já ter presenciado situações que estão acontecendo agora pela primeira vez. Na verdade, você não as viu antes. É como rever a mesma cena de um filme. Você diria: "Ué, mas eu já vi esta cena". No caso do filme, sim, mas no caso do *déjà-vu* a sensação é a mesma, com a diferença de que você não viu antes o que está vendo agora. Entendeu?

— Sim, entendi. Isso acontece com outras pessoas?

— Com mais frequência do que você pode imaginar. Eu diria até que é relativamente comum.

— E não há tratamento para isso?

— Não há, porque não se trata de uma doença. É apenas a maneira como sua memória funciona, Camila. Talvez uma vida mais tranquila, sem estresse e com exercícios físicos, possa fazê-la sentir-se melhor. Aliás, nada mais estressante do que os primeiros meses de casamento, com todas aquelas adaptações e mudanças, não é mesmo?

Camila quis tranquilizar Jonas:

— Até que não está estressante, não é, querido?

Jonas aproveitou a ocasião para saber mais:

— Concordo, não está sendo estressante. Mas, doutor, eu tenho uma dúvida... É possível que algum fator de origem espiritual esteja interferindo nesse fenômeno?

O médico exibiu um sorriso discreto, talvez achando a dúvida descabida:

— Na opinião da psiquiatria, a resposta é não. Não tem nada a ver com espiritualidade. Como disse antes, o *déjà-vu* é algo meramente químico. E muito mais simples e inofensivo do que podemos supor.

— Em resumo, não há motivo para preocupações.

— Nenhum. Procure levar isso na esportiva e, em vez de ficar preocupada, pense apenas: "Que engraçado, achei que já tinha visto, ouvido ou falado isso" e dê boas risadas. Enquanto isso, faça os exames e volte aqui para rirmos juntos.

— Está bem — o casal já ia saindo, quando Camila se voltou e da porta perguntou ao médico. — E como vai minha afilhada?

Osório interrompeu o sorriso e olhou meio desconcertado para Camila:

— Desculpe, como disse?

Jonas tratou logo de esclarecer:

— Camila está brincando, doutor Osório, porque ela sabe que Cecília foi madrinha de uma de suas filhas. E como ela agora está no lugar da Cecília...

— Ah, que desligado eu sou. Não alcancei o espírito da brincadeira. Cristina vai muito bem. Agora já é uma senhora e até já me deu netos!

— Já? Como o tempo passa... — Camila pareceu melancólica por alguns segundos ao ouvir essa informação, mas logo se recuperou e readquiriu seu sorriso encantador. — Ah, mas isso é ótimo! Dê um beijo nela por mim.

O médico estranhou um pouco essa gentileza, afinal, as duas mulheres nem se conheciam. Jonas, então, se apressou em sair dali.

— Até logo, doutor.

Já no elevador, agarrada ao braço de Jonas, Camila perguntou baixinho:

— Quem é Cristina? E por que o doutor Osório falou o nome dela? É alguma amiga sua?

— Acho que ele apenas quis ser gentil. Cristina é uma das filhas dele, e Cecília a batizou. Nada importante.

— Ainda bem. Pensei que eu tivesse perguntado alguma bobagem.

Jonas percebeu que Camila saíra do consultório mais tranquila, mas não inteiramente convencida da explicação do médico.

No dia seguinte, Jonas teve uma agradável surpresa ao receber uma ligação do seu filho.

— Oi, pai.

— Oi, filho, como está?

— Tudo bem. Eu tenho andado muito ocupado, viajando muito, e por isso não liguei para o senhor antes.

— Não se preocupe, filho. Por aqui está tudo muito bem,

— Eu sei. Cíntia tem me falado de vocês.

— Ah, é? E o que ela tem dito?

— Que vocês parecem dois namorados apaixonados. Que tem achado o senhor muito feliz e saudável.

— Bom, nisso ela tem razão. Tenho me sentido muito bem, e Camila tem sido uma ótima companheira.

— A propósito, pai, gostaria de me desculpar com o senhor e com a Camila. Fui precipitado em meus comentários, fui preconceituoso e julguei tudo errado. Vejo agora que o senhor estava certo. Tudo bem que é cedo ainda, vocês são recém-casados, mas, de acordo com Cíntia, tudo indica que as coisas devem continuar assim.

— É o que eu também acho. Eu e Camila nos entendemos muito bem e temos nos divertido muito.

— Se o senhor concordar, gostaria que programasse um almoço ou um jantar para desfazermos a má impressão inicial e começarmos tudo do zero.

— Eu acho isso ótimo. Vou conversar com Camila a respeito e voltarei a ligar para você.

— Mais uma vez, pai, me desculpe. Te amo.

— Eu também te amo, filho. Está tudo bem.

Jonas sentiu um enorme alívio no coração. Camila, por sua vez, ficou muito contente quando Jonas lhe falou sobre o telefonema de Jefferson.

— Que bom, Jonas! Vamos programar essa comemoração!

Quando, depois de alguns dias, os exames de Camila ficaram prontos, Jonas e a jovem levaram-nos ao doutor Osório. Conforme ele mesmo previra, nada havia de errado com a moça. Ele estava visivelmente contente:

— Meus caros, como eu previra, tudo está funcionando direitinho com a moça. Os exames mostraram que não há nada de errado com Camila.

— Então, essas coisas que eu ando sentindo...

— Esqueça essas coisas e trate de se divertir mais. Tenho quase certeza de que tudo isso é passageiro e é resultante de um pouco de estresse.

Aliviados, Jonas e Camila saíram do consultório e foram fazer um lanche. Quando terminaram de comer, Jonas comentou:

— *Amore*, tenho uma ideia. O doutor Osório disse que essas sensações estranhas poderiam ser resultado de estresse, lembra?

— Sim, lembro.

— Então, vamos desestressar. Para isso, nada melhor que irmos à praia. O que acha? Vamos passar uma temporada, eu, você e Clotilde, em nossa casa de Peruíbe.

Camila vibrou:

— Uau! Amei a ideia! Adoro praia, embora não tenha ido a muitas delas.

— Que bom que você gostou. Podemos passar uma ou duas semanas lá, enquanto o sol está ajudando.

— Legal! Vou combinar com a Clô.

Nessa madrugada, Clotilde recebeu uma visita inesperada. Ela acordou com a sensação de que havia alguém em seu quarto.

Clotilde ergueu um pouco o rosto do travesseiro e levou um susto: Camila estava sentada na beira de sua cama, próxima dos seus pés, olhando-a de forma carinhosa. Ao lado da jovem estava seu mentor. A mulher ergueu o corpo, sentando-se na cama para ver a jovem melhor:

— Minha filha, o que você está fazendo aqui a esta hora? Aconteceu alguma coisa?

O espírito ao lado de Camila respondeu:

— Não, Clotilde, está tudo bem. Eu apenas a trouxe aqui para lhe agradecer.

— Mas precisava ser a esta hora? Não podia esperar até amanhã?

— Sinto muito perturbar seu sono, Clotilde, mas esta visita tinha que acontecer de madrugada, enquanto Camila está dormindo.

— Do que você está falando? Como ela pode estar dormindo, se está aqui no quarto?

— Eu quis dizer que ela está em estado de sonambulismo.

Só nesse momento, Clotilde entendeu que estava falando com o mentor de Camila, e ele a fez enxergar como Camila era na outra encarnação.

— Minha mãe do céu! É você mesma, dona Cecília?

Neste momento, Camila despertou e começou a conversar com Clotilde.

— Sim, sou eu, Clotilde, mas não precisa se assustar.

— Não estou assustada, senhora. Apenas estou surpresa com sua visita. Sei que a senhora era do bem e seu espírito certamente também é...

— Obrigada, Clotilde, você é muito gentil.

— A senhora quer me agradecer por algo, dona Cecília?

— Sim, Clotilde. Pelo apoio que tem dado à união de Camila e Jonas. Se você se opusesse ao relacionamento, se não tivesse concordado com a união, as coisas teriam sido muito difíceis para eles.

— Eu jamais poderia ser contra essa união. Pelo comportamento de Camila, eu já imaginava que a senhora havia voltado no corpo dela. Não teria como impedir o reencontro de vocês.

— Que bom que você pensou assim, Clotilde.

Clotilde hesitou um pouco:

— Posso lhe fazer uma pergunta pessoal, dona Cecília?

— Claro, minha amiga. Fique à vontade.

— Me desculpe perguntar, mas a senhora sente falta da vida que tinha com Jonas como Cecília?

— Falta? Agora sou jovem, muito inteligente e consciente. Estou fazendo o Jonas feliz. Para mim, isso é o suficiente, pois eu o amei muito em outra vida e sei que o amarei da mesma forma agora.

— Eu sei. E tenho certeza de que foi graças a esse amor que a senhora conseguiu essa permissão especial para voltar tão rápido.

— Concordo com você, Clotilde. Nossa história de amor começou há muito tempo, em muitas outras vidas. Em todo caso, eu precisava voltar. Jonas tem ainda uma grande missão a cumprir como pianista, e eu sabia que, sem mim, ele desistiria de tudo. Além disso, a relação entre meus filhos, Cíntia e Jefferson, não anda nada boa. E acredite, Clotilde, que não há nenhum motivo relevante para isso estar acontecendo. Se me for permitido, tentarei promover a reconciliação deles.

— Foi uma pena a senhora partir tão cedo. Depois que conheci o senhor Jonas, fiquei sabendo o quanto ele sofreu com sua partida.

— Eu sei, minha amiga, por isso tenho certeza de que agora ela terá sua recompensa. Mais uma vez, quero agradecer-lhe e pedir que nos ajude, oriente e proteja. Agora, sou uma jovem de idade, e Jonas é um adolescente de espírito. Precisamos do apoio e da orientação de pessoas mais experientes como você...

— Pode contar comigo, dona Cecília.

— Precisamos ir agora. Estou feliz por ter conversado com você, Clotilde. Durma em paz e fique com Deus.

Mal ouviu essas palavras, Clotilde caiu em um sono profundo. Por essa razão, ela não viu quando os visitantes saíram e se dirigiram para o quarto onde Jonas dormia serenamente. O mentor despediu-se de Camila, que, tentando não acordar o marido, se deitou com muito cuidado ao lado dele, adormecendo aconchegada a ele.

Na manhã seguinte, ao acordar, Clotilde lembrou-se imediatamente da visita que recebera na madrugada. Ela já estava se preparando para fazer uma prece a Deus e agradecer o lindo sonho que tivera, quando se surpreendeu ao olhar para o chão e avistar, perto dos pés da cama, os chinelos de Camila. Será que a jovem os esquecera no quarto ou os deixara de propósito para Clotilde ter a certeza de que recebera mesmo a visita de Cecília? Neste caso, não fora um sonho, mas uma verdadeira visita espiritual!

Enquanto tomava seu café na cozinha, Clotilde agradeceu a Deus pelo merecimento que tivera. De repente, no entanto, teve seus pensamentos interrompidos pela voz jovial e alegre de Camila:

— Oi, Clô! Não esperou por mim para tomar café, apressadinha?

— Oh, minha filha, eu estava com muita fome. Mas deixe que vou lhe servir seu café.

— Que é isso, Clô? Não precisa. Não se esqueça de que já sou uma dona de casa.

Enquanto Camila preparava o café da manhã, Clotilde perguntou, procurando parecer natural:

— Você dormiu bem, minha filha?

— Lógico. Ao lado do meu amado, o que você acha?

— Tive a impressão de que você se levantou de madrugada.

— Mas nem por um sonho. Eu demoro a dormir, mas, depois que pego no sono, vou direto — depois de tomar alguns goles de café com leite, Camila perguntou, enquanto cortava um pedaço de pão: — Só não sei onde foram parar meus chinelos, aqueles cor-de-rosa. Você acredita que sumiram? Devo os ter largado por aí.

Clotilde falou numa voz risonha:

— Eu sei onde você deixou seus chinelos.

— Sabe? Onde foi?

— No meu quarto.

Camila soltou uma risada divertida:

— Ah, não acredito, Clô! Acho que já faz uns dois dias que não entro no seu quarto, e eu estava com os chinelos ontem à noite. Além disso, por que eu os largaria lá?

O sorriso de Clotilde continuava misterioso. Ela sabia da resposta, mas preferiu manter aquela visita espiritual para si:

— Não faço a menor ideia, mas estão lá.

— Não é possível! Eu não estou ficando louca — Camila levantou-se e foi até o quarto de Clotilde. Logo em seguida, voltou já usando os chinelos. Parou diante da mãe de criação, pôs as mãos nos quadris e perguntou, fingindo-se de brava: — Clô, que história é essa? O que meus chinelos foram fazer no seu quarto? Isso é alguma pegadinha?

— E é a mim que você vem perguntar? Os chinelos são seus, você que deveria saber por onde eles andam...

— Pois eu acho que você os usou pensando que eram os seus.

— Isso é impossível. Eles nem cabem nos meus pés.

Jonas entrou na sala, irradiante:

— Bom dia, jovens! Cheguei a tempo de acompanhá-las no café?

— Claro, *amore*, sente-se aqui ao meu lado.

Clotilde fingiu que ralhava com Camila:

— Garota, deixe seu Jonas ficar um pouco em paz! Você não desgruda dele um só instante! Que coisa!

Com voz dengosa, Camila perguntou ao marido:

— Você quer que eu desgrude de você, *amore*?

— Mas de jeito nenhum!

Camila olhou triunfante para Clotilde:

— Viu, Clô? Ele gosta do grude.

— Já percebi. Vocês dois não têm jeito! Foram feitos um para o outro.

— Pois eu vou me desgrudar um pouquinho, pois preciso dar um jeito neste cabelo — e lançou um olhar malicioso para o marido. — Alguém andou mexendo muito nele noite passada — Camila levantou-se e beijou Jonas. — Você suportará minha ausência por alguns instantes, querido?

— Vou tentar sobreviver.

Quando se viram a sós, Clotilde falou misteriosa para Jonas:

— Seu Jonas, essa noite recebi uma visita no meu quarto...

Jonas mostrou-se surpreso:

— Como é, Clotilde? Uma visita?

— Sim, mas não é o que o senhor está pensando — e baixou a voz, olhando por onde Camila saíra. — Dona Cecília veio me visitar.

Jonas comentou com um sorriso apenas gentil:

— Que belo sonho, Clotilde. Eu também sonho bastante com ela.

— Desculpe, o senhor não me entendeu, seu Jonas. Não foi um sonho, foi uma visita espiritual. Cecília veio até mim. Ela veio me agradecer pelo apoio que tenho dado à união do senhor com a menina. Ela não está brava nem com ciúmes, porque sabe que minha menina fará o senhor muito feliz.

Havia condescendência na voz de Jonas:

— Minha amiga, você sabe o que penso a respeito desse assunto. Sem querer ofendê-la, Clotilde, na minha opinião tudo foi um belo sonho. O que, aliás, não tira o mérito do fato.

— Eu tenho prova de que não foi um sonho, seu Jonas.

— Ah, sim? Qual?

— Os chinelos de Camila amanheceram ao lado da minha cama. Como foram parar lá?

Jonas deu uma gostosa risada e bateu carinhosamente no braço de Clotilde:

— Ah, minha boa Clotilde! Sua fé é comovente. Você sabe como é a minha mulher: espevitada e desligada. Ela estava no seu quarto e largou os chinelos lá. Simples assim.

— Mas ela acabou de me dizer aqui na mesa, que faz uns dois dias que não entra no meu quarto. E ontem à noite, ela estava com os chinelos. Só acreditou que eles estavam no meu quarto, porque duvidou do que eu disse e foi lá buscá-los.

— Está bem, Clotilde, não vamos discutir por causa disso. Sonho ou visita espiritual, de qualquer modo foi uma acontecimento lindo.

Clotilde levantou-se e começou a recolher a louça usada no café da manhã. Sua voz estava triste quando falou:

— É uma pena que o senhor não acredite nessas coisas. Mas um dia, o senhor vai acreditar. Tenho certeza disso.

— Vamos aguardar esse dia, Clotilde. Mas, até ele chegar, não fique brava comigo. Gosto muito de você e não quero que fique chateada por causa disso.

— Não se preocupe, senhor Jonas. Eu sei bem o que vi e ouvi — e saiu amuada para a cozinha.

Capítulo 28

Quando Jonas comunicou aos filhos que iria passar uma ou duas semanas na casa de praia de Peruíbe, Jefferson e Cíntia interpretaram essa viagem como uma lua de mel. Acharam ótima a ideia, até para que o casal se recuperasse um pouco do natural estresse da mudança e adaptação. Combinaram, então, que o almoço ou jantar de comemoração da união seria feito no retorno da viagem.

A casa de Jonas em Peruíbe era ampla e confortável — acolhedora, embora sem nenhum luxo ou sofisticação. Ficava um pouco isolada das demais, num dos trechos de praia mais tranquilos e seguros do destino, a menos de 100 metros das ondas.

Camila e Clotilde ficaram encantadas com a paisagem. Poucas vezes, haviam tido a oportunidade de estar tão próximas do mar. Também se deslumbraram com a casa, com várias salas e quartos bem arejados, e com a pequena piscina que fora construída no fundo da casa. Jonas e Cecília haviam comprado a propriedade para reunirem os amigos músicos para churrascos e outras festas de confraternização.

Jonas guardava agradáveis recordações dos momentos que passara ali, principalmente quando viajava a sós com a esposa. Era sempre como se fosse uma nova lua de mel.

Depois que enviuvara, aparecia ali não mais que uma vez por ano, para certificar-se da limpeza e manutenção do imóvel, que ficara a cargo de um casal de caseiros, Tonho e Elisa, amigos de longa data. Pessoas simples, muito educadas e responsáveis.

Por consideração ao casal de caseiros, Jonas fez questão de falar-lhes em particular sobre seu novo casamento. A reação dos dois o surpreendeu, pois eles pareceram aceitar o fato com muita naturalidade, o que facilitou muito a integração deles com Clotilde e Camila.

Foram dias maravilhosos.

Clotilde levantava-se cedo, e os dois enamorados acordavam tarde, por volta das nove horas da manhã, e tomavam o desjejum sentados numa ensolarada varanda. Depois iam para a praia. Debaixo de dois imensos guarda-sóis, os três ficavam se deliciando, ora molhando o corpo nas águas tépidas do mar, ora aquecendo-se sob o sol generoso.

Os três almoçavam em restaurantes da região, pródiga na culinária com frutos do mar, regados a vinho branco. Depois, cochilavam em redes até por volta das cinco horas. À noite, assistiam a um noticiário na TV e depois jantavam em casa ou em mais um dos restaurantes de Peruíbe. Era essa a rotina da temporada.

Tudo transcorria na mais perfeita paz, exceto por três acontecimentos que fizeram Jonas mergulhar em profundas reflexões e em profundos questionamentos.

Em uma das noites que passaram na casa, Jonas acordou de madrugada e deu por falta de Camila ao seu lado. Esperou um pouco, pois imaginou que ela tivesse ido ao banheiro. Como ela demorava, ele se levantou e foi procurá-la. Jonas ficou preocupado ao notar que Camila não estava na casa e que a larga porta de entrada estava aberta.

Ele saiu rapidamente da casa e apurou a vista, para verificar se ela estava ali por perto. Como não a via, chamou-a algumas vezes, sem obter respostas. Já bastante preocupado, caminhou a passos rápidos em direção à praia, até chegar perto das ondas. Olhando para todos os lados, percebeu ao longe uma imagem andando devagar na areia, com os pés na água.

Era Camila.

Jonas chamou-a fortemente, mas ela parecia não ouvir o marido. Então, ele correu até alcançar Camila, que caminhava devagar, olhando para a frente, como se estivesse hipnotizada. Jonas acercou-se dela:

— Querida, o que você está fazendo aqui?

Camila voltou-se para ele um pouco assustada. A jovem esboçou um sorriso, mas, em seguida, pareceu sentir uma tontura. O corpo balançou, e ela fez menção de que iria cair. Rapidamente, Jonas segurou-a, ajudou-a a sentar-se na areia e chamou-a várias vezes:

— Camila, o que você tem? Querida, olhe para mim, abra os olhos.

Lentamente, ela foi se recuperando, passou a mão na testa e perguntou com voz sonolenta:

— O que aconteceu? O que estamos fazendo aqui?

Percebendo que ela estava fora de si, Jonas preferiu contar outra história:

— Nós saímos para dar um passeio na praia, e de repente pareceu que você ia desmaiar. Está tudo bem?

— Está, mas eu não me lembro de termos saído.

— É que você estava sonolenta e nem queria vir. No entanto, eu acabei insistindo para que viesse comigo, pois a noite estava muito agradável.

Devagar, ela se levantou, e o casal seguiu abraçado para casa. O episódio se encerrou ali, mas Jonas continuou preocupado.

Enquanto Camila se banhava, Clotilde se aproximou de Jonas, que estava sentado na varanda, curtindo a brisa que vinha do mar:

— Seu Jonas, posso lhe perguntar uma coisa?

— Claro, Clotilde. Fique à vontade.

Ela sentou-se ao lado de Jonas, no largo banco de madeira:

— O senhor notou alguma coisa estranha na Camila, desde que chegamos aqui?

Jonas pensou no acontecimento da madrugada anterior, mas preferiu não comentar o fato com Clotilde, ou ela passaria as noites preocupada.

— Bem, de estranho, não percebi nada. Apenas notei que ela está mais solta, mais alegre.

— Sim, sem dúvida. Mas não é a isso que estou me referindo.

— Então fale, Clotilde.

— O senhor já reparou como ela se movimenta com facilidade e segurança por todas as partes desta casa?

Jonas achou curiosa aquela observação, porque não lhe parecia relevante:

— Sim, mas o que há de estranho nisso?

— É que... mesmo sem nunca ter vindo aqui, Camila sabe exatamente onde estão todas as coisas da casa. Ela sabe exatamente onde cada coisa está: uma toalha, um jogo de cama, um interruptor, tomadas, ferramentas, detergentes, lugares da casa, tudo....

— Ah, é? — Jonas refletiu um pouco e não entendeu a preocupação de Clotilde. — Aonde você quer chegar com essa observação, Clô?

— Ora, como ela pode saber onde estão as coisas e conhecer tão bem a casa, sem nunca ter estado aqui?

— Realmente, é curioso, mas, desculpe-me repetir: aonde você quer chegar?

— Bem, para mim, nada disso é estranho ou curioso, mas para o senhor deveria ser.

— Sim, é, mas...

Um pouco impaciente pelo fato de Jonas não ter captado de imediato sua mensagem, Clotilde o interrompeu:

— Seu Jonas, lembra-se do que conversamos em São Paulo sobre reencarnação?

Desta vez, a reflexão de Jonas foi mais profunda e ele finalmente entendeu:

— Aaaah, já sei aonde você quer chegar. Agora entendi. Mas será que a única explicação é essa, Clotilde?

— Não digo que seja, mas estou apenas apontando para o senhor alguns fatos que podem confirmar minha crença. E eu tenho certeza de que, mais dia menos dia, o senhor vai ter a prova de que precisa para acreditar.

— Está bem, Clotilde. Deus sabe como eu gostaria de receber esse sinal.

— Não custa esperar, seu Jonas — e voltou para dentro de casa.

Depois dessa conversa, outro fato ocorreu no dia seguinte. Já era tarde da noite, quando o caseiro Tonho procurou Jonas a sós. Camila e Clotilde tinham ido deitar-se, e Jonas decidira ficar na rede da varanda um pouco mais, refletindo sobre os acontecimentos. Ele não percebeu a aproximação de Tonho, por isso se assustou com a voz do caseiro:

— Seu Jonas?

— Olá, Tonho, aproxime-se. Não o vi chegar.

— O senhor estava dormindo? Eu estou atrapalhando?

Jonas sentou-se na rede para conversar melhor com o caseiro:

— De forma nenhuma, Tonho. Não estava dormindo. Deitei aqui apenas para relaxar um pouco. Hoje, a caminhada pela praia foi longa, e o sol estava queimando.

— Vejo que estão se divertindo.

— E muito, meu amigo! A ideia era essa mesmo. Eu estava precisando destas férias.

— Que bom.

Jonas percebeu que o homem hesitava em falar:

— Está tudo bem? Queria falar comigo?

— Bem, não é nada importante... É apenas um comentário.

Jonas ajeitou-se melhor na rede:

— Pode falar, Tonho.

— Como lhe disse, não é nada importante... É que minha mulher achou curioso, e eu pensei que seria melhor comentar com o senhor.

— Pois fale, homem.

— Essa moça, a dona Camila, é muito gente boa. É muito educada e atenciosa. O senhor soube escolher.

— Obrigado, Tonho. Ela é mesmo uma ótima pessoa.

— Com certeza — hesitou um pouco. — O senhor sabe que nós não a conhecíamos, não sabe?

— Claro, esta é a primeira vez que vocês a veem.

— Isso mesmo. Então, o que minha mulher não entende é como dona Camila sabe de algumas coisas que só a dona Cecília sabia.

Jonas interessou-se mais em ouvir o caseiro:

— Como assim, Tonho?

— Outro dia, dona Camila chegou à lavanderia onde minha mulher estava passando roupa, e as duas puseram-se a bater papo. Conversa vai, conversa vem, dona Camila perguntou se minha mulher havia ficado completamente boa da cirurgia dos ovários.

— Entendo. E o que essa pergunta tem de errado, Tonho?

— É que minha mulher fez essa cirurgia há mais de vinte anos, seu Jonas. Bem antes de dona Camila nascer.

— Ah, isso? Eu devo ter comentado com ela. Lembro que foi uma cirurgia que deveria ser simples, mas que acabou gerando muitos problemas na convalescença. Foi uma fase difícil para vocês. Devo ter comentado isso com Camila.

Agora, Jonas estava constrangido de fazer a pergunta seguinte:

— O senhor comentou também que eu já fui alcoólatra?

Jonas ficou intrigado:

— Ela perguntou sobre isso também?

— Ela disse para minha mulher que gostava muito de nós e torcia por nossa felicidade. E que por isso queria saber se estava tudo em ordem e se eu, por acaso, tinha tido alguma recaída do vício.

— Nossa! Mas isso é um assunto antigo!

— Exatamente. Faz quase vinte e cinco anos, seu Jonas! E foi graças a dona Cecília que eu me curei, pois ela pagou meu tratamento.

— Olha, Tonho, confesso-lhe que não me lembro de ter comentado, mas certamente devo ter mencionado algo sobre o assunto com Camila. Nós conversamos muito. Mas me diga a verdade: você ficou chateado com isso?

— Não, senhor, de jeito nenhum. O senhor é nossa família e agora a dona Camila e a dona Clotilde também são. Só falei isso com o senhor porque Elisa ficou surpresa.

— Entendo.

— Mais surpresa ela ficou quando dona Camila nos perguntou se já havíamos contado para nosso filho Tiago que ele é adotado.

Jonas estava fazendo um grande esforço para não demonstrar o quanto estava chocado com esses fatos. Tentava dar um tom natural à sua voz:

— Isso é muito curioso mesmo, Tonho. Camila não poderia saber disso.

— Pois é, não poderia. Só o senhor e dona Cecília sabiam que Tiago foi adotado, porque não podíamos ter filhos devido à cirurgia que Elisa fez nos ovários. Agora, se o senhor contou para ela, então está tudo explicado.

Jonas estava aturdido, mas precisava dizer alguma coisa para tranquilizar o caseiro:

— Veja, Tonho, Camila é uma pessoa de extrema confiança. Eu sinceramente não me lembro de ter comentado essas coisas com ela, mas se o fiz, pode ficar tranquilo que é como se fosse Cecília. Esses segredos serão mantidos.

— Eu tenho certeza disso, doutor, mas... — o homem hesitou novamente.

— O que foi, Tonho?

— O problema é que sabemos que o senhor não contou nada disso para dona Camila.

— Como assim?

— É que, quando Elisa começou a achar estranho o fato de Camila saber coisas sobre esses episódios, ela decidiu perguntar: "Ah, o doutor Jonas lhe falou sobre isso?". E ela respondeu: "Ora, Elisa, para eu saber dessas coisas, é necessário o Jonas me contar?". Foi nesse momento que minha mulher pirou e não entendeu nada. Ela até rezou um pai-nosso, a coitada.

Jonas estava desarvorado, mas tinha de dizer algo tranquilizador para seu empregado:

— Tonho, diga a sua mulher para ficar tranquila. Às vezes, Camila fala de um jeito curioso, diferente. São modismos dos jovens de hoje. Como lhe disse, não posso lhe garantir se comentei ou não esses assuntos com ela, mas seria a única explicação para isso. O que importa é que nada disso sairá de nossas bocas — e procurou encerrar o assunto. — Tudo bem?

— Tudo bem, doutor. Desculpe mais uma vez por incomodar o senhor. Foi só um comentário, mas isso não tem importância.

— Ainda bem, Jonas. Agora, vamos dormir, né? Amanhã, quero pegar praia bem cedinho, antes do sol ficar muito forte. Já me bronzeei o bastante.

— É isso aí, doutor. Aproveite bem suas férias.

— Obrigado, Tonho. Boa noite.

Enquanto fechava as portas e janelas da casa para ir deitar-se, Jonas pensava intrigado nos fatos que Tonho lhe contara. Ele, Jonas, tinha a mais absoluta certeza de que não tocara em nenhum daqueles assuntos com Camila. Aliás, nem ele mesmo se lembrava mais daqueles assuntos. Como ela poderia saber de tudo isso?

Jonas estava decidido a esclarecer aquele assunto, tão logo retornassem a São Paulo. Lá, pediria ajuda a algum especialista em reencarnação.

Mas não foi preciso. Se Jonas precisava de alguma prova da reencarnação de Cecília, ela veio antes do que ele esperava.

Capítulo 29

Era fim de tarde, o sol já tinha se posto e o local estava deserto. Jonas e Camila adoravam ir à praia a essa hora, pois era mais tranquilo e menos incômodo para a pele.

Jonas descansava numa cadeira de praia, sob um enorme guarda-sol colorido. Enquanto isso, Camila bailava na areia, como uma criança desinibida. Parecia muito feliz. Mantendo os olhos semicerrados, Jonas deliciava-se com a cena.

Clotilde tinha ficado na casa, preparando algo para o jantar, pois haviam decidido que não sairiam naquela noite.

Ainda dançando, Camila se aproximou de Jonas. Ele perguntou sonolento:

— Está feliz, meu amor?

Ela se ajoelhou na areia, aos seus pés:

— Você não imagina quanto, meu amor. Este momento é tão lindo que merece algo especial.

— Concordo. O que você sugere?

— Que tal eu declamar nosso poema?

Ele não deu muita importância às palavras de Camila, pois acreditou que se tratava de mais uma brincadeira das tantas que ela costumava fazer. Ele, então, perguntou:

— Que poema, querida?

— Não me diga que já o esqueceu. Você o ofereceu a mim há muito tempo.

Ele forçou a memória:

— Me perdoe, amor, mas não me lembro.

— Então posso refrescar sua memória. Quer ouvi-lo?

— Claro que quero. Vai ser como uma cantiga de ninar, pois já estou quase dormindo.

Então, ainda ajoelhada na areia e posicionada entre as pernas de Jonas, Camila fixou-o e com voz suave e emocionada começou:

Eu fui para uma floresta de nogueiras,
Porque minha mente estava inquieta,
Eu colhi e limpei algumas nozes,
E apanhei uma cereja, curvando o seu fino ramo;
E, quando as claras mariposas estavam voando,
Parecendo pequenas estrelas, flutuando erráticas,
Eu lancei framboesas, como gotas, em um riacho
E capturei uma pequena truta prateada.
Quando eu a coloquei no chão
E fui soprar para reativar as chamas,
Alguma coisa moveu-se e eu pude ouvir,
E, alguém me chamou pelo meu nome:
Apareceu-me uma jovem, brilhando suavemente
Com flores de maçãs nos cabelos
Ela me chamou pelo meu nome e correu
E desapareceu no ar, como um brilho mais forte.

Jonas abriu os olhos completamente desperto, impactado e emocionado. Não era possível!

Muitos anos atrás, descobrira aquela poema e o oferecera para Cecília, porque lembrava a maneira como haviam se encontrado, desencontrado e reencontrado na estação do Metrô. Agora ele se lembrava de tudo!

As imagens do passado dançavam em sua mente, e tudo se clareara. Ele declamara emocionado aquele poema para Cecília, em frente à lareira, ali mesmo, na casa de praia de Peruíbe, na noite em que comemoravam quinze anos de casados.

Agora, o poema estava tão vivo em sua memória, que ele se encarregou de continuar a declamação e concluí-lo, para encanto e emoção de Camila/Cecília:

Talvez eu esteja cansado de vagar em meus caminhos
Por tantas terras cheias de cavernas e colinas,
Eu vou encontrar o lugar para onde ela se foi,
E beijar seus lábios e segurar suas mãos;
Caminharemos entre coloridas folhagens,
E ficaremos juntos até o tempo do fim do tempo,
Colhendo as prateadas maçãs da lua,
As douradas maçãs do sol.

Os dois continuaram se olhando amorosamente e agora choravam de emoção e felicidade, embora por motivos diferentes. Ela, enfim, conseguira mostrar-se. Ele, enfim, conseguira vê-la. Não havia mais mistérios.

Ela sentou-se no colo de Jonas e apoiou a cabeça em seu ombro. Ele abraçou-a forte. Não falaram mais nada, pois nem precisavam. O som das ondas era o fundo musical perfeito para aquele reencontro. Novamente, o céu estava em festa.

Jonas e Camila só saíram dali quando, já escurecendo, Clotilde veio chamá-los, preocupada com a demora.

No caminho para a casa, abraçadinhos, Jonas disse carinhosamente para Camila:

— Obrigado pela poesia.

Ela olhou intrigada para ele:

— Que poesia, *amore*?

Jonas percebeu que precisava desconversar. A resposta do mistério que tanto procurava e que o angustiara nos últimos tempos só cabia a ele. Camila não precisava saber:

— Sua dança foi maravilhosa. Uma verdadeira poesia.

Clotilde quebrou aquele clima amoroso:

— O que há com vocês? Não dá pra andarem mais depressa? Nunca os vi tão apaixonados e tão preguiçosos.

— Deve ser o ar da praia, Clotilde.

Camila não perdeu a deixa:

— Então precisamos voltar aqui mais vezes.

E voltaram. Muitas e muitas vezes.

Nessa noite, deitados na cama, Jonas e Camila conversaram seriamente sobre o que fariam ao retornar à capital:

— Você quer mesmo aprender a tocar violino?

— Mais do que tudo, amor. Estou decidida.

— Então, assim que retornarmos a São Paulo, faremos sua matrícula no Conservatório. Se der para conciliar com seu trabalho na biblioteca, ótimo. Se não der, prefiro que se dedique integralmente à música e à escola.

Ela debruçou-se sobre o peito de Jonas:

— Por que essa decisão agora?

— O que decidirmos fazer, deveremos fazer logo. Você não concorda com esta decisão?

— Claro que concordo, mas nunca o ouvi falar assim tão determinado sobre esse assunto.

— É que, depois de tudo o que aconteceu comigo, percebi que não devemos perder tempo na vida. Se você gosta mesmo do violino e quer aprender a tocá-lo, deve começar o quanto antes. Quero acompanhar de perto essa parte de seu crescimento.

Camila sempre se emocionava quando ele falava dessa maneira. Antes que chorasse, ela sussurrou:

— Eu te amo, sabia?

— Eu também te amo, querida — depois que se beijaram, ele continuou. — E também tomei uma decisão a meu respeito.

Camila voltou-se para Jonas, surpresa:

— Verdade? Qual?

Ele aproximou o rosto e cochichou no ouvido dela:

— Voltarei a tocar piano.

Camila deu um gritinho de alegria e jogou-se em cima de Jonas, eufórica:

— Jonas, você é muito fofo! Não acredito! Que legal! Então, tocaremos juntos! Eu no violino, você no piano.

— Essa é a ideia, parceira.

— Faremos concertos, viajaremos pelo mundo...

— Isso mesmo! E por falar em viajar pelo mundo, devemos fazer isso antes de começarmos os estudos.

— Você está falando sério? Vamos viajar pelo mundo?

— E por que não? Você sempre quis.

— Mas eu nunca lhe disse isso.

— Eu adivinhei! Estou errado?

— Não, está certíssimo. Sempre quis conhecer outros países, outras culturas, mas sei que isso é muito caro. Eu nunca teria oportunidade de fazer isso.

— Pois agora vai ter.

— *Amore mio*! — e jogou-se novamente sobre ele.

Seria difícil dizer se aquela noite fora amorosamente mais intensa que qualquer outra, mas certamente tivera para Jonas e Camila um estranho e maravilhoso sabor de reencontro.

Capítulo 30

Quando deixaram a casa de praia e retornaram a São Paulo, Jonas e Camila começaram a planejar o jantar em que comemorariam a união do casal.

Depois de conversarem calmamente sobre o assunto, decidiram oferecer para os filhos de Jonas e para os amigos íntimos do casal um jantar no apartamento. Eles concluíram que certamente todos se sentiriam mais à vontade lá, uma vez que se tratava da comemoração de um acontecimento marcadamente íntimo e pessoal.

Jonas fez questão de contratar um bufê, pois não queria que Camila e Clotilde se estressassem preparando as refeições.

No dia do evento, Cíntia e Jefferson foram os primeiros a chegar. Camila os recepcionou de forma gentil e com a alegria de sempre. Eles, por sua vez, se mostraram muito simpáticos com ela, o que acalmou a ansiedade de Jonas quanto ao relacionamento da nova esposa com seus filhos.

Depois chegaram Giovanni e a esposa, uma simpática, rechonchuda e comunicativa baiana, acompanhados por Josias. Jonas concluiu que eles certamente combinaram de ir juntos à festa, pois estariam inibidos com o evento de um padrão social ao qual não estavam habituados.

Logo na sequência, chegaram Tonho e Elisa, os caseiros da casa de praia. Estavam claramente tímidos, pois eram pessoas simples, de origem humilde, e aquele ambiente, embora nada tivesse de sofisticado, parecia-lhes pomposo demais, bem distintos dos que estavam habituados a frequentar em Peruíbe.

Jonas fora prudente ao convidar tantas pessoas de fora para um jantar que provavelmente terminaria tarde da noite. Dias antes, conversara com o síndico do edifício a respeito de um apartamento, três andares abaixo do seu, que estava vago, já anunciado para alugar. Contou-lhe sobre o jantar, o motivo do mesmo, e sobre seus convidados que vinham de outras cidades. Não precisou se esforçar muito para obter autorização para que os caseiros pernoitassem nele. Quanto a Cíntia e Jefferson, os dois irmãos usariam o quarto de hóspedes.

No entanto, alguns ajustes imprevistos tiveram de ser feitos nessa programação. Inesperadamente, os pais de Cecília também foram à festa. Por uma questão de gentileza, Jonas os havia convidado, mas, em virtude do atual estado de saúde da ex-sogra, ele tinha certeza de que não iriam ao evento. Ela não estava nada bem.

Logo após a morte de Cecília, dona Judith entrou em profunda depressão, e esse quadro se agravou com o passar dos anos. Depois de algum tempo, foram percebidos, de forma gradual, os sintomas iniciais do que viria a ser diagnosticado como Mal de Alzheimer: dificuldades para falar, falhas de memória, falta de orientação quanto a lugares e principalmente mudanças bruscas de humor, chegando algumas vezes a apresentar agressividade, o que não fazia parte do seu perfil habitual.

Aos poucos, essas limitações se agravaram, a ponto de Judith tornar-se dependente de Ícaro, o marido, mesmo para as tarefas mais simples. As últimas notícias que Jonas tivera dela davam conta de que a velha senhora quase já não mais falava, pouco se movimentava e estava com dificuldades até para alimentar-se. Em certos momentos, de forma alternada com períodos de lucidez, deixou de reconhecer as pessoas, inclusive o marido. Passava os dias na cama ou numa cadeira de rodas.

Por conta dessa situação, Jonas não acreditava que o casal fosse ao jantar, mas eles compareceram. Fazendeiro e comerciante bem-sucedido, Ícaro usou o serviço local de táxi aéreo para contratar um avião monomotor, que, em pouco tempo, fez o trajeto do aeroporto de Presidente Prudente até Congonhas. Já em São Paulo, um motorista particular os esperava com um carro suficientemente espaçoso para acomodá-lo e acomodar sua esposa, uma enfermeira — que também fazia às vezes de cuidadora — e seu robusto ajudante particular. Tanto o avião como o motorista ficariam à disposição para quando quisessem retornar a Presidente Prudente.

Quando chegaram ao jantar, Jonas se surpreendeu com a situação daquela mulher que, no passado, fora uma pessoa dinâmica e o braço direito do marido em suas atividades. Mas agora, sentada numa cadeira de rodas diante de Jonas, estava uma idosa abatida, muito magra, com o olhar perdido no espaço, deixando-se levar passiva e calada pelo marido, também octogenário, que conduzia com algum esforço e muito cuidado a cadeira de rodas da esposa, sob os olhares atentos do ajudante e da enfermeira.

Jonas correu para cumprimentar o ex-sogro. Abraçou-o com carinho e assumiu a condução da cadeira, trazendo-a para o centro da sala. Emocionada, Cíntia correu até Judith, ajoelhou-se à sua frente, segurou-lhe as mãos e tentou um diálogo:

— Vozinha, que saudade! Como você está, minha querida? — Jefferson postara-se atrás da irmã para também cumprimentar Judith.

No entanto, a velha senhora continuou da mesma forma como entrara no apartamento: silenciosa, com o olhar perdido, o rosto sem nenhuma expressão, demonstrando não estar reconhecendo seus netos. Ao perceber esse quadro, Cíntia pôs-se a chorar e foi gentilmente afastada pelo irmão, que a consolou, abraçando-a. Era terrível para eles rever a avó naquela situação, em contraste com a lembrança que guardavam dos tempos em que haviam convivido com uma mulher forte, dinâmica, bem-disposta e falante.

Josias, Giovanni e Tonho, acompanhados de suas esposas, mantinham-se próximos, chocados e comovidos, observando toda a cena.

Ao contrário dos demais, Camila se mantivera no fundo da sala, pois tinha dúvidas quanto à receptividade que teria dos pais de Cecília, já que agora era a nova esposa de Jonas.

De repente, para surpresa de todos, Judith levantou o rosto e seu olhar fixou-se em algum ponto atrás do grupo. Então, seu rosto abriu-se num surpreendente sorriso. Ela acabara de ver Camila.

Mais surpreendente ainda foi quando Judith exclamou, ainda que com evidente dificuldade na voz rouca e fraca:

— Minha filha! Você voltou! Eu sabia que você voltaria!

Todos se entreolharam surpresos e intrigados, voltando os olhares para Camila. Com dificuldade, Judith ergueu os braços magros e trêmulos e quase chorando pediu:

— Venha cá, minha filha! Me dê um abraço! Faz tanto tempo...

Ícaro se curvou para a mulher e disse, com voz baixa e carinhosa:

— Não é nossa filha, querida. É Camila, a nova esposa do Jonas.

— É nossa filha, sim! É minha Cecília! — e voltou o rosto para ele, zangada. — Você não está vendo, não a reconhece mais? — e continuou dirigindo-se à Camila. — Cecília, querida, venha me dar um abraço!

Jonas imaginou que a idosa estava delirando, mas condoeu-se da situação e foi até Camila, pedindo-lhe:

— Vá até lá, querida, e abrace-a. Ela está delirando, mas não custa nada compartilhar o delírio dela. Será por um bom motivo.

Lentamente, Camila caminhou até Judith, que continuava com os braços trêmulos estendidos. A jovem ajoelhou-se diante da cadeira de rodas, aproximou-se bem e deixou-se abraçar longa e emocionadamente pela mulher.

Quando percebeu que sua esposa estava se sensibilizando em excesso diante daquela que julgava ser sua falecida filha, Ícaro decidiu afastá-la da situação:

— Venha, querida, vou levá-la para descansar um pouco. A viagem foi muito cansativa para você — e desviando o olhar, pediu: — Jonas, onde ela pode se deitar um pouco até se acalmar?

— Traga-a aqui para meu quarto.

Mas, quando Camila tentou se afastar, Judith se desesperou e pôs-se a gritar:

— Deixem minha filha comigo! Não a levem! Cecília, fique comigo!

Delicadamente, Jonas levantou Camila e afastou-a da cadeira de rodas, enquanto Ícaro, acompanhado por seu ajudante e pela enfermeira, conduzia Judith ao quarto indicado por Jonas. A mulher continuava implorando:

— Não, não me levem! Deixem-me ficar com minha filha! Cecília, não deixe que me levem!

A esposa de Giovanni chorava, apoiando o rosto no ombro do marido. Josias estava pálido e mal piscava.

Clotilde, com as mãos entrecruzadas e de olhos fechados, fazia suas preces. A situação era constrangedora para todos.

Já no quarto de Jonas, a enfermeira, com a ajuda de Ícaro, conseguiu fazer Judith deitar-se, que resistia e gritava. Jonas chegou em seguida e fechou a porta atrás de si.

Da sala, era possível ouvir os gritos da pobre mulher, chamando pela filha. Foram instantes de silencioso sofrimento para o grupo. Então, Jonas reapareceu na porta do quarto, visivelmente transtornado.

Ele parou um pouco à porta, olhou diretamente para Camila e pareceu ter tido uma ideia. Jonas, então, voltou a entrar no quarto e, depois de algum tempo, saiu de lá acompanhado pelo sogro, pela enfermeira e pelo ajudante. Ícaro agora chorava por causa do estado da esposa, que continuava gritando desesperada.

Jonas voltou-se para Camila, falando com voz calma, mas firme:

— Camila, querida, só você poderá acalmá-la. Por favor — estendeu-lhe a mão e, ao mesmo tempo, abriu a porta do quarto.

Camila hesitou um pouco, olhou para cada um dos convidados presentes, tentando perceber a reação de cada ante aquele pedido, e foi até seu marido. Jonas deu-lhe um beijo na face e, com carinho, conduziu-a para dentro do quarto.

Tão logo Camila entrou no cômodo, ele voltou para a sala para reunir-se aos demais. Todos continuavam em silêncio, intimamente angustiados pelos apelos desesperados daquela mulher que acreditava ter reencontrado a filha morta.

Depois que Camila entrou no quarto, não se passaram mais que alguns poucos minutos para os gritos e lamentos de Judith cessaram por completo. Diante desse silêncio, a reação do grupo na sala oscilava entre surpresa e alívio.

Aliviado, Jonas decidiu dar prosseguimento à comemoração:

— Pessoal, vamos deixar que Camila cuide desse assunto. Continuemos com os comes-e-bebes. Logo tudo estará resolvido.

Mais tranquilo, o grupo começou a se dispersar pelo apartamento, fazendo comentários em voz baixa. Jonas conduziu o sogro até uma poltrona, segurando-o cuidadosamente pelo braço.

Cerca de meia hora depois, Camila reapareceu. Vendo que todos a olhavam, ela disse simplesmente:

— Está tudo bem. Ela já está dormindo tranquilamente.

Em seguida, Camila caminhou até Ícaro, pois sabia que ele ansiava por notícias de Judith:

— Não se preocupe, senhor Ícaro, ela está bem. Está dormindo. Quando acordar, provavelmente nem se lembrará do que aconteceu.

Ele pôs a mão no braço de Camila:

— Deus lhe pague, minha filha. E me desculpe pelo transtorno causado, mas você deve saber como é essa doença.

— Eu sei, senhor Ícaro, mas fique tranquilo. Não foi transtorno nenhum. Está tudo bem.

— Eu só a trouxe esta noite, porque pensei que aqui, revendo tantas pessoas queridas, ela teria um dos seus períodos de lucidez e sei que, se tivesse acontecido assim, ela teria ficado muito feliz. Mas, infelizmente, as coisas não ocorreram como eu esperava.

— Com certeza, ela teria ficado muito feliz. O senhor fez muito bem em trazê-la aqui. Tenho certeza de que, apesar de parecer difícil de entender, ela está muito feliz.

Só então ele demonstrou estar mais tranquilo. Camila percebeu que, à distância, Jonas observava-a sorrindo, com visível orgulho.

No outro lado da sala, Jefferson aproximou-se da irmã:

— Terrível essa doença, não? Ainda bem que Camila foi muito hábil. Imagine para ela ser confundida com nossa mãe.

Cíntia respondeu sem olhar para Jefferson, pois sabia que seu comentário iria incomodar o irmão:

— Não sei se ela foi confundida.

— Como assim? Até parece que você não estava aqui quando tudo aconteceu, Cíntia.

Ela voltou-se para Jefferson, encarando-o firmemente:

— Eu estava aqui, sim, e vi tudo — calmamente, depositou a taça de champanhe sobre a mesa e continuou: — Não sei se você sabe, Jefferson, mas o Mal de Alzheimer é considerado por muita gente do ramo da saúde um problema espiritual e não apenas neurológico.

Jefferson fez um gesto de descaso:

— Ah, lá vem você com suas teorias mirabolantes! O que você está querendo insinuar?

Cíntia sorriu, de forma enigmática:

— Eu? Nada. Apenas acho que nossa vó não fez confusão nenhuma. Ela realmente viu a filha dela, a nossa mãe.

— Mas era Camila, Cíntia! Todos nós vimos!

— Todos nós, sem dúvida, mas não a dona Judith.

— Você quer me explicar isso melhor?

— Meu irmão, aqui não é o lugar apropriado nem a hora certa para falarmos sobre isso. Outro dia, poderemos conversar a respeito. Por enquanto, relaxe. O champanhe está uma delícia — e se afastou com o mesmo sorriso enigmático, deixando Jefferson com uma grande interrogação no rosto. Ele balançou a cabeça, pegou uma taça e foi para perto do avô para matar um pouco as saudades. Afinal, fazia muito tempo que não se viam.

Clotilde, com um sorriso nos lábios, chegou perto de Cíntia e perguntou-lhe baixinho:

— Depois do que aconteceu aqui, minha filha, será que você pensou o mesmo que eu?

Cíntia sorriu e deu-lhe um beijo na face:

— Por acaso, você tem dúvida disso?

Como cúmplices, as duas mulheres se afagaram carinhosamente. Em seguida, Cíntia foi juntar-se ao irmão que ainda conversava com Ícaro. Ela também queria matar as saudades do avô.

Aos poucos a descontração foi tomando seu lugar na sala. Agora, ali estava uma família feliz.

Capítulo 31

O jantar transcorreu muito alegre. Talvez por influência do vinho, até Jefferson mostrava-se descontraído. Clotilde, que inicialmente parecia deslocada e até um pouco constrangida no evento, também foi se desinibindo e já se mostrava bem integrada ao grupo.

Cíntia, que se sentara ao lado de Camila, conversava bastante com a jovem sobre espiritualidade e mediunidade. De vez em quando, as duas consultavam Clotilde. Josias conversava sorridente com Giovanni e a esposa, enquanto Ícaro, Jonas e o filho falavam sobre política e futebol, alternadamente.

Já se aproximava da meia-noite, quando Jonas pediu a palavra. Todos silenciaram para ouvi-lo:

— Bem, não esperem um discurso, porque isso não vai acontecer. Quero apenas agradecer a presença de todos vocês, que vieram até aqui prestigiar este momento que, para mim e para Camila, é muito importante — Jonas pigarreou antes de continuar. — Vocês sabem que fui casado por muitos anos com uma mulher maravilhosa, a Cecília, cujos pais me honram com sua presença. Por força do destino, Cecília nos deixou de forma inesperada e precoce. Além de toda a felicidade que ela me proporcionou, deixou-me também dois grandes tesouros, meus filhos, aos quais também agradeço a presença...

Jonas fez uma pausa e pigarreou outra vez. Era uma forma de administrar a emoção que o dominava.

— Depois que fiquei só, o amor, para mim, era assunto encerrado. Aproximar-me de outra mulher era algo que não me passava pela cabeça. Mas, o mesmo destino que me levou Cecília, me trouxe Camila — nesse momento, Jonas apertou a mão da jovem e lançou-lhe um olhar carinhoso. — Camila me mostrou que eu ainda estava vivo e me fez decidir abandonar a solidão. Foi uma aproximação lenta, gradual, cheia de dúvidas, inseguranças, mistérios e ansiedades, porque a grande diferença de idade entre nós parecia, pelo menos para mim, um grande empecilho — e lançou um olhar discreto para os filhos. — Mas ela provou que não era. Então, com a bênção de Clotilde, juntamos nossas escovas e aqui estamos todos juntos para celebrar esta nova família. Espero sinceramente que todos sejamos muito felizes.

Enquanto os convidados aplaudiam Jonas discretamente, Camila levantou-se e deu um longo e carinhoso beijo na face do marido.

Para surpresa de Jonas, Jefferson pediu a palavra. Para surpresa e apreensão, pois o mau humor e a falta de tato de Jefferson eram conhecidos. Ele ficou de pé:

— Também não vou fazer discurso, mas quero apenas falar duas coisas: a primeira é que eu gostaria de desejar de todo o coração que papai e Camila sejam muito felizes nessa união. Sei que no começo, quando fomos informados sobre a existência dela, fui pego de surpresa e reagi de forma inadequada. Neste momento, quero me redimir e pedir perdão aos dois pelo meu jeito precipitado de reagir naquela ocasião. Hoje, sei que estava errado e insisto em me desculpar com sinceridade.

Eu amo vocês — e assim dizendo, foi até o pai e abraçou--o longa e carinhosamente. Depois, fez o mesmo com Camila, depositando-lhe um beijo na face.

Em seguida, em vez de retornar ao seu lugar, postou-se atrás de Cíntia e continuou:

— Também gostaria de aproveitar este momento de união e amor para também pedir perdão a Cíntia, minha irmã... — ela se mostrou surpresa e virou-se para olhar o irmão. — Durante muitos anos, fomos inimigos ferrenhos — foi inevitável que todos rissem. — Se me perguntarem o porquê disso, não saberia responder e acho que nem ela saberia. Talvez ciúmes dos avós ou do nosso pai. Quando se trata de dois irmãos, geralmente o mais jovem acredita que não é o preferido dos pais ou avós. Talvez tenha sido só rabugice de jovem rebelde sem causa. Ou talvez até tivesse causa: a morte prematura de nossa mãe e a distância de nosso pai. Ele continuou morando na capital, e nós tivemos de nos mudar para o interior. Em compensação, tivemos um longo período de convívio feliz e seguro com nossos incríveis avós, Judith e Ícaro, aos quais quero agradecer de todo o meu coração. Mas, permitam-me dizer que nada disso é importante agora, pois são coisas que já pertencem ao passado. O fato é que, por causa disso, Cíntia e eu perdemos preciosos momentos na vida, ao abrirmos mão de sermos próximos, íntimos e amigos.

Jonas estava surpreso com a coragem e o desprendimento do seu filho, pois nunca o vira tão humilde. Jefferson continuou, falando agora diretamente para Cíntia:

— Por favor, levante-se, minha irmã — ainda surpresa e agora emocionada, ela se levantou e postou-se ao lado do irmão, que se dirigiu a ela. — Quero pedir publicamente o seu perdão — e mostrou sinais de que também se emocionava — e prometer que a partir de hoje serei um irmão do qual você vai se orgulhar, sentir saudades e a quem muito vai amar — mal terminou a frase, os dois se abraçaram fortemente, chorando.

Na mesa, todos se mantinham calados pela emoção que os contagiara. Depois do abraço do irmão, Cíntia pediu a palavra:

— Eu estou duplamente feliz. Primeiro, pela união do meu pai com Camila, pessoa que aprendemos a admirar e amar. Pedirei a Deus, todos os dias, que conserve esse amor, essa harmonia e essa felicidade que eles estão vivendo — e voltou-se para o irmão. — E também estou muito feliz por ter ganhado um novo irmão. Eu também não me lembro por que a gente brigava tanto — e todos riram novamente, enquanto eles voltavam a se abraçar. — Mas, como você disse, Jefferson, isso pertence ao passado. Por suas palavras, acredito que agora nós dois teremos uma relação verdadeiramente fraternal. Vamos nos ver mais, nos falar mais, enfim, vamos nos curtir mais, como dois irmãos que se amam — os dois se abraçaram novamente e se sentaram, enxugando as lágrimas.

Jonas também não escondia sua emoção e alegria. Falou, dirigindo-se aos filhos:

— Vocês acabam de me dar um prêmio extra com essa reconciliação. Sempre sofri com esse distanciamento entre vocês, mas nunca me senti à vontade para interferir nisso. Primeiro, por não saber as causas desse distanciamento e depois por não me sentir com autoridade para isso, uma vez que, por motivos que já conhecem, vocês foram criados longe de mim. Hoje, vejo com alegria que superaram o que os afastava. Muito obrigado e que Deus os protejam. Meus agradecimentos se estendem a Ícaro e Judith. Infelizmente, neste momento, ela não pode testemunhar minhas palavras, mas sei que

Ícaro saberá, na hora certa, transmitir-lhe tudo o que está vendo e ouvindo.

Ícaro agradeceu com um gesto de cabeça, enquanto Jonas olhava em volta e tornava a falar:

— Agora, só faltam falar Camila e Clotilde — as duas mulheres fizeram gestos de recusa. — Então, querida, fale por você e pela Clotilde — Jonas pediu.

Como todos os convidados ficaram olhando para Camila, ela não teve outra alternativa. Limpou os lábios com o guardanapo e começou:

— Se nem vocês, mais letrados do que eu, tiveram coragem de fazer um discurso, por que eu teria coragem? — todos riram, e Camila continuou: — Eu e Clotilde estamos muito felizes com tudo o que ouvimos e vimos aqui. Principalmente, porque houve muito amor em tudo que foi dito e feito neste jantar, e isso é a coisa mais importante da vida — a jovem pôs a mão sobre a de Jonas e olhou para ele com ternura. — Não pretendo substituir Cecília, meu querido. Ela foi uma mulher maravilhosa e incomparável. Sou grata a ela por todos os instantes de felicidade que Cecília lhe proporcionou. Tudo o que pretendo é dar o meu melhor para que você seja muito feliz ao meu lado. Quero declarar meu amor também a Clotilde, minha segunda mãe, que me criou com tanto carinho e dedicação — levantou-se e foi abraçar a velha senhora. O abraço das duas foi longo, emocionado e amoroso. Era perceptível que choravam.

Quando Camila voltou para seu lugar, os convidados notaram que suas feições e sua voz estavam diferentes. Sua voz tornara-se mais séria e compenetrada, embora mantivesse a expressão gentil:

— Meus queridos, nem tudo na vida pode ser explicado e muitas vezes é melhor mesmo que não busquemos explicações e vivamos o presente como ele se apresenta. Nem todas as respostas e razões estão ao nosso alcance.

Nesse momento, Jonas, Clotilde e Cíntia se entreolharam, pois sabiam que aquele não era o linguajar habitual de Camila e já imaginavam o que estava acontecendo ali na mesa.

Camila continuou a falar, com a voz clara e serena:

— Estou feliz, porque consegui reconduzir Jonas ao amor e à música. Ele voltará a tocar piano, a se apresentar ao público, e eu estarei sempre por perto, para inspirá-lo e para lhe dar forças. Por tudo isso, estou muito feliz e agradeço a todos vocês — nesse momento, ela parou, franziu a testa, e fixou o olhar intrigado em Jonas. Sua voz voltara a ser juvenil. — Ih, esqueci! O que era mesmo que eu estava dizendo? Querido, falei alguma bobagem?

Dessa vez, todos riram à vontade, inclusive Jefferson, ainda que não tivesse entendido direito as palavras proferidas por Camila em seu discurso.

Jonas sorriu e acariciou os cabelos da esposa:

— Não, minha querida, você falou coisas maravilhosas! — e deu-lhe um beijo nas faces rosadas.

Após o jantar, o grupo reuniu-se na sala para conversar sobre assuntos variados. Giovanni aproximou-se de Jonas, muito emocionado:

— Mas que reunião bonita, seu Jonas! O senhor tem uma família linda, maravilhosa!

— Obrigado, meu amigo. Quero lhe dizer que estou muito feliz com sua presença e a de sua esposa.

— Nós é que estamos muito honrados com o convite e por participar deste encontro familiar.

— Ora, Giovanni, você já é quase da família! Afinal, onde eu almoço quase todos os dias?

— É verdade. Meu restaurante é uma extensão de sua casa. Espero que, mesmo casado, o senhor continue indo lá.

— Claro! E agora será melhor ainda: irei acompanhado.

O italiano voltou-se feliz para a esposa sorridente:

— Viu, querida? Eu não disse a você que seu Jonas era gente fina?

— Ora! Que é isso, amigo?

— Aliás, o senhor me deve uma resposta.

— Eu? Que resposta?

— Lembra-se daqueles livros que o senhor disse que ia ler e que depois me daria a resposta sobre minha... — e olhou para os lados para certificar-se de que ninguém o ouvia. — Minha vida passada?

Jonas franziu a testa ao forçar um pouco a memória e lembrou:

— Ah, é verdade. Rapaz, ainda não consegui ler todos eles, mas já deu para perceber que não vou encontrar nenhuma resposta ali para você.

— Puxa, que pena...

Josias aproximou-se:

— Seu Jonas, posso ter com o senhor uma palavrinha em particular?

Jonas colocou a taça de champanhe sobre a mesa e, com um braço no ombro do amigo, conduziu-o a um canto da sala, de forma que pudessem conversar sem serem ouvidos. Estava curioso:

— Aconteceu alguma coisa, meu amigo? Algum problema?

Josias estava desconcertado, coçando a cabeça:

— É que... sabe... eu queria falar com o senhor sobre um assunto muito delicado...

— Fale, homem. Qual é o problema?

— Não, seu Jonas, não é problema algum. É que... eu acho que o senhor vai ficar bravo comigo depois que eu falar.

— Bravo eu vou ficar, se você não falar logo o que quer.

— Bem, é que... será que... — e não completava a frase, para impaciência de Jonas:

— Ah, meu Deus! Estou começando a ficar nervoso. Desembuche, rapaz!

— Está bem! Seja o que Deus quiser — respirou forte e profundamente. — Será que o senhor se importaria se... se, de vez em quando, eu convidasse dona Clotilde para dar um passeio comigo?

Jonas ficou surpreso. Teve vontade de rir, mas conteve-se para não constranger ainda mais o taxista:

— Como é?

— O senhor disse que não ia ficar bravo.

— Não estou bravo, rapaz! Só quero entender direito sua proposta.

— Desde que dona Clotilde se mudou para cá, eu a aprecio muito. Se o senhor não se importar, eu gostaria de convidá-la, de vez em quando, para um passeio.

Jonas resolveu brincar um pouco, fingindo-se de ofendido:

— Escute aqui, moço, por acaso você está pensando que ela é alguma garota de programa?!

Josias empalideceu e quase engasgou com a reação de Jonas:

— Que é isso, senhor Jonas? De jeito nenhum! Eu apenas queria...

Vendo que o homem estava afobado, Jonas não segurou mais a gargalhada que estava reprimindo e abraçou o amigo:

— Estou brincando com você, meu caro!

O alívio de Josias era evidente:

— Puxa, que susto o senhor me deu!

— Meu caro Josias, não tenho nada contra, pelo contrário. Sei que ela estará em ótima companhia. Fiquem à vontade para passear.

— Ora, senhor Jonas, assim o senhor me deixa encabulado!

— Só tem um problema...

Josias voltou a ficar sério:

— E qual seria?

Jonas falou-lhe ao ouvido:

— Você precisa saber primeiro se ela quer ir. Vai que ela prefere um garotão sarado?

Josias sorriu, novamente aliviado:

— Ah, não tem perigo! Dona Clotilde não é dessas.

— Então, boa sorte, rapaz — e se afastou, deixando Josias com um sorriso de orelha a orelha. Bem que Jonas tinha percebido as conversas do seu taxista com Clotilde. Agora ele entendera porque pareciam tão contentes.

Ao se afastar do amigo, Jonas quase esbarrou em Clotilde, que vinha feliz em sua direção para fazer um comentário:

— O senhor viu? Dona Cecília não poderia faltar a esta festa.

Jonas nada comentou, apenas sorriu para ela de forma cúmplice. Agora, não tinha mais dúvidas.

O restante da noite foi maravilhoso. Todos estavam se sentindo felizes e nem viram o tempo passar. Quando Josias, Giovanni e a esposa se retiraram, o dia já começava a despontar.

Quase na mesma hora, os demais convidados se recolheram para dormir. Jonas e Camila, repletos de felicidade, adormeceram bem abraçadinhos e, certamente, tiveram lindos sonhos.

Pela manhã, Judith despertou no mesmo estado que chegara: calada, o olhar perdido no espaço. Provavelmente, nem se lembrava do que ocorrera na noite anterior, pois vira Camila novamente e não esboçara nenhuma reação. Ela, Ícaro e os auxiliares regressaram a Presidente Prudente logo após o desjejum, e, na mesma hora, Tonho e Elisa também rumaram para Peruíbe.

Cíntia e Jefferson viajaram após o almoço. Ele conseguira negociar na agência de viagem sua passagem, de forma a seguir com a irmã para Florianópolis. Combinaram que ele passaria o resto do dia com ela e talvez até pernoitasse lá. Descobriram que precisavam conversar bastante a respeito do tempo e do afeto desperdiçados pelo distanciamento.

Cansados, mas felizes, Jonas e Camila voltaram a deitar-se para recuperar as energias da noitada.

Apenas Clotilde ficara na sala, divertindo-se com uma comédia que estava sendo exibida num dos canais da televisão. De vez em quando, ela passeava o olhar pela sala, pois tinha a sensação de que alguém ao seu lado também ria em algumas cenas do filme. Mas ela sabia que era só uma sensação provocada pelo cansaço, pois estava sozinha na sala.

Na semana seguinte, já refeitos, o casal colocou em prática o próximo projeto, começando por organizar a viagem de férias ao exterior.

Com a ajuda de consultores especializados em turismo, o roteiro foi cuidadosamente planejado para que eles pudessem conhecer e visitar os mais famosos teatros, onde costumavam se apresentar as maiores celebridades do mundo da música clássica.

Inicialmente, fizeram uma longa viagem pela Europa, mais especificamente Roma. Seria a primeira parada entre as várias que fariam. Como iria acontecer em todos os países que visitariam, o primeiro passo foi um *tour* completo pela cidade e pelos arredores, em que conheceram as famosas e importantes atrações turísticas locais.

Felizmente, as viagens transcorreram com segurança e comodidade. Camila estava simplesmente deslumbrada com tudo. Nunca, nem no melhor dos seus sonhos, imaginara que aquilo pudesse um dia lhe acontecer.

Jonas compartilhava desse sentimento. Além dos muitos motivos para sentir-se feliz ao lado da amada, tinha uma especial satisfação por estar realizando algo que prometera a Cecília e que não tivera tempo de cumprir: viajar pelo mundo, conhecendo os teatros mais famosos e tradicionais. Naquela época, os dois estavam muito envolvidos com as apresentações e os concertos e ainda não dispunham do lastro financeiro suficiente para uma viagem dessa envergadura. No entanto, ele sabia que a felicidade expressada a todo momento por Camila refletia a felicidade do espírito de Cecília. Essa certeza lhe dava uma incrível paz interior.

A afinidade com Camila e algumas semelhanças de comportamento que a jovem tinha com Cecília muitas vezes provocava uma súbita, mas rápida confusão em Jonas. Depois que percebeu isso, ele riu de si mesmo por essa fantasia absurda, mas sabia que a culpa não era inteiramente sua: em várias ocasiões, inadvertidamente, Camila repetia gestos e palavras de sua falecida esposa Cecília.

Depois de quase um mês, retornaram ao Brasil e ao apartamento, o ninho de amor deles. Estavam cansados, mas muito felizes.

Durante alguns dias, dedicaram-se a recolocar as coisas no lugar e a atualizar os compromissos. Uma boa parte desse tempo foi gasta na organização das inúmeras fotografias e dos vídeos que fizeram durante a longa viagem. Já estavam planejando uma nova reunião, num futuro próximo, para mostrar aos convidados as imagens daquelas férias.

Mesmo Clotilde tendo permanecido no apartamento e administrado, na medida do possível, a ausência do casal, havia muita coisa ainda a providenciar. Por isso, passou-se pelo menos mais uma semana para que a vida deles retomasse o ritmo normal.

Depois desse tempo, um pôde se dedicar mais ao outro, sem preocupações adicionais. E a vida deles tornou-se cada vez mais maravilhosa. Jonas e Camila pareciam estar vivendo um conto de fadas. Tudo ia muito bem, tanto no campo pessoal como no profissional. Tão logo foi possível, trataram de retomar seus estudos musicais, com afinco, motivação e interesse redobrados.

O amor, o carinho e a paixão de um pelo outro pareciam aumentar a cada dia. E o mais importante era que conseguiam conciliar a relação amorosa com o inabalável empenho nos estudos.

Quando chegavam em casa, mesmo depois de um dia de intensos estudos e ensaios, ainda encontravam ânimo para treinar após o jantar. Imaginavam que, se continuassem assim, poderiam em breve tocar alguma coisa em conjunto. Ou Camila poderia realizar um novo sonho: o de fazer uma audição de violino exclusiva para seu amado.

Por motivos muito especiais, Clotilde, que acompanhava tudo de longe, esperava ansiosa por esse dia.

Epílogo

Se esta história tivesse sido iniciada com o tradicional "Era uma vez...", poderia muito bem ser encerrada agora com o também famoso "E viveram felizes para sempre".

Claro que Jonas e Camila não iriam viver para sempre aqui na Terra, mas certamente, findo o ciclo terreno, a história de amor deles continuaria em outra dimensão. O amor de Jonas e Cecília vinha de muitas vidas.

Para aqueles que estão familiarizados com os mistérios dos ciclos espirituais, talvez, se fosse possível, seria a última reencarnação deles.

Mas, esperem aí: eu disse "reencarnação"?

Será realmente essa a explicação para o encontro amoroso entre Jonas e Camila? Ou será que tudo não passou do fenômeno do *déjà-vu*, como afirmaram os médicos consultados por Jonas? Ou de simples coincidências, suposições e intuições de Camila, como podem preferir os descrentes? E se, na verdade, Camila fosse apenas uma jovem muito esperta e uma hábil pesquisadora, como podem supor os maliciosos? Quem poderá saber a verdade?

Eu tenho cá a minha firme opinião a respeito, mas não posso induzir o leitor a aceitá-la. O que posso fazer nesse sentido é recomendar que prestem atenção ao que nos disse a escritora e palestrante americana Marilyn Ferguson, autora do livro *A Conspiração Aquariana*:

Onde? Quando? Como? Por quê?
Temos que inibir essas perguntas por enquanto
e suspender o julgamento.
Ou então não conseguiremos chegar
à outra dimensão,
do mesmo modo que não conseguimos
ser arrebatados por uma sinfonia,
se ficarmos analisando a composição.
Se nós, de maneira obstinada, nos recusarmos a olhar
para tudo que pareça mágico ou inacreditável,
então estaremos em lados diferentes.

Sabemos que, mesmo diante de muitas evidências, há pessoas que se mantêm irredutíveis em suas opiniões e descrenças.

Paciência! É um direito delas. No caso desta história, o importante é considerar como tudo se concluiu. E, independentemente da explicação aceita pelo leitor, o que importa é, de fato, a felicidade de Jonas e Camila.

FIM

Grandes sucessos de
Zibia Gasparetto

Com 17 milhões de títulos vendidos, a autora tem contribuído para o fortalecimento da literatura espiritualista no mercado editorial e para a popularização da espiritualidade. Conheça os sucessos da escritora.

Romances

pelo espírito Lucius

A verdade de cada um
A vida sabe o que faz
Ela confiou na vida
Entre o amor e a guerra
Esmeralda
Espinhos do tempo
Laços eternos
Nada é por acaso
Ninguém é de ninguém
O advogado de Deus
O amanhã a Deus pertence
O amor venceu
O encontro inesperado
O fio do destino
O poder da escolha
O matuto
O morro das ilusões
Onde está Teresa?
Pelas portas do coração
Quando a vida escolhe
Quando chega a hora
Quando é preciso voltar
Se abrindo pra vida
Sem medo de viver
Só o amor consegue
Somos todos inocentes
Tudo tem seu preço
Tudo valeu a pena
Um amor de verdade
Vencendo o passado

Romances
Editora Vida & Consciência

Amadeu Ribeiro

A visita da verdade
Juntos na eternidade
O amor não tem limites
O amor nunca diz adeus
Reencontros
Segredos que a vida oculta vol.1
A beleza e seus mistérios vol.2

Ana Cristina Vargas
pelos espíritos Layla e José Antônio

A morte é uma farsa
Em busca de uma nova vida
Em tempos de liberdade
Encontrando a paz
Intensa como o mar
O bispo
O quarto crescente
Sinfonia da alma
Loucuras da alma

André Ariel

Surpresas da vida
Em um mar de emoções
Eu sou assim

Carlos Henrique de Oliveira

Ninguém foge da vida
Tudo é possível

Carlos Torres

A mão amiga

Eduardo França

A escolha

A força do perdão

Enfim, a felicidade

Vestindo a verdade

Vidas entrelaçadas

Evaldo Ribeiro

Eu creio em mim

O amor abre todas as portas

Flávio Lopes

A vida em duas cores

Uma outra história de amor

Floriano Serra

A outra face

A grande mudança

Nunca é tarde

O mistério do reencontro

Gilvanize Balbino

pelos espíritos Ferdinando e Bernard

O símbolo da vida

Leonardo Rásica

Celeste - no caminho da verdade

Lucimara Gallicia
pelo espírito Moacyr

O que faço de mim?
Sem medo do amanhã

Lúcio Morigi

O cientista de hoje

Marcelo Cezar
pelo espírito Marco Aurélio

A última chance
A vida sempre vence
Coragem para viver
Ela só queria casar...
Medo de amar
Nada é como parece
Nunca estamos sós
O amor é para os fortes
O preço da paz
O próximo passo
O que importa é o amor
Para sempre comigo
Só Deus sabe
Treze almas
Tudo tem um porquê
Um sopro de ternura
Você faz o amanhã

Maura de Albanesi
pelo espírito Joseph

O guardião do Sétimo Portal

Meire Campezzi Marques
pelo espírito Thomas

A felicidade é uma escolha

Mônica de Castro

pelo espírito Leonel

A força do destino
A atriz
Apesar de tudo...
Até que a vida os separe
Com o amor não se brinca
De frente com a verdade
De todo o meu ser
Desejo – Até onde ele pode te levar? (pelos espíritos Daniela e Leonel)
Gêmeas
Giselle – A amante do inquisidor
Greta
Impulsos do coração
Jurema das matas
Lembranças que o vento traz
O preço de ser diferente
Segredos da alma
Sentindo na própria pele
Só por amor
Uma história de ontem
Virando o jogo

Rose Elizabeth Mello

Desafiando o destino
Verdadeiros Laços
Os amores de uma vida

Sérgio Chimatti

pelo espírito Anele

Apesar de parecer... Ele não está só
Lado a lado
Ecos do passado
Os protegidos

ZIBIA GASPARETTO

Eu comigo!

“Toda forma de arte é expressão da alma.”

Zibia Gasparetto convida você a mergulhar no seu mundo interior. Deixe os problemas de lado, esqueça o negativismo e libere o estresse do dia a dia. Passeie por entre as figuras, inspire-se com cada mensagem e coloque cor em seu mundo. Use suas tonalidades preferidas, libere o potencial criativo que existe dentro de você.

Eu comigo! é um livro para quem quer fugir da rotina e buscar aquela sensação de paz que a arte pode proporcionar. Inspire sua alma com as frases de Zibia Gasparetto criadas especialmente para você e ricamente ilustradas com desenhos encantadores.

Bem-vindo ao seu mundo interior.

www.vidaeconsciencia.com.br

VIDA & CONSCIÊNCIA
EDITORA

Rua Agostinho Gomes, 2.312 – SP
55 11 3577-3200

contato@vidaeconsciencia.com.br
www.vidaeconsciencia.com.br